国学三千年

这个历史挺好看

Three Thousand Years Of Sinology

启蒙与交锋

尹正平 —— 著

江西教育出版社
JIANGXI EDUCATION PUBLISHING HOUSE

图书在版编目（ＣＩＰ）数据

国学三千年：这个历史挺好看. 启蒙与交锋 /
尹正平著. -- 南昌：江西教育出版社, 2016.12（2020.3 重印）
ISBN 978-7-5392-9127-7

Ⅰ．①国… Ⅱ．①尹… Ⅲ．①国学－通俗读物 Ⅳ．
①Z126-49

中国版本图书馆 CIP 数据核字(2016)第 289225 号

国学三千年：这个历史挺好看

启蒙与交锋

GUOXUE SANQIANNIAN:ZHEGE LISHI TINGHAOKAN

QIMENG YU JIAOFENG

尹正平　著

江西教育出版社出版

（南昌市抚河北路 291 号　　邮编：330008）

各地新华书店经销

江西省和平印务有限公司印刷

170 毫米×240 毫米　　16 开本　　17.25 印张　　字数 227 千

2017 年 2 月第 1 版　　2020 年 3 月第 3 次印刷

ISBN 978-7-5392-9127-7

定价：36.00 元

赣教版图书如有印装质量问题，请向我社调换　电话：0791-86710427

投稿邮箱：JXJYCBS@163.com　　　电话：0791-86705643

网址：http://www.jxeph.com

赣版权登字-02-2016-768

本书是我当年考北大中文系研究生时突发奇想之作。在一年一年的冲刺中,我突然萌生了一个想法,为什么不把自己理解的学术史写下来,供一二同志三四好友茶余饭后消愁解闷、喷饭供酒,学术史原来也能写得很有趣。每一个枯燥生硬的理论背后都隐藏着一个个鲜活的面容,每一个学术理论创建的背后都有一段喜怒哀乐的故事,理论是灰色的,生命之树常青。在本书中,我只是一个导游,摆了个 pose(姿势),带领大家欣赏了一下路上的风景,这里没有强制购物时间,更多的故事和理论意义等着您底下去尽情欣赏和挖掘。

　　这本书也是我的苦心孤诣之作。"国学"一词的定义并无定论,国学的内容也博大精深,但可以肯定的是,学术史是国学史的主体。对于史料来源,我尽了最大努力去古史和原著中去寻找。为了把国学史写活,让读者读起来不显得沉闷,我采取了章回的形式,用旧瓶装新酒,力争把国学史演绎得精彩,让读者把国学史当小说读(但绝不是小说演义)。为了读得痛快流畅,对于历史事件,也只做了个大概介绍,但力争把国学史镶嵌到历史的大背景中去写(包括以后的中西历史对比),把学术观点的来龙去脉尽可能交代清。对于历史上的学术先贤,我是很敬仰尊重的,但为了给读者留下深刻印象,我只写了他们的可笑可爱突出的一面,目的只是一个:愿我们永远记住他们。

本书的写作思路是以故事性带动艺术性,把国学知识穿插到轻松的叙述当中。对于学术观点,我不去作无谓的争论,而是吸收了现当代一些大家的观点,综合分析后,做出自己的判断,力争不偏颇。

孟子说:"颂其诗,读其书,不知其人可乎?"知人论世也是这本书的一大特点。为了行文的需要,有时会叙述得快一些。但正如俄国著名小说家契诃夫所说的:"如果在第一幕里边出现一把枪的话,那么在第三幕里枪一定要响。"在后面的清代学术大总结和中西文化对比中,我会把前面遗漏的一些国学知识和学术观点穿插进去,作综合对比,这也是我的一点儿良苦用心,力争实现。

不管什么手法,巧也罢,拙也罢,总之都是为了达到这个目的:把国学史写活,快乐阅读。具体写得如何,还要以后的文字来验证。

好了,请大家坐好沙发,故事,就从第一回开天辟地讲起吧。

contents

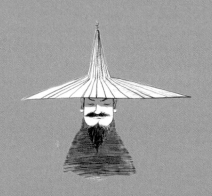

第一回

漫长夜万古生仲尼
兴礼乐孔子整诗书

浩浩宇宙,茫茫乾坤,原本混沌一片。其间阴阳相接,万物滋生,人类也孕育其中。日送月递,潜移默化中,人类渐渐心智大开,顿觉天地骤然分明。人虽无爪牙之利,唇齿之强,只因灵侔天地,识见远异他类,故能执长策而御万物。构木为居,钻燧取火,削石为兵,张木为弓,自不待言。又有结绳记事一项,远非他类所能。结绳记事只是人类的早期技艺,后来常见的是在树皮、树叶、石头、墙壁上刻记符号,这些符号逐渐演变成了文字。文字诞生是人类史上的最大事件,在中国古传说中,文字诞生那天,天雨粟,鬼夜哭,真是惊天地、泣鬼神。有了文字,人类的知识才会积累传承并裂变开来。

在说正文之前,先拽一段文,算是开开场子。

单说中国的文化传承到了周朝中叶时,出现了礼崩乐坏的局面。

造成这种局面的主要原因是四个字:

诸侯力政。

具体来说就是这些诸侯国各干各的,不再听从共主周天子的话,并且还你捅捅我,我打打你,搞起了小动作。

周朝就像一个出现了裂纹的瓷器。

这引起了一位有识之士的担心,他真的很在意这件瓷器,在他看来,这件瓷器曾是那么精美,上面绘制的图画是那么和谐。

如今它却快要裂了!

他开始四处奔走,大声呼吁,要求恢复周初的礼制,建立一个有秩序、共安处的和谐社会。

此人姓孔,名丘,字仲尼。后来他有了个妇孺皆知的名字——孔子,作为大家对他的尊称。

孔子是鲁国人,他的远族本是宋国人,到他第六代祖先孔父嘉时,发生了一场灾难。

孔父嘉是宋国的大司马,是宋穆公的顾命大臣。宋大夫华父督有一次在路上见着了孔父嘉的妻子,被她的美丽惊呆,眼光管接管送,馋嘴脱口而出,说了句:

"美而艳。"

这三个字是对天下美女的最丰富传神的描写,这段历史也是中国历史上对女人最早的回头率记录。

第二年春天,华父督攻打孔氏家族,耍开了流氓手段。

悲剧就此发生。

难怪孔子后来一再告诫人们说要好德,不要好色。

剧情结果是孔父嘉被杀死,他的美妻被掠走。

宋殇公见在自己国内竟上演了这样很黄很暴力的一幕,大发雷霆,要收拾华父督,结果华父督又攻杀了宋殇公。

真是悲情又悲摧。孔父嘉的儿子木金父逃到鲁国,请求政治避难。

他的避难申请被接受,最终逃脱了华父督的魔掌,没有被引渡回国,并且还一去不复返,由难民变成了永久性的移民。

孔氏家族从此加入了鲁国国籍,就在鲁国居住繁衍。

一直接力到孔子父亲叔梁纥(hé)。

叔梁纥是位武士,孔武有力。在一次战役中曾手托住城门的闸门,让进城中了埋伏的将士们及时撤出,确实很给力。更给力的是,据路边小道社消息,叔梁纥在 60 岁时,与 20 岁的女子颜徵在在村外野合后生下孔子。

尽管不怎么好听,可不管怎么着吧,投胎是第一生产力,不投胎,生产力从哪儿来?出生总是首要的,干什么事你总得先出来吧,你也宅,我也宅,这世界怎么精彩?

中国文化生产力第一巨人——孔子,就这样诞生了。

野合总归是不合礼数,这也许就是孔子终身"礼失而求之于野"的宿命吧。

孔子三岁时,父亲叔梁纥死了,母亲辛苦把他拉扯大。孔子很懂事,勤奋好学,15 岁时,立志要在学业上有所成就,干一番事业,到 30 岁时已在鲁国小有名气。他晚年回忆自己的人生时,把 30 岁定为而立之年。这时他最大的愿望是恢复周朝的礼乐制度,他很想去周天子所在的京城看看京城的礼乐建设,毕竟那是首善之区。

这个愿望被反映到了鲁昭公那里,鲁昭公欣然支持,给他派了一辆马车、两匹马、一个仆人,帮助孔子完成了这次文化之旅。

孔子带着两个学生,在京城做了将近一年的访问学者,对礼制、文物、典籍进行了考察,又去拜访当时的文化名人。

这里选择礼乐方面的两个代表。

一个是周大夫苌弘,他是位资深音乐师,孔子向他请教了些音乐理论知识。苌弘为人和气,两人谈得很投机。他很赞赏孔子用音乐教化人的观点。苌弘最后的结局也很令人感动,有个成语叫苌弘化碧,说的就是他被冤杀后鲜血化碧,用生命谱写了一篇华丽的乐章。

孔子去拜访的另一个文化名人就没那么融洽了,还碰了一鼻子灰。

此人是当时的国家博物馆馆长,名叫李耳。李馆长的名字叫起来有点混乱,有说他姓李名耳字伯阳,也有说他还有个名叫重耳,字聃(dān)。虽然有点乱,不过他后来有了一个家喻户晓、整齐统一、好听又好记的名字——老子,这也是大家都公认了的。

孔子青年时就听说李耳博古知今,通礼乐、明道德,是个学术超男,只是脾气有点怪,想法有时异于常人。

孔子见了老子,诉说了心中的郁闷,他说:"夏朝的礼,我能说出一点儿,但其后代杞国的文献不够征用了。商礼,我也能说出一点儿,但其后代宋国的礼也不够征用了。如果文献足够征用的话,稍微增减损益一些,我就能差不多完成夏商周三代的礼了。"

老子见眼前这个大个子,满肚子学问,却像个小学生向老师汇报思想动态一样向自己诉说,在老子看来,孔子的复古礼只是给破衣服打补丁,是恋旧心理在作怪。见他如此叨叨于礼呀礼,认为该给他降降温了。于是说:

"你说的这些,他们的人和骨头都早已朽了。礼,是失去道德仁义后才设定的东西,是没有了忠信和秩序后才搞的玩意儿(是忠信之薄而乱之首)。我听说君子机会来了就出把手(得其时则驾),机会不到仍旧低头走他的(不得其时则转蓬飘去)。我又听说,会做买卖的人都深藏若虚,他们的外表就像个傻子一样。那些装样显摆的人都是底气不足,没有修炼到家的。把你的娇气和多欲去掉,这些都对你没有用处。我所能告诉你的就是这些。"

孔子听了这番话,失语了好久。这才知道眼前这位睿智的人不只是个学术超男,简直是个生活艺术超人。他思考的是超越时代的东西,而自己却还在夏、商、周三代的圈子里打转。

问完礼后,孔子惘惘离去,路上对自己的学生说:

"鸟,我知它能飞;鱼,我知它能游;兽,我知它能走。走的可以用网捉,游的可以用纶(钓鱼线)捕,飞的可以用矰(挂绳的飞箭)射。至于龙,我不知该怎么办它。它可乘风云而上天。我今日见老子,才知他就像龙呀。"

孔子回到鲁国后,继续他的礼乐人防工程。他坚信自己是正确的,老子的话他认为是超世脱俗的人干的。老子这种人应是天上的,自己要的是人间的事。

哎,道不同就不相为谋吧。

孔子继续收学生,不断扩招,只要学生送几斤干肉就可入学。如是从别的地方来,不在一个片区,也不收什么择校费。来学习的人络绎不绝,办学规模不断扩大。

他还精心编写了四本教材,这都取材于古代文献。

第一本是《诗》。这是一本古代文学教材,是古诗的汇编。孔子删去了一些少儿不宜、成人不利的内容,最后只剩下三百零五篇。他对学生们说:"这三百篇诗,归结起来就三个大字:思无邪。你们要多多背诵,这是我们传承古代文化的桥梁呀。"

第二本是《尚书》。这是一本古代历史教材,是古代历史典章制度的汇编。不懂历史就意味着背叛,不懂过去就意味着黑暗。你现在肯定不知自己将来是怎么没的,但你现在就可知道自己是怎么来的。大家都要好好学习,天天向"尚"呀。

第三本是《仪礼》。这是一本古代礼仪教材。孔子认为他的学生应在诗的熏陶中兴起,在礼的约束中站定。礼是人的立身之本。你对人恭敬,别人才会对你尊敬。好好学习吧,童鞋们,礼就是你们脚下的履,要行动起来呀。

第四本是《乐》。这是一本古代音乐教材。现在的音乐课是学校的辅助科目,但在孔子看来,它是对人的心灵导向起着重要作用的一门课。这本书没有流传多久,在孔子死后不久就找不着了。没办法,音乐和它的演奏者一样,也总是想着要流行的,流行就难免要流形,有一些就这样消失了。孔子要是知道他的音乐书弄丢了,他是要失声痛哭的。

诗书礼乐,这就是孔子的四门教育课程,代表着孔子的四大教育理念。

孔子办学的名声越来越大,人气指数也越来越高,从教育线上被提拔到行政战线上当领导。50多岁时,孔子因政绩升任司空,接着又升任大司寇,成了司法总长。56岁时摄行相事,当上了代总理。任命当天,孔子脸有喜色,他梦想的行施自己理想的那天终于来到了。

孔子施政雷厉风行,依法治国,佐以礼教。仅仅三个月,鲁国上下面貌就焕然一新,风化大行。男女各走各的,行路有别,性取向鲜明。道不拾遗,夜不闭户,国民素质高涨。周围他国来参观访问学习的人络绎不绝。国内生产总值也有相当大的提高。

这惹起了老对手齐国的恐慌。尽管孔子一再声称自己强大了也绝不称霸,但齐国还是一口咬定说:"孔子为政必霸。鲁国如为霸,我国离鲁国最近,是第一个受害者,要最先被吞并的,那时齐鲁大地就将不复存在,只会简称为鲁国大地的。"于是绞尽脑汁,来想对策。决定采取先发制人战略,给鲁国先发射几颗美女制式糖衣软弹探探路。这是可和现代制导导弹媲美的一种炮弹,命中率极高,并且发射后产生臭弹的概率很小。于是挑选了80名美女,个个都穿着绮罗纨服,人人都能歌善舞,外配好马100多匹,好车30辆,浩浩荡荡来到鲁国,说要献给鲁国国君。

齐国香车宝马美女歌舞团的到来,立刻在鲁国引起了轰动。美女团到达京城后,先在城南高门外举行了首场演出,全部免费。免费这玩意儿对咱们老百姓具有相当杀伤力,百姓们纷纷前去观看,对这种不要钱的事唯恐落后。演出精彩,万人空巷。连鲁国的第一号权臣季桓子也穿着便衣,混在老百姓中去连看了几场,最后断定,这是世界上最漂亮的一支舞蹈队,酷毙了。回来后鼓动鲁君也偷偷去看。

鲁君从小道绕到城外,整整看了一天,孔子找他办事找不着,一问才知出城看齐国的美女歌舞表演去了。孔子等了一天,又听说鲁君接受了齐国这份儿厚礼,把这80名外国美女带进宫中,也不办公了,开始泡妞看演出。

孔子一看这阵势,老板都"首腐"了,自己还干这首辅干什么,于是向鲁君递了辞呈,鲁君也不挽留。

孔子带着一些学生离开了鲁国,想在国外找一个充分展示自己能力的工作,到了国外才发现并不好找工作。虽然自己曾做过鲁国的 CEO(首席执行官),业绩名扬天下,但由此招来了一些人的嫉妒。这些人怕孔子抢自己的饭碗,都在自己的老板面前毁孔子。

孔子在几个第三世界国家卫、郑、陈、曹、宋、蔡、叶转悠了十几年,虽然大家对他很尊重,给他实行落地签、绿卡通,但他一直也没找到一份正式的职业,只当过一些短期顾问而已。后来想到超级大国晋国去碰碰运气,风尘仆仆地往西一直走到了晋国的黄河边,忽然听说晋国的赵简子揽权,刚杀了两个贤大夫,也不是一个理想国,孔子这位东方柏拉图(白拉途)对着黄河叹了口气,又返回去了。

不过,机会终于还是来了。

这一天,孔子收到了另一个正在崛起的超级大国楚国的聘书。楚国此时已完全成了一个军事帝国,由僻处蛮荒的一个小国,东征西讨,扩地千里。这在那些中原国家看来,完全是个暴发户。这暴发户也不客气,一上来就称王,就好像我们现在的暴发户,要琢磨弄个什么政协委员、人大代表的名头,实在不行也得想法弄点颜色,自己粉一粉。这楚王和周王一个称号,而周王那是公认的天子,这楚王算哪一路神仙丢的孩子?这在过去孔子看来绝对是大逆不道,但现在情势不同了。

终年漂泊在外的孔子不愿再这样虚度下去了,就接受了聘书。虽然名号很重要,但首先得解决实际问题。他认为楚国正因为是蛮荒之邦,所以才具有很大的可塑性,他的礼乐教化可能在那里具有很开阔的市场。楚王的聘书也给孔子造成了这样一个错觉:这里钱多、人傻、快来!!! 于是和弟子们兴冲冲动身到楚国,没想到楚王不是三陪小姐,这趟旅行也差点成了一次死亡之旅。

第二回

求聘用师徒履列国
慨道穷孔丘著春秋

陈蔡两国的大夫们听说孔子在楚国找到了工作,十分恐慌,本着不愿看到竞争对手跳槽为敌所用的原则,就派人把孔子师徒围了起来。孔子师徒们进不能进,退不能退,产生了粮食危机,一个个饿得病倒在野外。更糟的是,还产生了严重的信仰危机。孔子为了鼓舞士气,依旧给这些饿趴下的学生授课。

子路丧着脸,对老师的学说产生了动摇,他问:

"君子也有穷的时候吗?都说好人不长寿,坏人一万年,难道他们说的都是真的?"

孔子说:"君子安于穷困,再穷点也没什么,小人穷就坏了。"

另一个学生子贡插话说:"老师你的道太大了,大得没边了,所以天下盛不下你。你能不能把自己的道贬损一点,让我们过了这一关,先吃饱肚子再说呢?"

孔子见手下的学生对红旗到底能打多久产生了疑问,思想要求表现退步,感到很有必要召开一个"我们为何失魂落魄了"这样的专题研讨会,收敛一下人心,统一一下思想认识,就问他最得意的弟子颜回:"我的道不对吗?我哪儿错了?我为何落到这步田地?"

颜回饿得两眼冒花,浑身无力,但还是跷起大拇指说:"老师,谁说您的道错了？您的道太大了，所以天下容不下您。可是，不容又有什么病？不容然后才看出我们的道大来！！"

知我者，颜回也。

孔子笑了。从这几句话看出，颜回后来在孔庙里坐了第二把金泥交椅，实在是不二人选。

多黏人的孩子呀！

颜回用尽力气挺孔子，这可是真正的力挺呀！还有比这更感人的吗？

最后幸亏楚兵来接站，孔子才免于危机，平安到达楚国。

楚王听说孔子来了，很是高兴，打算拿出700里地封孔子（这是后世儒家的说法，后世儒生们对无从考证的东西总是说得很大，也许把70里顺口说成700里，反正也不是自己拿地，也没人跟他查账较真）。

楚令尹子西对楚王的封赏不同意，这位执行总裁提醒董事长说："别忘了咱们的跨国公司是怎么做大的。那可都是抢夺他国弄来的。而孔子的经营理念跟我们完全不一样。他说的是三皇五帝、尧舜谦让、仁义礼乐，跟我们的经营思路正好相反，不可用。"

董事长见执行总裁不同意执行，也就把给孔子分封土地这事给搁置起来了。不久董事长死了，接任的董事长更不管孔子了。你又不是我下的聘书，跟我有什么关系？谁让你来的你找谁去。有本事你到坟地里要封地吧，我这儿是没有。不仅如此，原来讲好的工资也不给孔子发了。孔子又不好意思像饭店小老板那样，拿着上任村长、镇长打的白条找现任硬要去，再说要人家也不给呀，又不是我吃的你的，凭什么让我擦屁股呢？

孔子就这样像个葫芦一样给挂起来了。这是孔子不愿看到的结局，他最不喜欢当被挂的葫芦了。

孔子成了无业游民。一天正在街上坐车闲逛,一个名叫接舆的狂人在他旁边唱歌而过,他唱的是"兮"字体,歌词大意是"凤兮凤兮,回家去吧,哎,现在这些当官的(今之从政者殆而)!"

孔子想和这位狂人交谈,那狂人拔腿跑了。孔子心想,连超级大国的神经兮兮的人都不搭理我,我还是回去吧。去哪儿呢?还是第三世界熟悉,好混些。于是又回到卫国,当起了寓公。

孔子永远不知道的是,他并非是楚国的唯一一位冤大头,在他几百年后有位叫屈原的,也是被人说坏话,气愤不过,写出了一系列诗歌,被人称为"骚体诗"。这些诗歌后来让人编集成书,起名叫《楚辞》,跟他手中的那三百篇诗一起并列为诗体的开门之作。里面的词句孔子要是看了很眼熟,就是那位神经兮兮的狂人给他清唱的那些"兮"字体诗,大意都是"凤啊,回家去吧。哎,现在这些当官的"。

在孔子离开鲁国14年后,鲁国向这位前首相发出了邀请函,正式邀请他回国,让他顺便看看祖国这么多年发生的日新月异的巨大变化。孔子响应了号召,回到了祖国母亲的怀抱。

这位鲁国的儿子这时也老了。这一年孔子68岁,已过了延迟退休的年龄。鲁国并没有向这位前首相发返聘书。由于无事可做,孔子还干老本行,继续他的教书育人事业。

这回他教的书在诗书礼乐之外,又多了一本。不过可不要小看这本书,这本书的出现在儒家教育体系里是一件大事,对中国文化产生了深远影响,这种影响怎么说都不过分。

这是一本什么书呢?这么牛!

他确实是本牛书。

原来在这期间,孔子对一本古书发生了浓厚的兴趣,这本书的名字叫《周易》。

传说《易》书年代久远，到孔子看《易》时，《易》已祖传三代，寿过千年了。

《周易》的祖父名叫《连山》，他是夏朝那个年代的。《周易》的父亲叫《归藏》，是商朝那个年代的。孔子手上的《周易》是一本当代读物。

《周易》的缔造者据传说是伏羲。这是个来路不明的人物，无从考证。《周易》说自己是伏羲首创，就好像街头卖药的说自己的药是祖传秘方一样，都是为了给人一种神秘莫测感。

伏羲这名字虽然听起来像听风，但他名下创造的八卦却是八种实在的东西。他们分别是：天，地，风，雷，水，火，山，泽，他们的艺（易）名又分别是乾（天），坤（地），巽（xùn）（风），震（雷），坎（水），离（火），艮（gèn）（山），兑（duì）（泽）。伏羲又给他们分别画了像（象），分别是：☰（乾），☷（坤），☴（巽），☳（震），☵（坎），☲（离），☶（艮），☱（兑）。这既是世界上最简易的速描，它们同时又是世上最高深的简笔画。因为尽管这看上去像是幼儿园儿童的作品，然而却是千年的大脑琢磨出来的。

《周易》在商朝末年遇上了周文王姬昌，他因有革命政变嫌疑而被商纣王关在了当时的集中营：羑（yǒu）里。在监狱中他没有琢磨暴动越狱等行为艺术，而是艺术性地、魔幻师般地把《周易》的八卦演变成了64卦。

这是一次质的突破，如果所言是真，《周易》真的应该感谢周文王的再造之恩。到周文王的儿子周武王革命成功，建立周朝，《周易》就理所当然地改姓了周，正式起名"周易"。

到孔子时，他没有再去演算64卦，弄成640卦之类的续集，而是为《周易》的64卦写了十篇解说词，这就是有名的《周易》大传。

这十篇传记被形容为就像鸟的翅膀一样，所以起了个名叫"十翼"。这十翼被记在了孔子名下，它们的真实性很让人怀疑。

我们的忠告是你信还不如不信，尽信易不如无易。

因为孔子作《十翼》那是后世儒生讲的，孔子没有对任何人声明过著作权。

孔子他老人家都没申请过知识产权,你又何必非去给他老人家寻求知识产权保护呢?

有了这十翼,《周易》就像长了翅膀,如虎添翼,又飞上了一个新的高地,实现了又一次质的飞跃,一举飞上了时代思想的新高峰。有十翼之前,《周易》就像一个街头算命卖艺的先生。十翼之后,《周易》摇身一变,成了社科院里的著名院士,让人看了只能说久仰久仰。

这一切都得归功于孔子。因为十翼即使不是孔子作的,也是孔子的后学儒生创作的,是几代人编写的儒家教科书,是集体智慧的结晶。

孔子也没想到,他晚年时抱养的《周易》这个老生子,成了后世儒家思想的开路先锋。每逢遇到什么世情变化,《周易》总是冲锋在先。

人家《周易》就是讲世情变易的。

如果说收编《周易》对中国文化产生了深刻影响,这时孔子还干了一件对中国文化和历史进程都有深刻影响的事情,那就是:著书。

以往的诗书礼乐易都是拿来主义,现在是自己主义。

孔子回到鲁国后,大权还是掌握在孟氏、叔孙氏、季氏三家世卿手里,和他走时没什么两样。是可忍,孰不可忍?这回也只能忍着了。总不能再一气之下,离家出走吧?一个老人经不起这样的折腾了。人生几何,这道数学题并不难算。下边还有几个 14 年呢?

回家后,孔子除了被鲁公和季康子问过"政是什么"一类的小学生问答题外,什么都没干过。孔子回答得让在场的人都肃然起敬,学生们赶快把老爷子的话记录下来,存档留记。但也就是被顾问一下而已,政治场上是没戏的,连个跑龙套的戏份儿都没给。这个老人早被政治边缘化了。

孔子叹道:"完了完了(弗乎弗乎),君子最害怕的是到死而名不能称扬于后世。我的道不行了,我拿什么自见于后世呢?"

你们不让我上场，难道我不能底下写回忆录吗？

兔崽子们！

君子固穷啊！

穷极无聊之余，他把鲁国的史记倒腾了出来，拿起笔，删繁就简，写了起来。从鲁隐公一直写到自己的年代，共 242 年的历史，起名《春秋》。

如果你当时是孔子的学生、朋友、同事，当你拿起这部《春秋》阅读时，你会大吃一惊，你会说："啊，老爷子，不会吧，怎么记这么大的国家大事就一句话？咱们再穷，也有竹简供你去写，这也太删繁就简了呀！"

原来孔子著的这 200 多年历史，每一年就一句话，在春夏秋冬里一笔带过。

每一件国家大事也就一句话，就像现在的新闻报纸标题，甚至，比它还要简练。

要知孔子可不是一般的小报记者，他曾是一个著名的大政治家，又是一个著名的大教育家。

他的每一句话都十分简练，看上去十分简单，没有拖泥带水，实际上却含有深长的政治意义。

大作无痕。

比如当时吴国、楚国的君主都自立为王，跟周天子一个王字掰不开，而《春秋》则把他们拆分出来，统称为吴子、楚子，让他们按"公、侯、伯、子、男"的五等爵位秩序，哪儿凉快还回哪儿去。

又比如践土之会，本是晋文公召集周王和各地诸侯赴会，下级召开会议，让上级领导参加，而这领导又贵为天子，这是明显的犯上作乱。《春秋》把这事记成了"天王狩于河阳"，意思好像是周王正好打猎时碰上开会，顺便进去弄了个领导讲话。既维护了国家统一，又维护了周王的领袖地位。至于周王为什么平白无故地去跑到河阳打猎，明眼人都明白。

这种春秋笔法一直流传下来，比如每逢写到君主被敌国掳走了，都可写成是到他国打猎——北狩、南狩去了(车票都不用买,由他国代购,很有面子)。

孔子的《春秋》写法,被后世称为"微言大义",他的简洁,给后人留下了可供开拓的丰厚土壤,将有数不清的《春秋》传注来解释孔子的微言大义。

有时候,简单也是一种大智慧。

鲁哀公十四年,叔孙氏打猎时捕获了一只奇兽,孔子跑去看后说:"这是麟。"他从这只四不像走投无路的身上看到了自己的末路,悲叹道:"我这次真的道穷了。"

不管怎么说吧,孔子这时确实很狼狈,进不能进,退不能退,只能从珍稀动物身上找寄托了。他写的那部《春秋》也到此封笔。

两年后,也就是鲁哀公十六年,孔子死,哲人其萎,享年 73 岁。

在治丧期间,国家最高领导人鲁哀公派人送来了悼词,上面写的是:"无良老天爷呀(旻天不吊),你也舍不得暂时留下这位老人吗?国老啊,你就这么撇下我走了吗(屏余一人以在位)!撇下我一人在君位上受煎熬(茕茕余在疚)。呜呼哀哉,尼父,你是全国人民的好榜样,你这一走,我可怎么号召他们向你学习呀(无自律)!"

孔子学生说:"完了完了,鲁君昏了。活着时不能用,死了说得这么伤心(死而诔之),不是礼。鲁君在鲁大概也不会善终吧,这样下去,迟早要玩儿完(君其不没于鲁乎)。"

11 年后,鲁哀公被鲁国的孟氏、叔孙氏、季氏三家逼得忍无可忍,竟然想出了昏招,要借越国攻打自己的鲁国,结果事败,鲁哀公逃位去国。

鲁哀公等人想不到的是,孔子后来不只是鲁国的,还是全中国——乃至世界的。

说完了孔子,再说孔子的学生。孔子生平教学,建立孔子学院,弟子 3000,

按现在军队的编制,够一个师,孔子是名副其实的最早的师长。这个师有 72 名优秀干部,分属于四个科,按照科室人员的知名度做代表,他们是:德行科,科长颜回;言语科,科长子贡;政事科,科长子路;文学科,科长子夏。

先说孔子的最著名弟子颜回。颜科长家里很穷,这也难怪,他所在的那个科室我们一看就知道不行,只有傻子才往里钻。颜回住在一个破胡同里,吃的是清水炖菜,喝的是敞开的西北风,却坚持天天学习,不改其乐。孔子弟子中颜回最贤。

当年孔子在匡地遭到围困,颜回最后才脱身出来,孔子一见着急地说:"我以为你死了。"

孔子可能是真急了,这话放到现在也够不礼貌的,你要是跟人这么说话,人家会跟你急的。颜回不慌不忙地说:"夫子您还在,我哪敢死(子在,回何敢死)。"

我还等着侍候您老人家呢!

这话说得很漂亮,后世拍领导马屁,跟风学习的人很多,但都不如颜回诚挚。

后来颜回果然走在了孔子前面,孔子哭得比死了儿子还伤心,抽咽着说:"噫,天丧我! 天丧我!"认为颜回之死是儒家事业的重大损失。

颜回德才第一却没来得及著书,一个字也没留下,也没有一个徒弟来传后,但他是最理解导师孔子的精神的,他的精神气质长存。

这就是后世所称的"孔颜气象",他的名字已紧紧和孔子连在了一起。

子贡是孔子的另一高才弟子,是天生的政治家、杰出的纵横家、优秀的儒商代表,是孔门中政治、经济、文化的三栖明星学生。他曾在齐国要攻打鲁国的紧要关头,放下手中的书本,去游说吴、越、齐、晋四个大国,给他们制造矛盾,让其互相攻打,使得鲁国从中逃脱,免去了一场灾难。又抓住时机,迅速倒腾些东西,赚了一大笔钱,家累千金,成了千万富翁,是中国历史上第一位儒商。要是孔子学院招收女生,子贡这样的高富帅男生估计都被女生爱死了。

　　子贡后来当上了鲁卫两国的大官。孔子死后,有人在朝堂上贬诋孔子,说:"孔子算个什么,子贡比他强。"企图抹杀孔子的地位。子贡站了出来,发挥了他雄辩家的风采,坚决顶孔子,说:"我家老师温良恭俭让,深得民心,众人无不敬仰。仲尼不可毁! 他人的贤,仿佛丘陵,即使再高也可逾越;仲尼,好比天上的日月,没法可越!!"

　　怎么样,高吧? 把孔子顶到了天上,彻底置顶了。弄得那些人都张口结舌,彻底无语。

　　子贡以优秀政治家大无畏的精神,在孔子逝世后,人心动摇的日子里,坚决维护了伟大导师的光辉形象,挫败了一小撮阴谋家企图往孔子身上泼脏水的险恶用心,挽救了儒家的声誉,孔子有知,也该含笑九泉。

　　政事科科长是子路。子路本是孔子学院门口的一个小混混,头戴着雄鸡冠,一副好勇斗狠的样子,见了学院的学生,时不时上去欺负欺负。孔丘院长出来,也不收敛,跳着脚,扬言还要揍孔丘。孔子也不恼,用学院的拿手科目"礼"来渐渐诱导子路,子路最终折服,拜倒在孔子门下。

　　子路进了学院后,先是在保卫科干保安,有谁侮骂孔子,子路就上去教训他一顿,趁机练练手。过了一阵儿,孔子很惊奇,说:"自从我收下子路,恶言轻易听不到了。"

　　孔院长哪里知道,这些人都被子路海扁完了。

　　圣如孔子,一旦当官,也有被手下清场蒙蔽的时候,后世的执政者又该如何呢。

　　子路学习很勤奋,但学问没法跟颜回、子贡等人相比,让孔子说是只能算升堂,没能入室。由于勇于参政议政,被派到政事科。子路性情伉直,这样的人是很难在官场上混的。子路后来果然死于政治内乱,时间是孔子去世前一年。

　　子路死后,政事科人亡政息,一蹶不振,直到几百年后有一人重新把儒家请上政治舞台为止。

文学科科长是子夏,他常和孔子在一起谈诗。子夏有一句名言"学而优则仕",孔子怕他跑偏,告诫说:"你要做君子儒,不要做小人儒。"

孔子显然知道他的儒生队伍并非那样纯洁,可见后来儒生做官,君子小人,鱼龙混杂,什么鸟都有,早被祖师意料过了。就像我们现在的有些官员,读书时也是纯洁的学子,儿童时也是祖国的花朵,谁知怎么就腐烂到那种程度呢。

孔子死后,子夏在西河一带教授,收了不少学生,名气很大。战国时期的一代君主魏文侯也以师礼待子夏,常去求教。子夏还有个特殊身份,他是《春秋》学的传人。孔子临终前把《春秋》传授给了子夏,子夏就开了一门《春秋》课,着力讲授。《春秋》在他手里结出了丰厚果实。

《春秋》在子夏结出了什么丰厚果实我们以后再说。

除了以上四人外,孔子还有一位杰出弟子,叫曾参。

孔子很重视孝道,孝顺是孔子学院的一门必修课。周代古礼中有为父母死后守丧三年的礼节,孔子要人们坚守这种礼节,为父母坚持守够三年丧。学生宰予对此不以为然,他说:"三年?哼!那也太长了,得耽误多少事,损失多少钱呀!照我说,旧谷子去了,新谷子来,一年就可以了。"孔子把他臭骂了一顿,毕业证也没给他发,就让他提前休学了。

孔子认为,守孝三年的理论支持是"三秋三夏,抱个娃娃",父母抱你三年,你给他们服丧三年不很应该吗?

礼尚往来嘛。

跟宰予这些狼羔子相反,曾参是学院中有名的孝子,他说:"守孝三年,那还远远不够。我们还要慎终追远,长期祭祀!"这话赢得了全体师生的一致掌声。

他在微博中继续写道:"我刚上班时,当个小吏,挣工资很少,还是很欣欣而喜。为什么呢？因为可以养亲了。父母没了之后，我南游于越，在越国得高官，受厚禄，居家堂高九仞，出门华车百乘，却偷偷北向而泣。为什么呢？因为悲不见双亲。"

树欲静而风不止，子欲养而亲不在。

人生到此，天道宁论。

如果再增设一个孝顺科，曾参肯定高票当选科长。

经过综合考察，孔子认为曾参将来肯定能光大孝道，就把传授"孝"这门专业课的任务交给了他。曾参没有辜负校长的期望，他编写了一本关于"孝道"的书，这本书后来被封建社会教育部指定为必读教材，名叫《孝经》。

孔子思想的核心是"仁"，这是他从"诗书礼乐"的长期教育实践中提炼出来的最高概念。他在校会上大声疾呼："人如果不仁，那礼有什么用；人如果不仁，那乐又有什么用！"

潜台词就是：人如果不仁，那你们来读这些诗书有什么用！

"仁"是孔子学院的终身成就奖，但除了颜回得到过提名外，其他人都没得过这个大奖。

这个最高奖最终没有颁发给任何人。

孔子仍时刻激励他的学生去为这个奖拼搏，他说："仁离我们远吗？不，我想要达到仁，仁就达到了。"

仁就是这样，瞻之在前，忽焉在后，它是一个儒学生要终生修炼的功课，是儒生们夜里行走时的指路明灯，白日里的那轮红太阳，可望而不能即。

在开说下一个人物前，我们还得来个插曲，说说另一位重要人物，他此时已经在台上了。

这是一位外国客人。

| 第三回

留道经老子出关避世
辟儒说墨家挑起纷争

话说就在孔子苦苦做着他建功立业的梦时,在遥远的西方印度,一位王子却看破红尘,离开华丽的王宫,去干他出世的事业去了。

他就是印度迦毗罗卫国净饭王的儿子,名叫悉达多·乔答摩。他逃出了王宫,躲开了世人,在菩提树下苦苦坐了七七四十九天。他在苦苦思索一个问题:我是谁? 我从哪里来? 我又到哪里去? 最后他豁然大悟,原来世间万事都是因一定条件而产生,都是有因缘的,一切事物都是不真实的,都是因缘而起的假象和幻影,人生在世,不必过于执着。

他从此不叫悉达多·乔答摩,而被人尊称为释迦牟尼、如来佛(他知道自己从哪里来)。

如来的意思是如实而来或乘真如之道而来,是佛的另一个叫法。

悟道之后,释迦牟尼就开始转动他的法轮,在周边国家宣扬他的佛法理论。

他告诉人们世间都是苦,人有生老病死诸般苦。

苦是由于人们太执着于某些东西。

涅槃寂灭是摆脱苦的最高境界。

当孔子载着他的一大堆"诗书礼乐"古董到处贩售时,释迦牟尼要是碰见,恐怕会说:"孔大车,歇会儿吧!你这样执着到底累不累?你拿什么来把世人安慰?"

孔子望着远方,说累呀,我是累累如丧家之犬,可是我不能就此停下,世人需要用诗书礼乐来教化。

可是他们的心呢?他们身受的苦呢?你教化了半天,还是要大部分人受苦,你了解他们的心吗?

无语。

你知道人的生死吗?

这个我知道,生,事之以礼;死,事之以礼。

不是说别人的生死,是你自己的。

哼,未知生,焉知死!!

孔子不言,他走了,他的足迹踏遍了黄河两岸;佛陀也走了,他的足迹遍布于恒河两岸。他们二人各干各的,用孔子的话说,那就是我们道不同不相为谋;用俗话说,那就是我们井水不犯河水,黄河不见恒河。

然而谁也想不到的是,历史的长河会把他们终于有一天冲到了一起,并产生了严重的碰撞,激起了滔天的浪花。

原因只是,孔夫子,说了半天,你没把生死说破。

人生还有比生死更大的事吗?

有啊,比如:建功立业,成名成家,扬名后世……

嘘,说实话,内心里,当你独自置身旷野,半夜醒来,仰望虚空……

孔子死后,国际形势发生了重大变化。表面上,周王还是天下的共主,实际上连我们现在的联合国秘书长都不如。诸侯之间不再是小打小闹,而是大打出手,周王连拉架的份儿也没了。齐国发生了政变,换了新主人。超级大国晋国解体，被赵魏韩三家瓜分。三家独联体又不团结，互相撕打。在西方，军事帝国秦国崛起，把自己打造成了一台战争机器。各国领导人撕下伪装，纷纷称王，掀起了互相兼并的浪潮。中国进入了战国时代，原来的局部小规模战争全面升级，伏尸百万，流血千里。

在这兼并战争的红色浪潮中，一个特殊的群体——士，开始活跃起来，成了时代的弄潮儿。按现在的阶级成分划分，他们是小资产阶级。这个阶级中的知识分子，纷纷著书立说，一时有了诸子百家之说。当时著名的《天下》杂志（名誉主编庄子）对此时的学术状态发表独家评论道：

"天下大乱，贤圣不明，道德不一。天下多得一察焉以自好。譬如耳目鼻口，皆有所明，不能相通。仿佛百家众技，各有所长，时有所用。天下之人各为其所欲以自为方。悲夫！百家往而不返，必不能容！后世之学者，不幸不见天地之纯，古人之大体。道术将为天下裂！"

这首先裂开的是儒道墨三家。

道从哪里来的呢？

它出在我们的一个老熟人老子身上。

那年老子打发走孔丘之后，又在周待了很多年，见周国势日衰，一天不如一天，他这个国家图书馆馆长也没什么熬头，自己也老了，不如各地走走，顺便物色一个地方养老，于是离开周西行。骑牛走到函谷关时，函谷关关长尹喜让他出示身份证。得知他就是前国家博物馆馆长兼图书馆馆长、著名的大学者李耳时，尹喜非常激动，拿出自己平时的学习笔记请他签名，对他说道："您老从此将隐居起来了，管了这么多年书，能为我们留下本书吗？您这一辈子总得留下点什么东西吧。"

老子见尹喜不同于一般官吏，是个爱好学习的有志青年，要不是离京城远，不方便,他肯定是拎着水瓶干粮大清早去自己的图书馆占座的那种学生。于是在函谷关就多住了几天,把随身带的日常思考心得整理了一番,交给尹喜。这些心得共分"道、德"上下两篇,5000多字。

尹喜翻开一看,首先映入眼的就是这么一句:"道,可道,非常道。"

有非常之人必有非常之道,有非常之道必有非常之书。尹喜知道,自己这次可能赚大发了,眼前的这本书可能就是本非常之书,千载难逢啊。就小心翼翼地问"道"是不是很神秘。

老子笑道:"我的话甚易知,甚易行,天下却莫能知,莫能行。上士闻道,勤而行之;中士闻道,若存若亡;下士闻道,大笑之。"

尹喜赶紧说我决不大笑之,愿意力争上游,勤而行之。

接着又问"德"字如何讲。

老子说:"道生一,一生二,二生三,三生万物。万物由道而生,由德而养,因此万物莫不尊道而贵德。"

尹喜又问:"那么如何学道?"

老子说:"做学问是每天都增加些,学道是每天都要减损些,这样减来减去,最后达到无为的状态。我们要学会给人生做减法(损之又损,以至于无为),道的最高境界就是无为而又无不为。"

尹喜头一次听到这些高深语言,佩服得直点头,还想再问,老子说:"我的话尽在这五千言中,你自己保存着看吧。"于是跨上青牛,出关西行。

尹喜拜送老子离去。

牛人渐行渐远……

尹喜从此潜心学道,时不时也写写读后感,往小报投递投递。后来书摊上出现了《关尹子》一书,摊主说是老子的大弟子尹喜所著。这是摊主的话,全信的人不多。

但尹喜的名气却越来越大,来向他问道的人也多了起来。老子的那本西行漫记经他之手也传播开来,后人叫它《道德经》。

这时有个叫列御寇的郑国人,也是个有道之士,他在郑国住了40年,人们都不知道他还是个得道之士,直到他的专著《列子》出版,才引起人们注意。

还有个叫杨朱的,他没有著书,一个字也不写,他用行事实施着道德践履。同行列子就记录了老杨的一些轶事。

说杨朱这个人认为,人生应及时行乐,因此平时就大大咧咧。他有个兄弟叫杨布,一天出门时穿着白布衣服出去,出门不多远,碰着下雨,就解下白布衣,穿着里面的黑衫回来了。他的狗不认识主人了,迎上去朝他吠叫,杨布怒了,绰起家伙要扑打狗。杨朱说:"你别扑打啦,换作是你也会这么做的。先前假如你的狗白的出去,黑的回来,你难道能不奇怪吗?"杨布一想,很有道理,对自己这位道家弟弟很是佩服,浑然没有觉得把自己比作狗的智商有何不妥。

杨朱的"杨"人轶事后面还要讲到。

只凭尹喜、列御寇、杨朱这些人,老子的道家也成不了气候。谁能想到,道家后来出了个文豪,他的文章大大提升了道家的品位,他的名字也直追老子,与他并列千秋。

此人姓庄,名周,是宋国人,曾做过如今河南省商丘市园林局科长一类的小官。他后来不习惯这官场生活(注意:人家庄周不是嫌官小升不上去的那些骚人,人家是不喜欢),回家种地去了。虽然生活在基层,但他写文章的学术层面是非常高的,出手不凡,一上来就直逼儒家。

在他笔下,孔丘和他的儒家学说被老子的道家学说彻底折服,孔子和他的弟子不但成了道家出场时的道具,孔门弟子还心甘情愿当上了道家学说的传声筒。他写的文章思想让人难窥其涯,孔丘及其弟子在他笔下像落了水一样,显得猥猥琐琐,最后全军覆没。

下面我们就欣赏一下庄周笔下的儒家生存状态。

比如让庄周说起当年孔子到周向老子问礼这件事，庄子是这样描述的：

说孔子拜见过老子之后谈起仁义，老子说：

"你这样着急地揭示仁义，就像丢了儿子而跑到大街上击鼓相求，连个寻人告示都不贴，一上来就拿锤子对着鼓直接敲，这样只会徒乱人的性。我听说，泉水干了，鱼们相互处于陆地上，相呴（xǔ）以湿，相濡以沫。它们这么做是无用的，只是等死，早一会儿晚一会儿的事。唯一正确的方法是：不如相忘于江湖。"

子贡问孔丘："那么夫子您怎么办？"

孔子说："丘我是天不要的那种人（天之戮民）。老子说得对，鱼相造乎水，人相造乎道。鱼相忘于江湖，人相忘于道术。"

这时颜回气喘吁吁跑来说："我有进步了。"孔子问："怎么了？"颜回说："我忘了仁义了。"孔子一听他把儒家的最高指示给忘了，无可奈何地说："可以了，去吧。"

几天后颜回又跑来说："我有进步了。"孔子说："怎么了？"颜回说："我忘了礼乐了。"孔子一听他把儒学基础知识也忘了，无可奈何地说："可以了，去吧。"

过了几天两人又遇见了。颜回像刚听了传销讲座课，打了鸡血一样，激动地说："我又进步了。"孔子说："怎么了？"颜回说："我坐忘了。"坐忘是道家的行话，孔子一听颜回改行了，这下坐不住了，蹴（cù）然道："什么是坐忘？"

颜回说："堕肢体，黜聪明，离形去智，同于大道，这就是坐忘。"孔子听了颜回这几句悟道的话，如梦初醒，说："你真是贤人！找着了这么好的道，以后我向你学习吧。"

把孔子和他的大弟子颜回弄了个逆转之后，庄子又把孔子学生中的大能人子贡贬损了一顿，说：

子贡南游于楚国，返回到晋时，走到汉阴这个地方，见一老人正抱着瓮浇灌园圃里的菜畦，费了半天劲儿也没灌上两畦地，功效甚微。

子贡忍不住插嘴说："我这儿有种机械，一天可灌百畦，你想用吗？"

灌园老人抬起头来问："是什么？"

子贡说："凿木为机，名字叫槔。"

老人听了忿然作色，又大笑道："我以为你说的是什么，原来是这个玩意儿。我听我修道的老师说过，有机械的人必有机事，有机事的人必有机心。机心存于胸中，就会纯白不备。纯白不备就会神生不定。神生不定的人，为道所不载。我不是不知道你说的那种东西，只是羞而不为。"

子贡本自以为聪明想教教这个乡巴佬，没想到他倒是个有道之士，比自己道行深多了，自己倒成了自以为美食而向国王献芹菜吃的那种乡下佬，不觉瞒然惭愧，脸色通红，低头不语，臊得只差和小姑娘一样，咬衣襟转圈了。

过了一会儿，灌园老人问："你是干什么的？"

子贡说："是孔丘的学生。"

子贡想托老师的大名给自己解围，就像现在的文化人喜欢说"我曾师从某某某著名人物"一样，好显示自己身上的羽毛有点儿来历，暗示对方不要小瞧自己。

没想到灌园老人非但没说"失敬"之类的恭维话，反而反问子贡说："你就是那个自以为博学能比得上圣人，自拉自唱，以卖名声于天下人的徒弟吗？他连自身都不能治，还有什么来治天下。你快走吧，不要耽误我干活儿了。"

子贡这下再也站不住了，脸色由红变白，垂头丧气，懵（měng）懵懂懂走了30里后才缓过神气来。

儒家的厄运还没结束。

还有一个嘲笑儒家，跟儒家对着干的是墨家。

墨家的祖师爷是墨子。墨子在成为一个成功人士前叫墨翟，国籍不详，一般说他是鲁国人。他本也是儒学阵营里的，对儒家讲的那套不满意，出来单干，挑起了墨家学派。

墨子的主打思想是"兼爱、非攻"，这四个字一看就是给各位列强当和事佬拉架的。春秋无义战，战国就更下一等了，都是为了自己那点儿事，哪儿还讲什么哥们儿义气。"兼爱、非攻"翻译成大白话就是："都是兄弟，别打啦。"墨家就是各国打架时在旁边喊的那些人。他们也有过骄人的成绩，那就是曾制止楚国攻打宋国，创造了扶弱制强的成功范例。

对于兼爱非攻，儒家也无话可说，保持沉默。你总不能说俩人打架时在旁边劝架的那位有错吧。而对于墨家的其他主张，两家就尿不到一个壶里了。

这些主张是"节用、节葬、非乐"。

儒生们不干了：节用，节什么用？我们老师孔子生前就食不厌精，脍（kuài）不厌细，三月不吃肉嘴里就淡出鸟来。出门有车，颜回死了都不肯借给他家办丧事。穿的衣服都有等级差别，上面火龙黼黻（fǔ fú 花纹），焕成文章，跟你们这些没品位的人能比吗？

节葬，节什么葬，死了穿身好衣裳还不行吗？劝君莫惜金缕衣，有什么就穿什么吧。把那永远的家也得建设好，总不能都弄成简易房吧。丧事不大操大办行吗？这是礼！人就是活给别人看的。

至于非乐，更是笑话。对于钟鸣鼎食之家来说，钟鼓馔玉不为贵。对于那些穷人来说，玩不了爵士乐，听听通俗歌曲、哼哼拉网小调总是可以的吧。繁文缛节有什么不好，都像你们墨家，把世界弄成清一色的就好了吗？

对于儒家的辩解，墨家自然不买账。墨子原来在儒家干过，知道底细，他就起底说，儒家过去是靠给人治丧、跳大神、当吹鼓手混饭吃的一群人。他们喜欢人家大操大办丧事，厚葬久丧，这正是增加就业、日工资提高、大涨薪酬的时候。

又说儒家是给有钱人办事的，他们那个孔子就是游走权门，当食客的，底下那帮儒生更是给当官的抬轿子的。他们靠用礼乐来给人家吹吹打打,都是为了自己那张嘴。

而我们呢,墨子说,是为广大的劳苦大众服务的,我们的节用、节葬、非乐就是要限制那些上层统治者,增加社会公平正义的。

儒墨两家的骂战就此开始。

{第四回}

纷救世战国出百家
讲性命思孟大六艺

到底是谁先骂谁的呢？史无明文，无法考证。但据墨子的徒弟说，这都是儒家素质太差引起的。

说儒家子夏的徒弟有一天遇到了墨子，问道："君子也有相斗的吗？"

墨子好心好意，亲切地教导他说："孩子，君子是不会斗的。"

谁知子夏的徒弟差点蹦起来说："狗和猪还相斗，哪有人不相斗的！"

墨子说："可悲啊！你们儒家嘴里说的是商汤文武、仁义礼乐，行动却用猪狗相譬。悲哀，真是悲哀！"

子夏的弟子是否这么说过，谁也弄不清了。不过子夏的老同学、孔子学院中文系主任子游曾批评过子夏收的学生素质不高，这却是载入《论语》这本校长语录的。

墨子又告诫儒家其他学生说：你们儒家有四条足以丧天下。

一、你们以天为不明，以鬼为不神，这让天和鬼都不高兴，这一点足以丧天下。

二、你们厚葬久丧，给死人穿上几层好衣裳，小棺材外罩大棺材，送死人就像送他出门远行。三年哭泣，哭得要让人扶着才起来，拿着杖才能行走，弄得耳不闻、目无见，这足以丧天下。

三、你们弦歌鼓舞，习惯弄声作乐，这足以丧天下。

四、你们说命，以为人有命，又认为贫富寿夭、治乱安危都是命中注定，弄得上边的人不想听话，下边的人没心干活，这足以丧天下。

儒家弟子齐声反对，说："hooey（胡擂），先生毁儒太过分了。"

墨子说："你们如果没有这四条，而我却说，那是我毁。现在你们本来就有这四条，那就不是毁。好好反省一下你们的儒四条吧。"

为了宣传自己的思想，墨子也经常出去跑业务，和孔子一样，带着弟子们周游列国。上路前，弟子问，如见了各国领导（四方之君），我们将说些什么呢？

墨子给他们传授跑业务知识，说："凡入国，我们一进去，要先拣重要的说。如这个国家昏乱，我们就跟他谈尚贤、尚同，让他以人为本。如这个国家穷，我们就谈节用、节葬，让他增加经济实力。如这个国家的头头耽于音乐，沉湎于酒，就跟他谈非乐、非命，给他送点清凉剂。如这个国家淫僻无礼，就谈尊天、事鬼，给他普及一下科学知识，让他知道害怕。如果这个国家只知道侵夺别国，就谈兼爱、非攻，给他讲讲什么叫和平发展。"

由于讲究做业务方法，适销对路，墨子的教义当时很有市场，业务也开展开来。墨子周游列国的车队十分繁忙，说是"席不暇暖，墨突不黔（qiān）"，席子不等身子焐热，房子烟囱还没熏黑就上路了。业务确实很繁忙。

墨子的努力没有白费，楚国、越国等国都想给他封地，作为他跑业务的提成，但都被他婉言谢绝了。

这些提成是弟子们说的，这和孔子被弟子们传说楚国要送他700里地一样，墨子弟子是否也张嘴就来，拿别人的土地白送人，已无从考证了。总的来说吧，业绩还是有的。

有儒家弟子对墨子说："你带着人四处游说，多么累呀！你看那美女，不用出门,就有人争着来求。如果美女也像你一样边走边炫耀,恐怕就会没人要了。"

墨子说:"现在的世道,喜欢美女的人很多,可美女又不多见,她们虽不出门,人们也会上门来追求。而追求善的人很少,善变得越来越无名,如不做广告,加大宣传力度,人们更不知了,所以得边走边宣讲,以便让人知道。"

跟墨子来学习的人越来越多。墨子弟子有一点不同于孔子的学生,那就是墨子弟子中有许多勇士,这些人都是些侠客义士,轻生薄死,只要老师一声令下,就会赴火蹈刃,死不旋踵。墨子的学生还学习许多实用技能,从他的教程可推断出,墨子开的是个职业专科学校,他的学生文化素质没有孔子学院的高。

对比一下,墨子职业专科学校的高才生被尊为"巨子",孔子学院的优秀生被称为"硕儒"。硕儒按现代学位划分,最起码是个硕士。而巨子呢,现在也弄不清是个什么学位。

尽管有这些文化素质方面的差异,墨子学校还是得到了飞速发展,成了明星职业技术学校,和孔子学院一起成了当时的两大著名学府,是当时中国教育界的双子星座。墨校偏重理工科的校风很像我们现在的清华大学,而孔院呢,就把它比作北大吧。儒学与墨学成了当时的两大显学。

墨子学校能成为明星学校不是偶然的,这跟校长本身有很大关系。墨校长就是个多才多艺的人。他曾用三年工夫做了只木鸢(yuān),结果只飞了一天就说坏了,不再举行飞行表演了。尽管如此,这事在当时还是引起很大轰动,让学生们很是佩服。鲁班的木工,墨子的飞鸢,当时称为双绝。

墨子造的木鸢可说是最早的飞行器模型,可惜自近代飞机出现之前,中国的天空再也没有墨子的飞机来过。他的飞行器原理是失传了,还是变成风筝了,还是本来就是只木制的鸟风筝,已经说不清了。

但墨子擅长机械制造是肯定的。这位工程师还擅长写文章,他的文章写得质朴动人,喜欢用推理,比如曾提出上本古圣王行事来原察百姓实情,最后再看对人民是否有利的有本有原有用的"三表法",考虑得精确到位,不愧是机械师的手笔。文章字数上也比老子、孔子的文章加长了许多。只是语言没有文采,惹起了许多人非议。

楚王曾经问墨学弟子田俅,为什么墨子这位显学大师写的文章文采这么不显眼?田俅是这么辩解的:

伴娘太美了会影响新娘,盒子太美了会影响里边的珠子,墨子怕文章太美了妨碍使用效果,所以不要那些花里胡哨的东西(言多不辩)。

说完了墨子,再说说他的学生。由于后来墨学式微,墨子学生出名的不多。最著名的是他的大弟子禽滑(gǔ)厘,由于文化素质高,能力强,成了墨界的成功人士(更正一下,当年人家叫成功士人),所以在墨界被尊称为禽子。禽子原来是孔子弟子子夏的学生,后来转校跟墨子学习,被墨子着力培养,成了大弟子。禽子和道家学派的杨朱有一段对话十分著名。

说杨朱不写文章,在家里也待不住,既然当不了网络写手和宅男,就常出去转悠,和人唠嗑,高兴了辩论辩论。杨朱说话还是有一套的(可参看把他哥哥譬如成狗的那句雷人语),他的话很吸引人,就有一些墨家弟子转而跟他学习开了。

跟墨家活得是有点累,不如跟道家活得轻松。

禽子一看杨朱抢走了自己的生源,就去找杨朱理论。

禽子问:"你老在这儿歪歪叽叽忽悠人,我来问你,从你身上拔根毛,救济一下这个世界,行不行?"

杨朱说:"少来这一套,这个世界不是一根汗毛所能救济的。"

禽子说:"假如就差你这一根汗毛就能救济,你肯让用用吗。"

杨朱不说话了。

他后来被差评为一毛不拔。

杨朱这次真露傻了,他还不如我们这些常人,连一句顺嘴的漂亮话都不会说，结结实实当了个自私自利的型男，被后来各家骂了几千年。

"空谈无用，还是墨家的实业救国呀！"人们感叹道。

墨家对道家取得了决定性的阶段胜利。

儒道墨后，道术继续为天下裂。

接着裂开的是纵横家、小说家、农家、阴阳家、名家、法家、杂家。

当时人说"诸子百家"，其实把他们合并同类项后就这十家。这时的小说家还十分不起眼，只限于散布一些小道消息，没人拿他当回事，可以忽略不计。主要是那九家，也就是后世所称的"九流"。

"九流"这个词今天听起来有点远了，九家也早已风流云散。借用毛泽东诗词描述一下九流十家的命运，就是：当年那是"茫茫九派流中国"，好不热闹，后来只落得"沉沉一线穿南北"（儒家），多么单调。中间忽然"烟雨莽苍苍"，游人如织，放眼寻去，只见佛道"锁大江"，在烟雨濛濛中，直看得人心潮逐浪，高下飞扬。

至于怎么个烟波雨景，我们的国学史将逐步展开。

先说说眼下吧。

纵横家以苏秦、张仪为代表，他们实行穿梭外交。苏秦跑的是南北合纵这条铁干线，专为东方六国提供服务，共同对付西方秦国。张仪跑的是东西连横这趟客专线，只为秦国服务，对付他国。从他们穿梭、织网、挖坑的动机来看，他们是早期的外交阴谋政治家。

兵家代表是孙武、孙膑、吴起、尉缭子。

兵家名字虽不在九流十家之列，但当时是几个超级大国的市场收购兼并时期，整个战国都是这些人在 Shopping（血拼），所以在这儿也把他们捎上说说。

兵家这些人不单纯只会带兵打仗，他们还总结战斗经验，编写战争指南。这些指南中最有名的是《孙子兵法》这本书。

孙膑比孙武晚一百年，是孙武重孙子辈的。可孙武、孙膑哪一个是书中的孙子，还是孙武、孙膑二人就一个孙子，曾经困惑了人们上千年。直到 1972 年孙膑自己的兵法专著《孙膑兵法》在山东临沂银雀山汉墓出土，《孙子兵法》才被确诊为孙武所著，孙武这才不被人误解为装孙子。

有点乱吧？没办法，兵者，诡道也。

兵家就是追求虚虚实实的。

农家代表是许行等人，他们主张自己耕田织布，带着浓厚的小农意识。但这些人在劳动中也把自己磨炼成了农田水利专家、农业科学家，为农村发展做出了贡献，成了三农建设的积极分子。

这时候最值得一提的是儒家。在孔子死后，他消沉了好久，还遇到了道墨两家的围攻，遭到了强烈的质疑。后来各家新秀一出，儒家更是没人听了，在百家讲坛上，收视率几乎降到最低。就在这时，儒家一位猛人上场。他一上场就把各家推得东倒西歪，抢夺了话筒，大声呼吁演讲，气势如江河之水，一时间吸引了无数人的眼球。

这是一个真正的猛人，战国百家中的猛子。

大名：孟子。

孟子名轲，是鲁国的一个小邻邦邹国的公民。孟子生得晚，没有赶得上跟心中的伟大导师孔子学习，就做了孔子的孙子子思的学生。

孔子儿子叫孔鲤，是个很懂话很乖的孩子。唐代大诗人王勃在他的《滕王阁序》里说的"他日趋庭，叨陪鲤对"，其中的"趋庭、鲤对"，就是描述孔鲤回答老爸孔子问他学没学习诗礼时的听话姿态的，"过庭之训"或"庭训"也成了最早的家教代名词。

孔鲤在孔子五六十岁的时候死了，没有给儒家发展做出什么贡献，但贡献了一个好儿子。

孔子这个孙子叫孔伋(子思是他的字),为人勇于进取,颇有祖风,每当说起我的爷爷孔子来,总是充满自豪感。他坚定维护爷爷开创的儒学事业,为此不惜和人干上一架,用拳头说说事。

有人劝他说:"你好大,世不能容你,你何不随时而过呢?"子思说:"大不是病,大不能容,那是命。毁大而求容,不行自己的道,那是罪。我不改。"

子思后来在宋国与宋大夫乐朔论学,可能是学术观点不同,话不投机,两人吵开了。子思说:"道是为智者传的,如果不是智者,道就不传。我看你就不是个智者。"乐朔不高兴,回去后跟手下人说:"这小子侮辱我的智商,怎么办?"手下人叫嚷:"揍他。"于是围住子思,要攻打他。宋君听说有人围攻子思,生怕本国再发生孔子六世祖被华父督攻杀这种恶性涉外事件,亲自驾车带人来救这位回国华侨,子思这才脱险。

子思事后叹道:"文王囚于羑里,作《周易》。我爷爷孔子屈于陈蔡,作《春秋》(此话待考)。我现在困于宋,能不做点什么吗?"于是就着这股劲头写了一系列文章。可惜后来这些文章大都失传了,只留下《中庸》一篇。

这篇文章可决不平庸。

它为后世儒家做出了卓越贡献。

它的开头第一句话是:"天命之谓性,率性之谓道。"

孔夫子的优秀学生子贡曾经说过:"夫子的文章,我们还可得而闻。夫子言性与天道,我们就很少听到了。"

也就是说,孔子很少谈性。他是说过"性相近也,习相远也"这样的话,但更多的是谈仁义礼乐。性吗,就少谈吧。

而他这位隔辈儿孙却并不讳谈,不仅如此,还要大谈特谈。子思谈的性不是我们现代人特指的两性,他指的是人的本性,天命赋予的,人性。

子思大谈命与性,当时人们也没注意什么,他也就在百家讲坛里试试镜而已,没有他上台露脸的机会。他绝对想不到的是,他给后世儒家又开出了一块空地,让他们有了施展拳脚的地方。他在爷爷的儒学六艺园地里又种了些琼草鲜花,并在后世大放异彩。

孟子跟的就是这样一位导师,他在导师的指导下,对性进行了深入研究,对性与心、命都做了进一步解读,思、孟二人丰富了孔子的儒家学说,他们的研究成果将被后世儒家抢摘。

但当时二人更关注的是儒家能否经营做大的问题。子思说:"我们的《中庸》就是讲诚信经营的,别着急,人气会慢慢聚起来的。"孟子说:"太慢了。尧舜文武之道,可以力致吗?"子思鼓励道:"他是人,我也是人,夜思昼行,滋滋汲汲,就像农人赴时,商人趋利,没有不能致的。只要你肯干,没有干不成的。"

孟轲记住了这话,后来背起行囊,也学孔子那样,开始周游列国。

孟子到了魏国,梁惠王一听孟子来了,就像吃了兴奋剂,老远就喊:"老头(叟),不远千里而来,给我国带来什么利呢?"

孟子说:"王!咱说点别的行不行?你又不缺钱,谈钱伤感情(何必曰利)。我这里给你带来了仁义两包清茶,你好好品品吧(亦有仁义而已矣)。"

梁惠王一听就泄了气,听孟老头叨叨了几天后,也不热情了。孟子住了一阵儿,只好走人。

孟子在齐国也经历了相似的经历。他走到哪儿都积极宣传自己的仁政经营理念,可是各国的老板对他的话并不感冒,认为仁政的培育期太长了,不适应当前市场的快速发展。

就在孟子为他的经营理念叫好不叫座苦恼时,一家小微企业映入了他的视野,让他眼前一亮。

{ 第五回

重拳出击儒家后继有人
超级玩主阴阳剖判天地

这是一家叫滕国的小公司。孩子没娘,说来话长。那还是滕文公为太子时,一次出差到楚国,经过宋国时见到了孟子,听了孟子的仁政产品推介之后,心动了,答应回去考虑考虑。

不久滕文公父亲死了,儒家的主张派上了用场,滕国成立了以孟子为主任的治丧委员会。孟子先教滕国行三年的丧礼,这遭到了文武百官及百姓的一致反对,说我们的宗主国鲁国和我国都没行过这样的丧礼,为什么我们要出这个头,这又不是什么好事。

可见孔子当年坚决主张的三年丧礼并没普及开来,影响实在有限。

尽管遇到重重阻力,孟子仍劝说滕文公完成了这次普丧工作。到出殡那天,滕文公哭得十分伤心,让各国来吊丧的人看了都十分感动,百感交集,对儒丧的教育意义有了初步认识。

治丧工作取得成功后,孟子又教滕文公行仁政,进行了经济、文化体制方面的一系列改革,比如实行古代的井田制、办儒校等。

滕国实行儒家仁政体制改革的消息传开,果然有人前来投靠,也就是后世儒家所大力宣扬的"归仁"潮。

第一批是农家大师许行,带着数十个弟子,从楚国不远千里来到滕国,他们穿着粗布短衣,靠编鞋、织席为生,是实实在在的农民工。

第二批是群儒生,为首的叫陈相,听说先师孔子的仁政理想终于实现了,十分兴奋,从宋国带着锄、犁等家伙,热火朝天地参加到滕国的仁政社会化大生产中来了,是实实在在的一群儒家下乡知青。

没想到的是,陈相这帮下乡知青一个猛子扎得太猛了,一下子扎到许行的农家院里不出来了。他们听了许行的农家学说讲座后,高兴异常,竟把自己的专业抛在脑后,改学农学。

陈相还来见孟子,转述许老师的话说,我们滕国的改革还不彻底,还没有到达深水区。应该把滕国的仓廪府库这些剥削人民的建筑全部扒掉,让滕君和全国人民一起下地耕种,自己动手做饭,来一个全民皆农,为把滕国建设成为一个高度文明、高度农业化的国家而奋斗。

孟子一看陈相这帮人疯了,这么快就被许行给洗了脑了,自己好不容易找了块实验田来实行仁政,却先招来这些农家来说三道四,要给自己搅局。没好气地说:

"治天下独可边耕边治吗? 有大人做的事,有小人做的事,或劳心,或劳力,劳心者治人,劳力者治于人,这个规矩你懂不懂? 许行本是个南蛮子,说话都说不清,你们跟他学道,能学些什么呢? 能不能学点好?"

教训了农家许行师徒的小农思想后,又有人在孟子面前称扬纵横家,说:"苏秦、张仪这些人真是大丈夫,一怒而诸侯惧,安居而天下熄。"

孟子轻蔑地看了他一眼,说:"你知道什么是大丈夫吗? 你学过礼吗? 大丈夫是应该像孔子那样,住在仁的指挥部里(居天下之广居),立在礼的操作台上(立天下之正位),行天下大道。富贵不能淫,贫贱不能移,威武不能屈,这才是大丈夫。像苏秦、张仪这些到处煽风点火的人,不被拘起来就不错了,怎能算大丈夫。"

教训了纵横家,孟子对兵家也无好感。正好鲁国想让慎子当将军,孟子发表评论说:"不让人民学习先进的儒家文化知识就去使用他们(**不教民而用之**),那是殃民。即使一战而胜,然且不可。"

慎子正等着准备授衔,高兴头上被孟子泼了一盆冷水,勃然变色,说:"我不懂你的话,什么叫'然且不可'?"

孟子说:"我明告你。人应该引导他的君走正道,有志于仁才行。现在那些为君干事的人都夸说能为君开辟土地,今天所谓的良臣,就是古代所谓的民贼。白送给土地,仁者都不要,更何况靠杀人抢夺的呢?这些人都是些没有良心的富商(**是富桀也**)和贩客(**辅桀**),天下都是让这些人弄乱了。"

又有墨家有个叫夷之的两次来求见孟子,孟子实在避不开,这才接见他,一见面就说:"我跟你直说吧。你们墨家治丧,提倡薄葬,说我们儒家厚葬为非。可是我听说夷子你葬父母却用的是厚葬,这不是用你所贱视的厚葬来对待你的父母吗?你这是犯贱呀!你到底贱不贱呀?"

夷之说:"我们墨家讲兼爱,我以为爱是没有差等的,施爱应先从父母开始。"

孟子说:"算了吧你们墨家。上世也曾有不葬他父母的,父母死了,就抬出去撂到沟里。他日经过,见狐狸正吃他父母,蝇子蚊子又嘬(zuō)吸他父母,顿时额头冒汗,斜眼而不敢看,赶紧回家拿锹(qiāo)、锸(chā)来偷偷掩埋了父母。掩埋是没有错,那么孝子仁人掩埋他们的父母,也必有道,又何必只有薄葬一条道呢?好好葬一葬又怎么了?"

夷子听得汗水直冒,说:"我算领教你了。"

孟子就像儒门中的一个重量级拳击手,把挡路的各路玩家都揍了一通,弟子们很是佩服,说:"夫子您真厉害。"

孟子说:"我这也是不得已呀。孔子去世快200年了,你看这世道乱的,诸侯想怎么做就怎么做，处士想怎么说就怎么说，杨朱、墨翟的言论，盈满天下，天下言论不归杨，就归墨。杨朱为我，只考虑自己，不考虑国家，这是无君；墨翟兼爱，外人和父母一样对待，这样做是无父。无君无父那是什么？那是禽兽。不砍掉杨，泼了墨，我们孔子开创的儒家大道就显不出来。并且除了杨墨，还有其他的歪理邪说，堵塞着仁义，我不出手行吗？我们周朝建国到今天已700多年了，500年必有王者兴，其间必有名世者。当今之世，舍我其谁！"

孟子义愤填膺，气概冲冲，可他的实验田却出了问题，被人霸占了。滕文公来问，说："我们滕是小国，一边行仁政，一边竭力侍奉大国，可那些大国还是打我们。我招谁惹谁了，这该怎么办呢？"

孟子一听也没招了，他说："碰上这些混账大国，能有什么办法呢？看来只有两条路：一是搬迁，重新找地方创业；二是做钉子户，宁死不去。"结果不等商量，动迁协议还没签，滕国就让人家给平了。气得孟子跺脚大骂那些无良开发商，良心真是大大的坏了。

孟子的实验基地被捣毁，象征了他的仁政破产。仁政的破产，宣告了在弱肉强食的战国时代，儒家学说是行不通的。没有一个大一统的政权支持，儒家的理想只能陷于空想，前仆后继的仁人志士们，还要静静地等待那个机会的到来。

孟子之后，又有两家乘时崛起，他们是阴阳家和名家。

这是两个玩家，是战国时代的两个真正的超级玩家，因为他们玩转了战国。他们很少谈论政治，尽量不去干涉他国内政，他们的目的似乎只有一个：玩。

现在好多人把自己干的事叫玩，其实他们最心虚志忑了，他们在失败来临时才大呼玩不起，露出了真面目。而我们这两个玩家不同，整个战国时代，能玩得起的也就这两家。既然都是玩，那我们在说到他们的时候，也应带着轻松快乐的心情。吉米，来吧。

先说阴阳家吧。当时齐国有句俗语叫"谈天衍,雕龙奭(shì)",这句俗语对于我们今天的人听了却不知所云,还以为是说天龙八部呢。其实这六个字在当时齐国人听来那可是如雷贯耳。这是说当时两位鼎鼎大名的人物的。谈天衍的"衍"是指邹衍说的,雕龙奭的"奭"是指邹奭说的。

邹衍是齐国人,著名的阴阳家大师。大师的名字如今都被绿豆汤大师给玷污了。早期的大师那真是大师,这邹衍说话就不同寻常,史书上说他"闳大不经"(大得没边)。邹衍一上来也未必先说大话,他可以先给你找个小东西做题目,然后推而扩大,最后至于无垠。诗意地说那就是从一粒沙子里看出世界,一朵花中见到天堂。说到最后让你张口结舌,心悦诚服。现在的大师一见面先从你的五官长相、生辰八字、掌上纹理入手,然后谈到你未来的官运、财运、桃花运,我们的邹大师可没这么俗,他说的是阴阳家的地理大发现。

他说:你们知道吗?儒家所谓的中国,实际只占天下的八十一分之一。中国名叫赤县神州,赤县神州内有九个州。中国以外像赤县神州这样的还有九个(比哥伦布、达伽马这些人发现的还多),这才是所谓的九州。州与州之间有小海环绕,人和禽兽不能通过。九州外还有大瀛海在外环绕,这才是天地的边际。

此话一出,王公大人听了左右环顾,面面相觑。别说当时的王公大人,就是今天人们听来也要咋舌,佩服这邹衍超出别人,怎能巡行天上似的,遥望齐州九点烟,一泓海水杯中泻,真是齐国的天才。

其实这都是邹衍站在海边时的天才想象。他既没出过洋,也没飘过海,更没有坐着航天器去观测,他当时的想象就和今天我们想象外星人一样,都是没有验证的猜想。一般人站在海边,也就是想象海上可能有仙山,再远处就全是水了。邹衍发挥了超乎常人的想象,一下子把人给唬住了。一般人这么想象会被人嘲笑一番,但这是邹大师说的,他有阴阳消息等等方面的科学理论根据。今天不还是这样吗?我求你动点工难死了,但阴阳师一说你家的风水不好,你立马就拆东补西地折腾开了。

就这样，邹衍大师名重于齐，声闻列国。他出外访问时，更是一路鲜花掌声，到处是欢迎的人群。如他到魏国时，梁惠王亲自出城迎接，执宾主之礼，连道相见恨晚。访问赵国时，平原君侧行撇席，恨不得蹲下给邹子提鞋。到达燕国时，燕昭王拥彗先驱，亲自拿着扫帚，扫了几十里地，生怕尘土脏了大师的衣服。迎接到宫中后，燕昭王又让邹子上坐，安排香案礼拜，愿拜邹子为师，又筑造碣石宫让邹子居住。

每次读到碣石二字，我就想起曹操的那首"东临碣石，以观沧海"的诗歌，里面的句子"日月之行，若出其中；星汉灿烂，若出其里"，让无数人着迷，佩服曹操写得雄浑大气。可是跟我们的邹衍一比，那就差多了。曹操的画面是目力所能及的一种寻常比喻，邹衍的画面是天马行空般的超长想象，更有深度与层次。曹操只是面朝大海，邹衍那是放眼全球。

邹衍周游列国如此被尊礼，不禁让人想起当年孔子菜色陈蔡，孟轲困于齐梁，同样是客，怎么人和人的待遇差距这么大呢？

如果你以为邹衍只是会谈天说地，那就太低估大师的水平了。能谈天说地只能惊动一时，邹衍还有个影响了上千年的议论，那就是他的五德终始论。

自天地剖判以来，昔日的王朝更替怎么开始，如今的战国动乱何时有完，未来将何去何从，这是萦绕在每一个人心中的疑问。

邹大师给了他们答案。

他说：自有天地以来，人类和自然界一样，也是五行相胜。每一王朝代表一个德，他们分别是金德、木德、水德、火德、土德。金胜木，木胜土，土胜水，水胜火，火胜金，如此循环往复，没有穷尽。现在就又快到了改朝换代的时候了。

此话一出，邹衍立刻成了抢手货，各国君主纷纷发出邀请函、呼吁书：大师，快来我们家给安置安置吧，看看下一个该什么德了，我到底是有德还是无德，能轮到我吗？

这下明白了吧，大师永远都是一部分人的香饽饽。

还有那个邹奭，也是采取了邹衍的术，和邹衍干着一样的营生，被齐王任命为列大夫，朝着康庄大路，住着高门大屋，吃香的，喝辣的，拿着油条馒头，想蘸红糖蘸红糖，想蘸白糖蘸白糖，尊崇无比。

阴阳家如此，名家也不简单。都是玩，谁怕谁呀。你说阴阳，我玩名，都是玩虚的，谁也别笑话谁，不信玩不过你。

先说个名家早期的名人。此人名叫惠施，和庄子是同时代人。俩人是老熟人，关系处得也可以。不过俩人都挺能说，庄子说起话来如悬河之水，一泻千里，汪洋恣肆。惠子是名家，名家就是靠辩说吃饭的，说不出个三六九，分不出个高中下来绝不能停止。俩人在一起，就难免要针尖对麦芒，招架了起来。

这一天俩人吃饱了没事干，到小桥上边游玩。庄子看着水中的鱼儿出入，兴致大发，不禁感慨，说："小鱼出游从容，他们真快乐呀！"惠子说："你不是鱼，你怎么知道鱼快乐，说不定人家还边游边哭呢。"庄子回敬道："你不是我，你怎么知道我不知道鱼快乐。"惠子不示弱，说："我不是你，固然不知道你；但你固不是鱼，你不知道鱼快乐，那是肯定的了。"

惠子在这事上占了上风。其实庄子也挺擅长说鱼的，只是道行深，不和名家这些人争辩了。他有篇文章叫《逍遥游》，就是专门阐述鱼的快乐的。大意是说，北海里有条大鱼，有一天成了精，化成只大鹏，扶摇直上九万里，游得那个快乐呀。惠子唠叨了半天，他知道个什么呀，他的心还让蓬草堵着，茅塞未开。

谁说庄子不知道鱼快乐，他最了解鱼的快乐了。他的那条大鱼一直感动着世人，让大伙儿也一起跟着逍遥快乐。

惠子多方，很能辩解，什么"物方生方死""无穷而有穷"都是他的拿手辩题，和庄子的弄不清是蝴蝶变庄周还是庄周变蝴蝶一类的齐物思想有点相像，怪不得二人有共同语言。惠子又爱读书，家里藏了整整五大车书，"学富五车"这个成语的车队就是从惠子这里出发的。

惠子后来做了大官。据说庄子原来被楚王打算聘为相，庄子说自己宁愿学一条鱼（看见了吗，又是说鱼），曳尾泥中也不去。如今惠子当了大官，对论敌庄子自然时不时想压制压制，这事让庄子的门徒说来很有趣。

说惠子做了梁惠王的相，庄子去看他。有人对惠子说："庄子来打算代替你为相。"惠子恐怕相位被夺，到处找庄子，派人在国中搜了三日三夜。庄子见到惠子后说："南方有鸟，名叫鹓鶵（yuān chú），你听说过吗？那鹓鶵发于南海而飞于北海，不是梧桐树它不在上面停止，不是竹米它不吃，不是甜泉水它不喝。这时有一只鸱鹰得到了个烂死老鼠，鹓鶵此时正好飞过，那只鸱鹰以为鹓鶵要抢它的烂死老鼠，仰头看着鹓鶵说：'吓！'现在你是不是也怕我抢你的梁国相位，要用你的死老鼠烂相来吓我呢？再以你们名家的名实关系而论，名是实的宾，相也就是一个名，我才不愿意当这个宾呢。"

庄子学生编的这个故事总算为老师出了一口气。

惠施和他的朋友以辩为乐。辩的题目都很通俗，比如：蛋壳有毛，鸡三条腿，狗可以为羊，马下蛋，火不热，轮不碾地，龟比蛇长，狗不是犬，等等。多么通俗，让傻子看了也不怀疑自己的智商，想插嘴和他们辩辩。不过有的题目也很高深，比如：一尺之锤，日取其半，万世不竭。意思是一尺长的一根木杖，每日取它的一半，最后还总是留一半，万世都取不尽。让现在学微积分数学知识的人听了也很佩服。

总之，这些名家不管大小和雅俗，什么都拿来辩辩，辩得都上了瘾。

不过这些名家再辩，题目再多，也只是像老头老太太在街头斗嘴玩，没什么影响力，真正让名家名扬后世的是后来名家大师公孙龙的那个辩题：白马非马。

| 第六回

白马非马公孙龙逢人说项
性善性恶孟荀子纠缠不清

公孙龙挑起了"白马非马"的大旗,一时辩者云从响应。公孙龙说:"马,是命形的。白,是命色的。命色的不是命形的,所以白马不是马。"此话一出,辩友顿时好评如潮。

公孙龙继续道:"你到马厩中找一匹马,里边只有一匹黑马,你不能说有白马,那么你要找的马就没有。既然没有,那么白马就不是马。"

公孙龙又说:"一块坚白石,你不可砸成坚、白、石三块,只能切割为坚石、白石两块。因为你用眼看它时,得到它的白,而不能得到它的坚。用手摸时,得到它的坚,而不能得到它的白。美人鱼和熊掌不可兼得(目不能坚,手不能白)。"

公孙龙说自己的辩就是要给物正名实,是一项有利于全人类的伟大工作。名字要和它的实际相符(夫名,实谓也),名实相符是他们的追求(不当而当,乱也),他辩起来的确实至名归,无人能比。下面我给大家照录一段公孙龙先生的同期发声,听完后大家别头晕,我没有故意添字加词转悠你。小朋友听完后有个好处,那就是老师再让你背古文,你也不会觉得难了,曾经沧海难为水嘛。

这是公孙龙先生一段论物和它的指称关系的原声,他说:

"物莫非指而指非指。天下无指,物无可以谓物。非指者,天下无指,物可谓指乎？指也者,天下之所无也;物也者,天下之所有也……

天下无指,而物不可谓指也。不可谓指者,非指也。非指者,物莫非指也。天下无指而物不可谓指者,非有非指也。非有非指者,物莫非指也。物莫非指而指非指也。"

就放到这儿吧,这样听下去,确实指点得人眼花缭乱,只有乖乖听的份儿。把一个物和它的属性拆分出来,指称事物要求如此精确,怪不得鼓吹"此亦一是非,彼亦一是非"的最无是非原则的庄子门徒听了最先难受了,他们抗议道:

"以指喻指之非指,不若以非指喻指之非指。以马喻马之非马,不若以非马喻马之非马也。天地一指也,万物一马也。"

服了。

像惠施当年和道家庄子争辩,公孙龙也和各家过招。

一次公孙龙到赵国平原君家里做客,孔子的后代孔穿也在座。孔穿说:"素闻先生高谊,我愿当你的弟子很久了。但对先生以白马为非马这个观点不很赞同,请先生以后不要提这个观点了,这样我就拜你为师,做你的弟子。"

公孙龙说:"先生言悖了。我公孙龙所以成名,正是因为白马之论。且白马非马,你先祖仲尼也是赞成的。"

孔穿惊讶不已,问:"如何知得?"

公孙龙说:"当年楚王在云梦泽射猎,丢了他的良弓,这弓名叫繁弱,是有名的好弓。左右请求寻找,楚王说:'楚人遗弓,楚人拾得,又何必寻找。'仲尼听说后说:'楚王仁义还不够,应该说"人遗弓,人拾得"。何必非楚人。'如此看来,仲尼是把楚人和人区别开来的,没把楚人当人看。现在我把白马和马区别开来,不把白马当马看,又有何不对。"

孔穿听了张口结舌,无以应答,只好认输。平原君于是厚待公孙龙。

公孙龙也被胜利冲得有点儿晕,也自以为自己真能困百家之智,穷众口之辩，打遍天下无敌手。然而该遇到的还得遇到，他这次碰上了个强手，那就是阴阳家大师邹衍。两个玩家终于玩到了一起，为了决出一个输赢，给看客们一个交代，两个玩家终于过招了。

该来的终于来了。

这天阴阳家大师邹衍经过赵国，平原君热情接待，并让公孙龙师徒与邹衍相见。论起"白马非马"时，公孙龙当着满屋子客人又驰骋利口，唾沫飞箭（溅），极力相辩。邹子说："停，死叨婆，停。这样不可。辩，就是要使人知，不至于相迷。所以辩胜了不失掉自己所守的，不胜也能得到自己所求的。这样，辩才有意义。如靠烦文、饰辞、巧譬这些垃圾来引人注意，就有脏于大道。纷纷争言极辩而谁也不肯先停下，就有害于君子。一争两丑，一让两有。"

此话一出，在座的人都大声喊好（good），平原君见没人支持公孙龙，只好跟公孙龙说 good—bye（乃绌公孙龙），公孙龙就这样灰溜溜夹着根尾巴跟人 bye（再见）了。

阴阳家在讲求实际的战国沙龙里大折名家，名家只好暂时退场，不过这些名家名人不甘寂寞，他们还要继续到各地走穴，我们就不跟踪报道了。

孟子之后，又有一个大儒来到了齐国，这就是荀子。

荀子名叫荀况，赵国人。当时齐国的稷（jì）下学宫人才济济。稷下学宫是齐国开建的文艺学术俱乐部，在齐宣王时得到极大发展，学宫房间面积和 VIP 开户数大大增加，里边大多是当时各国各家的名流。除了南郭先生滥竽充数后来被开除外，大部分还是都有自己的两把刷子的。

荀子到了齐国，见稷下学宫的那些先生，像邹衍、淳于髡（kūn）、慎到、环渊、接子、田骈、邹奭，都因谈阴阳，或者叙黄老，或者辩名实，或者修兵书，或者讲法备，受到了齐王的礼遇，住上了豪宅，开上了名车，发家致富了。想起孟子当年遭

齐王冷遇,坐着个破大车周游列国,真是丢脸。不禁批驳孟子道:

"孟轲这个人材剧志大,看的也不少,听的也不少,知识杂博,可就是干事不知其统,尽干窝囊事。仗着口才好,自己吹捧自己,说:'我这真是孔子的言辞。'加上上边有个子思,依托孔子爷爷的背景,子思唱,孟轲和,弄得世俗那些愚儒,弄不清真假,也以为孔子就是这么说的,就是让他们这么干的。于是投到二人门下,结果误人子弟,自己没过好,学生也跟着倒霉,别说让儒家弟子住高楼大厦了,连个廉租房都没混上。子思、孟轲把儒家弄得这么惨淡,这是他俩儿的罪过啊,两个败家子呀!"

在观点方面,荀子也与孟子多有不同,两人最针锋相对的是对人性本善还是本恶的看法。

荀子对孟子的性善论提出了严厉的批评。他严肃指出,人生来就好利、好声色,所以争夺、淫乱就产生了。这就是人性本恶。孟子说人性善,是虚伪。

人性善恶是个大问题,孔子、墨子、老子三位老人都没有谈这个问题。春秋时,哲学讨论刚刚展开,最急迫的是打什么旗的问题。诸侯们刚开始乱,还拿捏着,表面上尽可能客气。但到了战国时就大不相同了,大家都撕去了虚伪的面纱,露出狰狞面目,杀呀,抢呀,于是,哲学家们目瞪口呆了,这还是人吗?

如是,人性该怎么解释,到底是善,还是恶。

弄不清这个问题,就有许多现象无法解释。人性本善还是本恶,是解决问题的钥匙。弄清了人性本善,还是本恶,才能对症下药。

孟子首先指出:人性本善,人性的大树上有四端,它们长着仁、义、礼、智四个枝丫,培育人性这棵大树,只要存其心、养其性,多浇点水就可以了。

荀子强烈反对,他严厉指出,人性本恶,不能让人性这棵大树随意乱生枝丫,该修的要修,该剪的要剪,要用礼来严格管理,不行就用法来使劲砍伐。

不像孟子有个明确的儒学师承链(孟子是否跟子思学习过,很可怀疑。可惜其生也晚,没有赶上跟孔子学习,能直接跟孔子的孙子学习,也是无上的荣耀。他也恨不能说自己是子思的亲炙弟子,得意门生。考虑到孟子同学的这种急切好学向上心情,我们这里就让孟子直承子思吧),荀子更像是个自学成才的儒家。

荀子跟谁学的已无从查考,他的知识杂博,读了当时所有各家的书,观点也较为复杂,说他是醇儒,谁也不信了。他也不想把自己往儒堆里挤。他对儒家的成功经验与失败教训进行了深刻总结,对孟子等人的以上批评更多的是一种恨铁不成钢的心情。

自我批评完后,荀子开始收拾其他各家。

首先对墨子进行了重点驳斥,说墨子主张节用是杞人忧天,天地生万物,足够养活天下人,墨子原本操不着这份儿心。墨子反对听音乐,是违反人情,要是让墨家这些人有了天下,还不把天下人弄得吃穿跟叫花子似的,百姓会生活在水深火热之中。

所以荀子坚决主张应先让一部分人富起来,走不共同富裕的道路,让一部分人永远畏惧另一部分人,这样才有上进心。说墨子的学说是役夫之道,是蹬三轮车的常跑的路;而我们儒家所守的学说,那是圣王之道,是专给坐轿子的人修的。

接着批评名家惠施、公孙龙的"杀强盗不是杀人""白马不是马"是用名以乱名,混帐逻辑。只是玩弄一些怪说奇辞,没有多大实用价值。兵家一些人只知道打打杀杀,那也只是兵家末流。

总之,除了儒家之外,各家议论起来持之有故、言之成理,欺骗傻子的本领还是挺高的,荀子表示佩服。

荀子又把儒家划分为三等:第一等是大儒,包括孔子、子贡这些人;第二等是雅儒;第三等是俗儒。子思、孟子是第几等,荀子没说,单从不会持家致富上来看,估计也只够个三等儒民。

为了维护儒家的名誉,荀子又认为,再不行,俗儒也比俗人强。俗人太好利,见了钱就没了操守,往往最后败事。(荀子说还有一个贱儒,我就不提了,书读多了别犯贱,自降一格就行了。)

由于吸取了孟子等人的失败教训,荀子在齐国最终取得了成功,曾前后三次担任了齐国稷下学宫教务方面的最高长官——祭酒。尽管起起落落,也够着个风云人物了。

荀子有许多学生,其中两个特别出名,一个是韩非,另一个是李斯。耐人寻味的是,这二位却不是儒家,他们变了种,成了法家的两个代表。按照他俩后来的表现分工,韩非是法家的大理论家,李斯是法家的大实践家。荀子发展了儒家学说,强调了其中礼的方面。礼是用来约束人的,但碰上战国这个乱世,礼的约束力明显不够,于是法家挥舞着大棒上场。

儒家大师荀子教出了法家弟子,没办法,就当是战国舞台上的一种客串吧。

韩非和李斯理论与实践的结合给中国政治历史造成了很大影响。

先说实践家李斯,他是楚国人,少年时候的一次观察经历让他的人生观发生了彻底转变。他见到厕所中的老鼠,吃得不干净倒还罢了,活得也挺不自在,一听见人与犬走近,惊恐得到处乱跑。后来他又见到仓库中的老鼠天天吃大米白面,不但吃得好,活得还很滋润,很少有人犬来打扰。于是叹道:"人的贤与不贤有什么标准,就像这老鼠,全看处在什么地方了。"

后来李斯跟从荀子学习,有了这样的人生观,加上荀子已把儒家的诗书仁义这些传统科目和道德标准列成了考察课,到时候开卷考试,不计入成绩,而把礼、法列入必修课,重点考核。所以李斯尽管学业成绩优秀,操行品德却还是原来的水平。

几年后,李斯感觉学得差不多了,就开始考虑毕业后的就业去向问题。此时祖国楚国正处在被动挨打的状态中,其他几个国家也自顾不暇,只有秦国一枝独秀,成为当时西方的日不落王国。

李斯不想去做楚厕中战战兢兢的老鼠,什么报效祖国、为国争光早就不在心上,于是向荀子辞行,表示打算西入秦,参加到西部大开发的时代大潮中去。并且特别说明,世界上最大的耻辱是卑贱,最悲痛的是穷困,为了去悲脱贫,决心到西方强国去闯闯,寻找实现自己人生价值的机会。

荀子见李斯口口声声西方的月亮就是比东方圆,提醒他说:"秦国那个国家我也去过,山林川谷很美,老百姓也很纯朴,官吏也很卖力,办事也很利落,唯一有一个大的缺点是没有儒。一个国家没有别的还可以,没有儒那是绝对不行的,最后肯定会灭亡。这是秦国最致命的缺点。(这句断语记在秦帝国灭亡前几十年荀子写的文章里,不得不佩服荀子的先见之明)我当时在我上给秦国的政协提案里向秦昭王提出了这个问题,秦昭王不听,他说:'儒无益于国家,有没有都一样。'我跟他解释说:'儒生们重礼仪,你要是用他们,他们是社稷之臣。不用他们,把他们退回去当老百姓,这些人再穷困冻饿,也不会走邪路、干坏事,怎么说无益于国家呢?'可是秦也没听。"

李斯说:"秦这么几十年来,打了许多胜仗,兵强海内,威行诸侯,也没有听说这些成绩是用儒的仁义来办到的。"

荀子说:"这就不是你所知的了。秦虽打了许多胜仗,但他用的不是仁义之兵,常恐天下一合伙,而把自己轧死,所以睡觉也睡不安稳。你所说的就是这些末世之兵,只会越打越乱。武力解决不了根本问题。我的话你要好好思考呀!不要只顾着出门赚钱而把基本的礼义廉耻给忘了。"

李斯就这样撂下他所学过的儒学基础课,义无反顾地到了秦国,开始了他的打拼生涯。

他的打拼成绩如何呢?

这里提前告诉大家一声,人家李斯在秦国还是蛮拼的。

| 第七回

列五蠹韩非搞法制建设
迎一统杂家舞吕氏春秋

再说法家的那位理论家韩非,他是韩国人,身份特殊,是韩国王室的一位贵公子,和李斯同学于荀子。可是韩非越学越不喜欢儒学这门专业课,他对法学更感兴趣,决心转学法学。

从荀子那儿问学归来后,他见自己的祖国还是跟过去一样,正被秦国逐渐蚕食,和他出外求学前没什么两样。当时秦国实行远交近攻策略,韩国和秦国是紧邻,守着这么个虎狼之国,动不动就会被撕下块肉来,韩国成了东方六国挨宰时的第一个垫背者,真是倒霉透了。

面对内忧外患的祖国,韩非不禁感叹道:

"儒学真像是小孩儿们相玩耍。他们互相戏耍时,用土块做饭,用泥做汤,用木块当肉煮,看着像是做了一锅好饭,过的家家挺好,然而到晚上时还得让他娘喊:'小强,回来吃饭。'这是因为土块只可以做游戏而不可当饭吃。儒家口称上古美好而到处传颂,口说仁义而不能去为国争城掠地,弄得都是些华辩不实的东西,这也只是可以做戏看而不可当饭吃。再看结果,韩赵魏等国慕仿仁义而弄得身子骨越来越虚弱,秦国不谈仁义却胃口越来越强壮,吃嘛儿嘛儿好吃,喝嘛儿嘛儿香。由此可见,儒家的仁义真不是个好东东。

　　并且儒说自相矛盾。孔子说：'尧为君主真是伟大呀！大得可以效仿天了。'可是尧统治时期，历山的农民互相侵占田，河滨的渔民互相争夺地。全国各地，还是官司不断。尧没有办法，只好命舜去治理。为何让舜去救败，那是因为尧有失。这跟孔子宣扬的尧的形象不是差距很大吗？楚人有个卖矛和盾的，既夸他的盾坚不可穿，又夸他的矛无坚不摧，里外都是他。儒说就是那自相矛盾之说。"

　　鉴于儒学有这么多的恶劣行为，韩非在自己提交的法学修正案中把儒家列为五种社会害虫之一，其它四害分别是纵横家、游侠剑客、逃避兵役者、商人手工业者，这五种蠹(dù)虫都是应该打击消灭的对象，不在他的法律保护之内。

　　这五蠹之中纵横家的罪名是到处穿梭拉线，借引外国势力，危害国家利益。游侠剑客是违反禁令，拿着刀剑，到处乱跑乱砍，破坏社会治安。逃避兵役者是出钱雇人当兵，自己不肯效死，还影响别人的战斗力。商人手工业者是积累钱财，压榨农民，破坏社会经济基础。

　　其中儒家的危害最大，他不仅直接危害国家的法制建设，还谈仁说义扰乱国家风气，对国家的政治生活产生了恶劣影响。因此人主必须除掉这些蠹虫。

　　这个世界能入他老人家法眼的实在不多，除了以上这些害虫，韩非对墨家和名家也不放过。

　　他说墨家虽然博辩，但说得再多，不去耕种地，国家也得不到他们一粒粮食。对于道家学派的那个一毛不拔的杨朱，连一分钱都舍不得交到警察叔叔手里边，韩非更是斥之无用。

　　韩非有个天生的缺陷，就是为人口吃，说话有点结巴，不善辩。所以他对名家的善辩更是讨厌，撰文讽刺名家善辩的人说起来没完没了，像是郑人争年。

　　说有两个郑国人争论年龄大小，这个说："我和尧帝同岁。"那个说："我和黄帝的哥哥是一年生的。"本来都是吹牛皮的无稽之谈，可俩人争论起来却挺认真，谁也不肯停下。因为最后评判二人谁说谎的根据就是看谁先停下。名家就跟个碎嘴婆子一样,这有意思吗? 这叫无聊。

又讽刺说宋国有个人叫倪说,很是善辩,论起"白马非马"来,上劲儿得很,齐国没有一个人能说得过他。可他从齐国辩论完了回家乘白马过齐国关卡,再辩解说"我骑的白马不是马,你把我当个屁放了吧",齐国守关卡的人也不听,照样也得交白马的关税。可见名家光靠嘴上说些虚辞,有时虽能胜一国,可实际操作起来却连一个守关的士兵也蒙混不了。

否定儒墨各家的同时,韩非也开始建构他的法学体系,要领悟韩非法学的基本精神,得掌握三个关键字:

法、术、势。

这三个字都有专利知识产权。这里的法是商鞅的知识产权,他鼓动秦孝公变法,有自己的一整套方法思想。术是申不害老先生的,他辅佐韩昭侯,提出了术的方法论。

势是慎到先生所重点阐述的驭人之法。

什么是势呢? 慎子说:"飞龙乘的云,腾蛇游的雾,这就是龙蛇的势。如果没有云雾,那么龙蛇就会与蚯蚓相同。如果没有势,君主也不过是一匹夫,连三个人也管不了,还不如一个小班长。如果没有势,尧舜挨户劝说人们守法,人们会以为他两个人是上门搞推销的,不但会和他俩争辩,还可能把他们撵出去。"

韩非在总结前人工作的基础上,提出了法术势相结合的思想,具体来说就是以法制建设为中心,以弄术挟势为基本点的君主治国思路。

韩非对道家的老子挺尊重,为了深入表达自己的思想,他撰写了两篇专题文章:《解老》和《喻老》,借助大智若愚的老子,传达他的法家思想。

如老子说:"重为轻根,静为躁君。圣人终日行,不离辎重。"这辎重车装的是什么,不用说也是道家路上用的东西。但韩非给他们全部换成了从韩国进口的法货,他解释道:"没了势就是轻,离了位就是躁。法术势就是人君终日行而不离的辎重,要铁板一块才有重量吆。"

韩非数次给韩王上书,结果遭遇了寒流,没有被重视。没想到的是,韩剧在秦国受到了热播。韩非的书传到了秦国,遇到了一个超级粉丝,这就是秦王嬴政。他读了韩非的书,十分想念这位韩国偶像,感叹道:"啊,寡人要是能见到此人,死也无恨了!"

这话在秦王也就是感叹感叹而已,不可能跑到韩国去找作者要签名,没想到这时有人在下边接嘴道:"这书是韩非所著。"

秦王一看,说话人是大夫李斯。

斯人已是我们的一位老熟人了。

李斯离开荀子到秦国后,先是投到秦相吕不韦门下。吕不韦是赵国富商,亿万富翁。他看到在赵国正做人质的秦公子子楚奇货可居,于是帮他拿金钱活动,回国做了太子。太子子楚即位当皇帝后,按照投桃报李的人情路线,投官报吕,让吕不韦释褐(hè)加冠,脱下平民衣服,当了丞相,大出风头,让天下人都明白官字怎么写。

吕不韦是中国历史上最会跑官的人,他一下子跑成了俩官,一个秦王,一个丞相,让后来的跑官者都汗颜,他们只会跑官要官,或者是出事后跑路,别无能耐,是真正的官场蠹虫。他们要是跟吕不韦跑成的官字相比,还不羞死,看看人家,自己跑成的是个嘛呀。

吕不韦发达后,门下招致了食客3000人,这些人来自各个国家,五湖四海,都是为了一个目标,到西部淘金而来。吕不韦也没让他们闲着,白吃饭,他组织其中一些人,编写了一部《吕氏春秋》。

书编成后,吕不韦命人把它挂于咸阳城门上,并开出了天价校稿费,说能增损一字者赏千金。也许认为是玩笑,也许认为是空头支票,也许是害怕,最终没有人尝试前去领取这笔赏金。书稿展销会就这样空无一人地结束了。

尽管遭到了冷场,《吕氏春秋》却获得了热议,取得了极大的成功。吕不韦可说是史上最会作秀的出版商,他把书挂在当时万众瞩目的秦国都城门上,向全世界高调宣传了他的书。吕不韦和他的书稿登上了咸阳门,成了一时的最大新闻事件。

《吕氏春秋》的出版标志着中国历史上诸子百家中的杂家开始走向舞台。

《吕氏春秋》成于众手,这些人中有儒家、墨家、道家、法家、阴阳家、名家等各家,但《吕氏春秋》却不是各家枪手的集合,而是把各家各派融合到了一起。各家已不是原汁原味的原家,经过讨论、思想的碰撞和糅合,像杂面一样,把各家思想融汇到了一起。大家在书中不再吵嘴、打架、谩骂、攻击,而是互相借鉴、学习。

《吕氏春秋》以效法天地为框架,气魄雄伟,构想宏大。这是吕不韦和他的编辑们在秦统一天下前夕的一种宏大视野,他们要吸纳百家之长,来为未来的秦帝国服务。

如果这事真能弄成,那是秦帝国的福气,他吸纳了几百年来中国知识精英的精华,未来的秦帝国海纳百川,多么高大、壮美! 一个有气度的泱泱大国将在世上诞生。

但是,人算不如天算,《吕氏春秋》编成后没几年,子楚的儿子嬴政长大后亲政,有感于吕不韦妨碍他行政和听说吕不韦和母亲太后有染,并且为了长期保持不正当关系,吕不韦还给他妈送面首,秽乱宫廷。秦王嬴政决心肃清政敌,扫除宫闱,前殿后院一起打扫。这位 22 岁的英俊秦王上得了廷堂,下得了厨房,亲自操勺,赶太后,分面首,顺便把吕不韦和他的杂家门客也一锅给端出去泼了。

吕不韦被贬自杀,他的春秋大梦结束。

吕不韦被清除后,法家思想落入了秦王嬴政的视野。

再说李斯的创业史。由于有才干,李斯在吕不韦门下脱颖而出,受到了吕不韦的赏识,被推荐给秦王,任为郎,由吕不韦的门下客成了秦国的公务员。李斯终于有了机会见秦王,于是劝说秦王乘时灭诸侯,成帝业。对于诸侯国那些贪财听话的士人,拿钱收买。不听话的,利剑刺死。

为了进身,李斯无所不用其极。诗书礼义被他撕成了烂纸条,耍阴弄险成了他的新信条。

我们在此把他的一生提前浏览一遍,就会发现,他是成于耍阴,败于玩阴,用儒家的话说就是:不走正路,该。

秦王从李斯口中知道韩非后,使用了暴力追星,派兵急攻韩国,索要韩非。韩王见秦王踹上门来要人,以为是什么重要人物,一听才知是要韩非,不就是个结巴子吗,韩国的帅哥美女多了去了,有什么大不了的。立刻给了韩非一个使节头衔,让他出国访问去了。秦王见到韩非后,如获宝贝,留下韩非不让回去,让他给自己普法。

这引起了李斯的嫉妒,自己好不容易熬来的亲信地位被新来的韩非夺去,都是吃法家这碗饭的,你火了,我咋整呀?于是在秦王面前毁韩非,说韩非是韩国的王室公子,终不会当韩奸,为秦效力,不如杀掉。

秦王听信了李斯的话,把韩非关了起来。李斯派人给狱中的韩非送去毒药,让他自己了断。韩非想见秦王,李斯不让,只好仰药自杀。

在各家之中,法家对治理天下下的药最猛,遇祸也最惨。除韩非外,还有早年的商鞅,为秦国变法图强,结果得罪了秦国的权贵们,被车裂而死,很惨。此时正得意的李斯做梦也想不到,他最后被灭三族,腰斩,比起韩非来,还惨。

秦灭六国后,天下归于一统。秦王嬴政自以为功绩已超三皇、迈五帝了,于是把自己的头衔由王改成了皇帝,自称秦始皇。愿子孙二世三世地数下去,直到无穷。

后来的事实证明，根据一人一张来算，皇帝的名片至今确实传印了上百张，可惜都不是一家印刷的。秦始皇开的秦记印刷厂只印出了两张，效益排在了全国倒数第二。如果没有后来的王莽新朝垫脚，秦始皇的一级资质印刷厂就会排在倒数第一。难怪引起那么多人的叹息和讨论。

秦始皇又划海内为三十六郡，从地图上彻底抹平了六国。

当年齐国人邹衍论著终始五德之运，各国王公大人听了只是惊奇，却不能使用。现在天下一统，邹衍的学说终于有了用武之地。

于是按邹衍说的终始五德相推算，以为周朝得火德，秦代周，水灭火，所以秦应为水德。

又因水德属北方，以黑色为上，所以秦朝的衣服、旗帜的颜色也以黑为上。

由于平民百姓用黑巾裹头，把老百姓统一称为"黔首"，黔是黎黑的意思，黔首和秦朝之前的百姓"黎民"称谓正好配套。如果秦朝多活上几百年，那么现在常说的黎民百姓可能也习惯叫黔首百姓了。

又因水主阴，阴主刑杀，于是以刻削寡恩、严刑峻杀为法。

总之，在阴阳家邹衍的光辉指引和法家的努力下，秦朝把自己弄成了个黑社会。这时的黑老大还算宽容，春秋战国时遗留的诸子百家完全处在自生自灭状态，黑老大并没有打算招惹他们。

这种状况不会持续太久的。

这还要从秦始皇东巡讲起。

第八回

议封禅秦始皇与儒生结怨
论分封李丞相给嬴政点火

做完灭六国、建新朝的工作后,秦始皇又喜欢上了一项运动,那就是到他灭掉的东方六国旅游。这除了带些护兵外,再不用带护照了,走到哪儿都不要签证。也不用为各国高昂的门票犯愁了,走到哪里都是免费。

要不是天下统一,这帮人知道我来,还不趁机宰我,收拾掉他们,爽!

和我们俗人一样,秦始皇走到哪儿,都喜欢刻石留念,让李斯刻上"某年某月某日始皇帝到此一游"的话,为了不和普通人的留念相混,还让李斯刻上"消灭强暴,拯救黔首,周定四极,擒灭六王,功盖五帝,泽及牛马"等工作简历。

且说这一年始皇东巡到了孔子家乡鲁地的邹峄山,立石刻辞纪念完后,又与鲁地的儒生商议起了封禅(shàn)泰山。这封禅古礼是夏商周三代的事,按说受法家现实主义熏陶的秦始皇不该到古典主义里去浪漫。

也许是旅游容易引发人的思古心情,谁也说不清秦始皇是哪根古典心弦被拨动了,要举行封禅这样的仪式。

据说封禅这样的古礼是儒家的拿手好戏,秦始皇召集鲁地儒生开会,商议怎么封禅。遗憾的是,这套古礼早已失传,孔子也没有多讲过,鲁地的几十个儒生无词可对,会议出现了冷场。

其中一个老儒打破沉默道:"古时封禅,不过扫地为祭。天子登山,恐怕伤害草木土石,特地用蒲草裹住车轮,铺上草席而上,以昭示仁俭。"

始皇一听什么,这帮儒生让我上山扫地,不让铺红地毯,只能铺上草毯,还要裹住车轮,增加上山的技术难度,什么馊主意!用草裹住车轮,不让出声怎么地?雷霆乍惊,宫车过也,这才是我的行头。这帮儒生这么玩,什么玩意!

还有什么昭示仁俭,始皇豪奢惯了,对"仁俭"二字很是反感,心下不悦,顿时变了脸色。

其他儒生一看不对头,黑老大翻脸了,赶紧又说了几个封禅方法,哪知秦始皇都不合意,宣布散会,让他们都回去了。

秦始皇心想离开你们我照样干活儿,也不再找这帮儒生问礼了,自己制定了封禅施工方案,命令工役,斩木削草,开了条车道,从山南而上。

到了山顶,一边继续刻"到此一游"的纪念文字,一边命人担土,做了个坛,然后登坛,用自己的方式,行了封礼。

完后从山北下来,没想到气象预报工作没有做好,走到半路,风雨暴至,弄得狼狈不堪,好不扫兴。

下山后,又祭了泰山脚下的梁父山,办完了禅礼,这封禅才算办完。

鲁地儒生见秦始皇上山不叫自己,心里都酸溜溜的,后来又听说黑老大在山上遇到了暴雨,倒了霉,又一个个高兴起来,都说是不听他们的话所致,该!

始皇也由于封禅工作不圆满,落到了那帮儒生嘴皮子底下,也开始不喜欢儒生,与儒生结了梁子。

秦三十四年,始皇帝置酒咸阳宫,文武群臣给始皇贺寿。马屁精们齐集一堂,仆射周青臣上前发表祝寿词,他说:

"过去我们秦国地盘不到千里,赖陛下神灵,平定了海内,消灭了诸侯,把东方六国的广大国土变成了我们的后花园。天下统一被划分为了郡县,人人从此自得安乐,没有了大国小国的战争忧患。我们的黑色大好江山从此开始永传万万年(传之万世)。这是自古以来没有人做过的工作,可是,现在,在陛下的手中完成了。让我们全体起立,向陛下致以节日的敬礼!"

始皇听了高兴坏了(大悦)。

群臣一片颂扬声、感激声、涕零声,现场气氛十分活跃。这时儒学博士淳于越走上前来,说道:

"臣听说商周为王都是有上千年悠久历史的,他们把子弟功臣分封,给他们每人一块地,让他们自为枝辅。现在陛下有海内,而子弟却为匹夫未受封,如率然有变,陛下连个帮手都没有,怎么指望他们来救呢?从来没听说过事不师古而能长久的。现在青臣又当面阿谀奉承,马屁拍得山响,这是加重陛下的过错,周青臣不是秦忠臣。"

这话引起一阵哗然。郡县制是早已经过秦朝君臣讨论而载入宪法的,被认为是国家的根本制度。现在统一已八年多了,国家机器运转正常,郡县制也没出过什么问题,并且每征服一个地区,就多开辟一个郡县,星条旗上的星在逐年增多。面对这么大好的形势,儒生们却又跳出来说闲话,还搬出古代的条款来。并且说得十分不是时候,在皇帝的生日派对上,大家都十分高兴时。始皇帝当下命令把淳于越的话交下边讨论。

讨论的结果由丞相李斯报上,他对始皇说:

"五帝不相复,三代不相袭,谁也没有照抄谁的治理办法,却各能治。今陛下创大业,建万世功,这本不是这些愚儒书呆子们所能理解的。并且淳于越说的是先朝的那些事,陈谷子烂芝麻,对于今天来说早已不足为法。前时各诸侯国为了增加经济文化总量,大量扩招了一些游学生。今天下已定,这些人早该退学,让他们去地里干活,或者让他们转学法令。现在这些儒生放着当前先进的法学知识不学,却去学古,用古来毁当世法,惑乱黔首。

臣李斯昧死进言：过去天下散乱，不能为一，诸侯们乱招聘了这些人，他们道古害今，虚言乱实。今皇帝并有天下，早已分别了黑白而定于一尊。可还有人非法私自招生。国家每有令下，这些私学就乱议论，入则心非，出则巷议，变成了一个个造谣学校。臣请史官从今以后把不是秦朝编写的教科书全部烧掉，不是博士官所掌管，天下敢有藏《诗》《书》百家语的，全部拿到郡守、尉处烧掉，有敢议论《诗》《书》的杀无赦，以古非今者灭族。令下30日还不烧掉，把他判为刑徒。所不烧的，只有医药、算卦、种树、养殖这些有用的书。若有想学知识的，让他以吏为师，向各位吏人求教学习。"

始皇一听，正合心意，当下制诏，批复道："可。"

李斯这一议，走了极端。过去各家相争，只限于口诛笔伐，并不用拳打脚踢这些肢体动作去解决问题。如今诸子百家在春秋战国几百年的积累，都要去经历法家李斯在秦朝点起的这场文化烈火的洗礼了。（没事存档的那部分后来又让秦末起义军的熊熊战火烧了一大部分）

真是无端秦人一把火，可怜百家千年竹。

事后统计损失情况，儒家汇报自己遭受的损失最为严重。其实其他各家火情也十分严重，只是由于绝了后代，没人去理赔，所以无从谈起了。

始皇又派人出去给他寻找不死之药，妄想长生不老。可他派出去的卢生、侯生是儒家班的，见秦始皇难以侍候，决定借鉴一下兵家孙子的建议：走为上。于是双双逃去。

始皇听说卢生、侯生二人不给他找长生不老药，还卷款逃跑，大怒道："我给了卢生这么多东西，事没办成，他们却私自跑路了，并且还诽谤我，这还行？速使人查问一下那些在咸阳的儒生，是否还有人造谣言，乱黔首。"

于是御史案问诸儒生，这些儒生在严刑峻法的指挥棒下，互相告引，牵出不少人来。始皇怨恨不已，命令把这些儒生全部活埋。

始皇长子扶苏听说老爹要埋儒生,赶紧跑来进谏说:"天下刚刚安定,这些儒生都是诵法孔子书的,并没有干什么坏事,今用如此重法,恐天下人会不安的。"

始皇怒道:"你竟然替儒生说话! 我看他们都不是什么好人,你是不是中了儒书的毒了?"打发扶苏到边关当监军,改造思想去了。

焚书坑儒如期举行,状况我就不描述了。无论后人再指着这些遗骸辨认坑死的到底是方士还是儒生,在坑边争论不休,也绝对是国学史上第一巨坑。

焚书坑儒是自孔子创建儒家学派以来儒家经历的一次严重的生存危机,不但书不让念了,把人也折了不少,儒家此时处在非常危险的边缘,似乎命运快走到头了。然而真正的是始皇的生命快走到头了。

焚书坑儒三年后,始皇东巡路上病死。阉人赵高胁迫李斯诈作遗诏,要立始皇的小儿子胡亥为帝,命令长子扶苏自杀。面对黑社会里更黑的阴谋家,李斯自私自利的老鼠人生观起了作用,他屈服了,拜倒在了阉人身下,听从了赵高,立了胡亥,打出了秦朝的第二张皇牌:秦二世。

也是最后一张。

秦二世继续苦大仇深地敲打各地黔首,及时加码秦始皇时的倒行逆施行为,他的历史功绩不久就呈报上来,那就是他激起了中国历史上第一次农民大起义,在不经意间推动了中国的历史进程。

陈胜、吴广率领的革命军在大泽乡揭开了反秦帷幕。崤(xiáo)山以东,也就是原来东方六国的土地上起义不断,战火燎原。

大楚兴,陈胜王……

赵高趁机诬言李斯谋反,说李斯要当楚奸(楚国的奸细),把李斯严刑拷打后,腰斩咸阳,夷灭三族。李斯在死前对儿子说:"我想和你牵黄犬出老家上蔡东门追逐狡兔,再也不能得了。"父子相对而哭。

李斯这位诸子百家的掘墓人,到此也为自己掘了坟墓。他到死都不认为这个坑是自己挖的。

诸子百家该死，我不该死，我只是没有玩过人家而已。

至此，儒家大师荀子的两位高才弟子都死在了秦国。他们是从儒家学校里毕业的，但毕业后都自愿放弃了原来的专业，改学法家之学，并不约而同地对儒家进行了斗争，一个是拿笔伐，一个是拿大棒抡。儒家在当时这些法家新贵眼里就是一群酸腐的人，他们看不起这群馊书生，把他们看作一群无用的人，从心里说：“哼，你们能干了个啥？”并把他们的书一气之下全夺过来扔到了火里。儒家在李斯这位不认旧情的冷血宰相手中遭遇了沉重打击。

然而绝处逢生，儒家中的一个关键人物此时呼之欲出了，他虽属不上儒家大师，然而却是儒家振兴、走上政治舞台的一个重要推手。

此人名叫叔孙通。

秦二世听说陈胜起事，召博士诸儒生问道：“楚地的那群戍卒已攻下了蕲（qí）县，又占领了陈，诸公如何看这事。”

博士诸生 30 多人上前，义愤填膺地说：“人臣不得逆乱，逆乱就是造反，罪死无赦，愿陛下急发兵击灭他们。”

谁知二世听了这些义愤填膺的救火话，脸上出现了怒色。这 30 多儒生一下子弄蒙了，心想自己没说错呀，难道没失火吗？山东都燎原了呀！秦二世这一恼，别和他老子一样，又要坑爹吧。

这时有一儒生名叫叔孙通的赶紧上前说：“诸生所说的都不对。现在天下合成一家，军民早已一家亲了。家里的兵器也都扔到火炉里熔化成了铁水，另造锄头铁锹去了，兵器早已不再用了。我们现在上有英明的君主，下有严明的法令，各干各的工作，没有人敢偷懒耍刁，就业率 100%（人人奉职），是世界之最。四方都拥护秦中央，就像车轮的辐辏一样，都往中心使劲，哪里还敢有人造反。进入陈县的只是些鼠窃狗偷的小毛贼,何足挂齿。让郡守、尉这些当地政府、公安机关的人把他们逮捕起来就行了,不值得担忧。"

二世听了喜道:"善。"又问这些儒生,进入陈县的那些人是造反呀,还是偷盗呀?

这时有的人才明白过来,二世是个喜欢听大事化小这些好听话的主儿,是个二混子,赶紧改口说是盗。有的人不开窍,或坚持说实话的继续说:"就是造反。"分别出黑白之后,二世令把那些说造反的人逮捕,由御史移交司法机关处理,逮捕的罪名是"非所宜言"。那些说偷盗的都无罪释放。

另单独赏赐叔孙通帛 20 匹,衣服一套,拜为博士。原来叔孙通以前只是"待诏博士",这次总算转正。叔孙通拜谢二世出宫,返回住舍,那些儒生说:"先生说话怎么这么逸谀呢?"叔孙通说:"嘿,别提了,真黑!公等不知,我差点不脱于虎口。(公不知,我几不脱于虎口)"收拾了一下随身带的东西,连夜轻装逃去。

陈胜起兵称王,这消息很快传遍全国。一天,有一儒者率领徒弟来归,一问才知是孔子的八世孙孔鲋。这对起义军来说是个极好的信号,因为像儒生这些整天道古谈圣的人都走出书斋,弃暗投明,参加造反事业来了,那对全国人民来说该是多么大的鼓舞呀,正好表明造反有理。并且来的不是别人,那是儒家老祖孔子的后代。

孔鲋对陈王说:"天下苦秦已经很久了,秦焚书坑儒,尽干些无道的事。听说王伐无道,诛暴秦,所以发愤托于王,前来参军。"

陈胜大喜,拜孔鲋为博士,常在左右,应对顾问。遗憾的是陈胜不久就兵败身死,孔鲋也死于乱军之中。

这是参加起义军的第一位儒家知名人士,出师未捷身先死,常使儒生泪满襟。在乱世之中,儒家正尝试着努力突围。

| 第九回

叔孙通大兴礼仪
陆贾生再提诗书

再说那位脱离虎口的叔孙通逃出武关后,投奔了项梁起义军的队伍。不久项梁兵败被杀,叔孙通又跟从了楚怀王,换了主子。

楚怀王是项梁等人在陈胜死后立的,是起义军名义上的最高领导人。可是项羽灭秦后,他自封为西楚霸王,把楚怀王尊为义帝,迁徙到长沙办公,半路上派人把楚怀王刺死了。

叔孙通没跟楚怀王到长沙上班,他和一大批人被项羽留下来,项羽又成了新主子。刘邦不服项羽,以为义帝发丧的名义率五路诸侯王大军攻破项羽的都城彭城,叔孙通又投降了汉王刘邦,又换了主子。

项羽返回来突袭彭城,刘邦的联合国军被击败,死伤 20 多万人,幸亏盟军司令刘邦跑得快,这才保了条命。叔孙通这次也跟着新主人进行了越野比赛,他用了比上次逃离秦二世虎口时还要快的速度飞跑狂奔。

有趣的是,叔孙通第一次是由西向东跑,这次是由东向西奔。上一次逃跑时的出发地是秦朝首都咸阳,这次逃奔时的目的地是离咸阳不远的汉朝首都长安(今西安)。也就是说,转了一圈,我叔孙通又回来了!

在秦末战争和楚汉战争中,叔孙通充分发挥了他灵活机动的个人战术,进行了战略大迂回，最终取得了乱世生存发展的胜利。

叔孙通跟了刘邦后，平时上下班身穿儒服，刘邦每次见到他就皱眉头，十分憎恨的样子。叔孙通赶紧换了衣服，按刘邦老家楚地的风俗，穿上短衣，刘邦这才高兴。叔孙通这才知道新老板看不上儒生。

叔孙通并不是刘邦队伍里的第一位儒生，在他之前，有一位叫郦食其(lì yì jī)的儒生，刚见面就挨了刘邦的骂，跟郦食其先生一比，叔孙通还算不错，只被刘董皱了皱眉。

郦食其是陈留县高阳乡人，喜好读书，家里穷得吃不上饭，只好靠给乡里看门，混口饭吃。别看郦食其家里穷，他却有个最大特点，就是好说大话，可谓人穷话不短。这郦食其也不是说那种"老子过去比你阔多了"那种酸溜话的人，他说的是后话，瞻望未来的话，什么"我将来如何如何宏伟"等等。穿着破烂叫花子衣服却用亿万富翁的口气讲话，一县中人都把他看作儒生中的极品——狂生。

当陈胜起义爆发时，郦生已60多岁了，他在秦朝这万恶的黑社会里混了许多年，什么也没得到，还落得吃不饱穿不暖，家徒四壁。这还不算，小时候读过的几本《诗》《书》《礼》书也被秦始皇没收起来给烧了，连个纪念都没留下。他和大多数人都憎恶这万恶的黑社会。当沛公刘邦的解放大军到达陈留时，他的机会来了。

他找到早就参加了刘邦队伍的一位回家探亲的军官，要托他求见刘邦。那位军官说："我看你就别去见了。沛公看不上儒人，曾有一位客人戴着儒冠去见沛公，沛公上去就把他的儒冠解了下来，往里边尿了一泡。我看你就别上去求照，凑这个热闹了。"

郦生坚持要见，到了军营门口，使者进去通报。刘邦正让两个女子给洗脚，问使者："什么样的人？"

使者道："此人身高八尺，穿着儒服，状貌像个大儒。"

刘邦一摆手说:"为我谢绝。说我方以天下为事,没空见儒人。"

什么大儒! 我看都是孔乙己!!

使者出来说:"沛公敬谢先生,没空见儒人。"

郦食其瞪眼叱使者道:"走! 再进去跟沛公说,我是高阳县的一个酒徒,不是儒人。"

使者跌跌撞撞返回入报,说:"客人,天下壮士! 自说是高阳酒徒,不是儒生。"

刘邦就喜欢这样痛快的人,立即说:"请。"

郦食其进来后,见刘邦正让人洗脚,长揖不拜,对刘邦说:"足下是破秦的,还是助秦的。"

刘邦看他还是穿着儒服,是个儒生,骂道:"竖儒! 不知道自己多高多低是不? 我当然是破秦的。"

郦生说:"既然是来破无道秦的,就不该这样傲慢无礼,见了老人也不让座(不宜倨见长者)。"

刘邦心想好耶,这好赖也是我的私人住所,不是公共车上,凭什么拿这个说我? 但他被眼前这个老儒的气势给镇住了,赶紧命令那两个女侍者停止洗脚,起身让座,敬谢不敏。

想当年刘邦在老家时到县长家贺礼,凭借"贺一万钱"的空头支票赠了个上席,占了个好座,迷住了未来的丈人吕公,捡了个老婆。如今郦食其又凭借他的大言降服了刘邦,让他乖乖起身让座,在新领导面前找准了位置。如果自大一点就是臭的话,郦食其这次臭味相投,来对了。

郦食其靠他的狂儒品格折服了刘邦,后来为刘邦到处游说诸侯,立下了赫赫功劳。他曾创下只凭自己一张嘴,说服齐国归顺刘邦,不费一兵一卒,拿下齐国72座城池的光辉业绩,为儒生树立了正面形象,打破了几百年来百家众口说"百无一用是儒生"的偏见。

有了老一辈无产阶级儒生革命家郦食其的事例,叔孙通在刘邦这里的待遇好多了,起码没挨骂吧。叔孙通没有郦生的狂气,也不能上阵抢刀,但他很会来事,悄没声气地跟着刘邦,显得很温顺。又很有眼色,见刘邦喜爱壮士,立即投其所好,专给刘邦引进群盗壮士。

但这只是表面现象,叔孙通平静的胸膛下隐藏着一颗跳动的心。

他在平静中等待那一天的到来。

跟随叔孙通的弟子有一百多人,他竟不推荐一个。弟子们都底下偷骂:"放着我们不保送,却专引荐些大猾巨盗,不知想干什么?"

叔孙通听见后说:"汉王正冒着枪林箭雨与项王争天下,你们难道个个是闪闪的红星,能去战斗吗? 各位且耐心待我,我不会忘记你们的。"

两年后,刘邦打败了项羽,汉朝正式确立,天下又归于一统,刘邦称帝。为庆祝胜利,刘邦自己掏腰包在殿上置办了酒席,请大伙吃饭。酒席上群臣争起功来。这些人大部分都是社会底层的造反者,没什么文化修养,醉后有的妄呼乱叫,有的当众骂娘,有的拔剑击砍殿上的柱子,重温过去的砍柴生活。刘邦一看这还了得,这样下去,自己家这么好的房子非塌了,并且这些人饭后一抹嘴走了,还不给出维修费。脸上露出了一丝不高兴。

这点轻微的动作被叔孙通捕捉到了,他上前说:"我们儒家难于进取,却可以守成。臣愿征集鲁地的儒生,与臣的弟子们共起朝仪,不能再这样混乱了。"

刘邦说:"难吗?"

叔孙通说:"不难。礼,因时事人情而变。臣打算把古代的礼和秦朝原来的仪结合起来,完成此事。"

刘邦说:"可试试看,要做得令人好学易懂。"

叔孙通到孔子故乡鲁地去征集儒生。这里是儒家文化的策源地,同时也是叔孙通的故乡。他在此征集了儒生 30 多人,有两个不肯跟他去,说:"公所侍奉差不多有十个主子了,都是靠当面拍马屁以得亲贵。今天下初定,死者还没安葬,伤者还没养好,你又要打算起礼乐。礼乐那是可随便起的吗? 须积德一百年以后才可兴起。你所做的不合古,我们不行,你去吧,不要在这里玷污我们。"

叔孙通笑着说:"真是鄙儒,不知时变。"公非叔孙通,与我本殊伦,叔孙通也不多辩,领着鲁地征到的 30 多个儒生回到关中,与自己的 100 多个弟子在野外习礼。刘邦又令群臣也跟着来演习。

后来朝会上殿,群臣都按尊卑次序跪起,举动不按礼仪的就被执法御史拉走,现场开票处罚。自诸侯王以下无不震恐肃敬,没人再敢欢哗失礼,做砍柴骂娘那些事了。

刘邦喜道:"我今日才知当皇帝这么尊贵。"拜叔孙通为太常,掌管礼仪,赐金 500 斤。叔孙通乘机向刘邦进言,推荐自己的弟子。刘邦把他们全部提干,拜为郎官。

叔孙通出来后,把 500 斤金子全部分给了鲁地征来的这 30 多个儒生,鲁地儒生皆大欢喜,没想到第一次出门打工就挣了这么多钱,对包工头叔孙通大大称赞,说:"叔孙通真是圣人,知道当世的要务。以后这样的国家重点工程要多揽些哟。"

解决了礼仪问题,又有一儒生陆贾在刘邦面前称说《诗》《书》,他对刘邦说:"俺们儒家诗书礼不分家,现在礼有了,《诗》《书》怎么办呀!"见面就叽叽歪歪地谈他的《诗》《书》,惹得刘邦骂道:"你家老子我在马上得天下,也没用什么《诗》和《书》。"

陆贾说:"在马上得天下,难道也可以在马上治天下吗? 假如当时秦得天下后行仁义,效法先圣,陛下哪有今天?"意思是坐天下还能轮得着你,你不就捡了个漏吗?

刘邦不高兴了,想了想,脸露惭色,说:"那你为我著书说说秦为何失天下,我为何得天下,写个总结吧。"

陆贾回去后认真完成了作业,他写了十二篇文章,说的都是古今存亡、成败得失这些道理,然后拿到大殿上,当众朗诵自己的作文,每念一篇,刘邦也不禁称善,左右都山呼万岁。

这些职场成功人士都沉浸在自己的幸福生活里,他们刚开始享受今天如蜜般的生活,对过去还没来得及总结,对未来还没太多的定位。如今陆贾给他们写出了"如何长期保障我们的幸福生活"这样的报告,大家听了怎不热血沸腾,欢呼喝彩。

陆贾的文章汇编成书,在汉朝廷出版发行,起名《新语》。

这是融合了诸子百家精华而思考的一部治国书。陆贾以儒家的仁政为底色,用老子的无为而治来给饱受秦法酷虐的社会描绘了一幅美好蓝图。

陆贾起自儒家,但又不专主一家,他已突破了单纯的儒家思想。他明确指出,书不必都按孔子指定的读,药也不必都按扁鹊开的药方抓,一切都要因世而权行,符合当时社会的实际情况,走有自己特色的、适合自己的路。

陆贾是一位摆脱了儒家教条主义的政治理论家。

由于郦食其、叔孙通、陆贾等人的前后不懈努力,汉高祖刘邦终于改变了对儒家的看法,他在即位后第十二年的冬天,车驾从淮南还都,经过鲁地时,用一牛、一羊、一猪的太牢大礼祭祀了孔子。孔子生前曾三月不知肉味,这次已三百多年不知肉味了,今天终于吃上了冷鲜肉。

孔子至此总算得到了最高统治者的认可,栖栖遑遑的儒家生态命运结束了,孔子的后学们再也不用奔波道路,到处游说撒广告,他们可以坐而论道了。

祭孔子后第二年,刘邦死去。四年后,也就是汉惠帝四年三月,又颁布了一道对儒家重磅利好的命令,那就是"除挟(xié)书律"。

原来秦始皇焚书时,秦律规定有敢私自挟书藏书而不烧者灭族,惠帝废除了这条前朝旧律,过去因怕秦火而躲藏在地下的儒家书籍又重见天日。

　　这时的儒家刚刚平反，他正舒胳膊揉眼睛看这个世界，还没做出过多反应。此时政坛上弥漫的是黄老思想。黄是黄帝，老是老子，这是一个偏义词组，因为黄帝是传说中的人物，实际重心就扛在了老子身上。

　　老子的无为而治是当时统治阶级的统治思想，但这并不是说当时的统治阶级不作为，他们仍依靠一套完整的法家提倡的律令统治，只是这时法家的名声已臭，它已跟秦朝的邪恶联系在了一起，人们不愿提它。

　　旧的已去，新的要来。人们都在期待着一种新的治国思想。无为而治的黄老思想成了饱受战乱折腾的人们的首选。

　　黄老之术能在汉初推行开来，这跟丞相曹参有很大关系。

第十回

崇黄老初汉无为当头
废挟书儒家上来冒泡

　　曹参是江苏沛县人,和刘邦、萧何都是老乡。刘邦是乡镇上的派出所所长,这萧何是县长办公室主任,曹参是县里的监狱长,三人还是好哥们儿。在反秦战争中,萧何负责后勤调度,曹参是前方方面军司令。战争结束后论功,萧何被刘邦提名第一,曹参被大家推为第一,结果是刘董拍板,把萧何定为第一,曹参第二。萧何当上了刘氏集团公司总经理,任丞相。而曹参到分公司,也就是刘邦的大儿子刘肥的齐国当经理,任相。

　　曹参到齐后,没有弄情绪,消极怠工,一下车就召集长老、诸儒来问怎样治齐,怎么才能安集百姓。当时儒生一百多人,个个献策,叽叽喳喳,七嘴八舌,曹参一时定不下来。忽听说胶西有一老者,名叫盖公,善治黄老术,立刻派人去请。

　　盖公到后,曹参向他请教治理齐国的办法,盖公道:"治道以清净为贵,治清净而民自定。老子说,无为而无不为,在清静无为中天下事无不可为。又说,治大国若烹小鲜,不可轻易翻动。今天下初定,以清静为上,凡事不必纷张。"

　　曹参听得心悦诚服。于是不用儒生们的治术,因为这些儒生们的治术听起来总有徒事纷华、往脸上涂脂抹粉的感觉,倒不如盖公的黄老术素面朝天,有天然美,更适合治疗饱受秦法摧残和多年战争留下的疮疤。

曹参开始用黄老术治理齐国,齐国百姓安居乐业,幸福指数在诸侯国中最高。曹参也被国人竖大拇指,夸为贤相。

在曹参治齐国的第九个年头,也就是汉惠帝二年,汉帝国公司的总裁萧何死了,曹参接任。人们都猜测曹参要报复萧何,把他当丞相时的做法处置更改一番。谁知曹参上任后,萧规曹随,一切都遵守萧何时的约束,并无什么变动。

曹参又在选拔丞相府干部时专找拙于文辞的厚重老实人,把那些言文刻深、油嘴滑舌,办事只会大张旗鼓、唱红歌、求声名的人全部斥退,只求个清静无为。

就这样,在萧何法令既明的基础上,加上曹参的老子无为思想管理,汉帝国得到了休养,元气逐渐恢复。

曹参当大汉相国仅仅三年就死了。惠帝之后的文帝、景帝继续他的黄老治国思想,创造了"文景之治"的封建盛世。

就在这时,一位年轻人发表了著名的盛世危言,他叹息流涕,大声疾呼。他提出的一些儒家改革方案还差点撬动了黄老之术。

此人名叫贾谊,河南洛阳人。有人向文帝推荐,说贾谊精通诸子百家,下笔千言,文思敏捷。文帝召来一试,果如所言,立刻拜为博士。当时贾谊才 20 岁,在众多的朝廷博士中最年轻。每次有诏令交下边讨论,诸位老先生答不上来,唯独贾谊讲论得头头是道,很合大家心意,诸博士都承认才能不如贾谊。

汉文帝十分喜欢贾谊,不到一年就超迁至太中大夫,成了朝中的主要后备干部。公卿丞相的位子正在对这位年轻人招手。

贾谊乘机向文帝建策,说自汉开国以来,到今天已 20 多年,天下和洽,应当改正朔,易服色,服色以黄为上。

正是一年的开始,朔是一月的开始,改正朔简单说就是改改挂历,重新规定一下过日子的标准。易服色就是变易一下衣服的标准色。为何黄衣服最尊呢,因为秦是水德,根据五行相胜法推算,土胜水,我们就是土德。土色是黄的,所以衣服颜色以黄为上。做完这些标准工作后,再大兴礼乐,更定官职名字、法律制度。

正推行黄老思想的汉文帝听了贾谊这些融合了法家底色、儒家铅华的宏大改革谦让未遑,连称自己德才不足,不能立即实行。不过他对贾谊的改革魄力很是欣赏,打算提升贾谊担任公卿之职。

这惹起了一些元老大臣的不满。这些人出生入死闹革命,跟随刘邦打了多少年仗,天天挥刀挺枪的,如今贾谊一个小毛孩子上嘴唇一碰下嘴唇就超越了他们,这贾谊不愧是贾谊,也太会瞅便宜了吧。偏贾谊又要更改律令,其中有让各位列侯回到自己的封国,不准在朝中任职这项。

从中央下放到地方,这还了得?反了你个臭小子了!你从洛阳知道拎包进京城,倒让我们卷起铺盖出首都,上山下乡。你一个小知青欺负我们是大老粗是不?

你小子到底想干什么?

如果说贾谊要求改正朔,易服色,还只是换换日历、服装,走个形式,大不了大家赶个集,逛个商场,掏俩钱,换换门面而已。而更改法令,让诸位列侯出京就国,不准在朝中任职,这就触碰了别人的利益,动了人家的奶酪。这些元老大臣就在文帝面前毁短贾谊说:"这个洛阳人,年纪轻轻,刚学了点知识,就拿出来卖弄,专想着擅权,把事情弄得纷乱。"

这话听得多了,文帝也渐渐疏远了贾谊,让他到长沙国做太傅去了。长沙太傅是长沙国国王的老师,是国中的第三把手,位在国相之后。这个工作要是让我这种人干就高兴坏了,不就上班远点吗?单位小点吗?现在就业形势这么严峻,先凑合着点呗。可这种想法放贾谊这种雄才大略的人身上就不太适合了,跟人家的期望值差远了。人家一毕业就得留京发展。他满腹委屈地到长沙去了。

屈贾谊于长沙,非无圣主。贾谊有点性急,发力太早,如果能位至公卿,掌握了公权力,或讲究策略,搞好元老大臣的统一战线,他的改革也许就能搞成。

归根到底，还是大家的黄老思想在作怪，多一事不如少一事，清静无为吧。儒家此时还无力搬动黄老这块大石。

汉文帝并没忘记贾谊，后来又把他召了回来。贾谊出外转了一圈，思想实际多了。他向文帝提出要削弱诸侯王国，限制他们的封地和权力，以防背叛。这比提议"改正朔，易服色"这些儒家老套现实多了。后来的事实证明，贾谊是很有眼光的。

汉文有道恩犹薄，把贾谊调回来后，文帝把他叫到未央殿的正室"宣室"里，贾谊还以为有什么军国大事询问，没想到谈到半夜，文帝也只是问了一些他自己最关心的鬼神话题。贾谊刚刚调回，心气很足，对着汉文帝大侃到深夜，反正都是没影的事，聊吧，这才是神聊。汉文帝只听得膝盖往贾谊面前蹭，一幅小孩儿听鬼故事的样子。汉文帝的这个动作给后世那些失意发牢骚的文人留下了奚落他的话柄：可怜夜半虚前席，不问苍生问鬼神。

尽管听课如此认真，汉文帝也并没有一下子重用贾谊，而是让他担任了自己喜爱的小儿子梁怀王的家教，职位还是太傅。

可惜的是，梁怀王骑马时从马上摔下来，死了。贾谊很内疚，认为是自己做太傅没尽职，时时哭泣，一年后，也死了，年仅 32 岁。

可以相信，如果不是这次校车事故，贾谊的机会还很多。这位融合众家而形成自己独立思想的政治家让人十分惋惜。

最让人常提的是贾谊那篇总结秦帝国灭亡教训的《过秦论》，他把秦帝国这个庞大固埃一下子瞬间倒台总结为四个字：仁义不施。

从陆贾到贾谊，都在反思秦朝灭亡的原因中把儒家的仁义提到了新的高度。

一种新的思潮正在呼之欲出。

贾谊的文章，被人编集起来，起名《新书》。

说到陆贾和贾谊的这些新书，不禁让人想起儒家那些旧书。顺着渊源，我们还是先到旧货市场溜溜吧。

自从废除挟书律的命令下达后,儒家书籍可以大胆抛头露脸了。经过盘点,这些书中损毁最严重的是《尚书》,因为李斯交代过:不是秦史记,要全部烧掉。《尚书》不是秦史记,是古史记,异类,所以惹火最多。

到汉文帝时,提倡文教兴国,想找一个能治《尚书》的,谁知天下无有。别说能治《尚书》的人,连《尚书》本书都找不着,都让秦始皇的烧光政策给弄光了。就在大家上穷碧落下黄泉,两处茫茫皆不见时,忽闻海上有仙山,传来了好消息。

这"山"是指山东。经多方打听,山东济南有个伏生,能治《尚书》。这个"治"是古话,也就是现在所说的能精通传讲《尚书》。在那个年月,"山"一般指崤山,崤山在今河南省西部,山东指崤山以东,跟今天的山东有区别。不管怎么着吧,总算找着了这么个人。

这伏生名胜,原来是秦朝的博士。秦始皇烧书时,他偷偷把书藏到了自家墙壁里面。后来天下大乱,伏胜在外流亡了一段时间。汉朝建立后,伏胜在秦朝的博士官作废了,博士文凭也过期了,汉朝不承认。他就回到老家,从墙壁里找出他的《尚书》。据他说,不知是被老鼠咬了,还是被水泡了,丢了数十篇,只剩 29 篇。伏胜就拿着这残存的 29 篇在家乡教授。

文帝知道后,立刻宣召。有人提醒他说伏胜已 90 多岁了,已老得不能来京,要是硬要他来,没准走到半路,受点风寒,我们想就地取材都来不及。文帝一想也对,于是令太常署掌故晁错去伏胜家受书。

晁错本是学法家的,因为文章写得好,成为太常署的掌故。掌故是个正科级官,顾名思义就是掌管过去的东西的。

这次出差很光荣,因为晁错即使后边什么事也没干,他的名字也要刻在中国学术史上。偏偏晁错又很给劲儿,后来削藩,缩减诸侯的地盘,劫诸侯的道,又干了中国历史上惊天动地的一票。

晁错到了伏胜家,伏胜老得已口齿不清了,伏胜女儿也帮着伏胜整理传授,这就是"伏女传经"的佳话。

伏女是我们这部国学史少有的几个女性，和她帮忙传述的那部《尚书》一样，弥足珍贵。

晁错回京后向文帝详述了受业情况，得到文帝称许，升晁错为太子舍人，这是个很有潜力的职位。晁错这次出差传书，影响到了他以后的政治生涯。

下面说儒家的第二本旧书《礼》。

儒家的礼书在秦火中也难逃一劫。汉朝建立后，有个叫高唐生的在鲁地讲授《礼》，他手中的《礼》书烧得只剩17篇了。

鲁地是孔子的故乡。《礼》书虽被烧，但习礼却一直未断。李斯也没有明令禁止演出。

刘邦打败项羽后，各地都投降了，只有鲁地不降。原来项羽曾被封为鲁公，鲁地人只认自己的主人。刘邦引兵围鲁，兵临城下，鲁地的儒生仍然置若罔闻，照旧每天作儒学功课，讲诵习礼不断，弦歌之音不绝。刘邦在城外喝着西北风听演出，冷风灌得牙根发疼，恨不能屠城，把这群儒崽子全宰了。但对这帮儒生的气节也不得不佩服。

毛泽东在全国解放前夕说"严重的问题是教育农民"，估计刘邦此时在鲁国前线会议上也会指出"严重的问题是教育儒生"。不过，他没想到的是，他最后被儒生教育了一番。

最后还是刘邦耐着性子派人把项羽的人头用圆通快递送来，让人举着给鲁人看，鲁人一看主人公真的挂了，这才开城投降。这事总算圆满解决。要不然，刘邦一使性子屠城宰儒生，他又会和秦始皇一样，背上千载骂名。儒生一开展非暴力不合作运动，双方的合作会大大推迟，中国历史起码会改写好几章。

最后插说一下，鲁地的演礼是全国最好最标准的，以至于叔孙通为刘邦制定朝仪时都要到鲁地来借这些大牌演员。

再谈儒家的第三本旧书:《诗》。

儒家典籍中的《诗》在秦火中几乎毫发无损,这并不是没有烧《诗》,李斯重点点名的就是《诗》《书》,撂到火中的《诗》《书》竹简最多,冒得火苗也最高。

但《尚书》是一部非常拗口难读的书,没有多少人愿意读。而《诗》却由于押韵,可口可乐,又口耳相传,好多人都背诵在心。

加上中国本身又是个诗的国度,在过去那些日子里,没有市场经济,人们不用到处跑着挣钱,吃饱了没事干就唱上句"帝力于我何有哉",抒发抒发,大致情况可想象一下20世纪80年代初的场景。所以当时想学诗的文学小青年很多。

《诗》三百篇里就有好多诗歌爱好者的作品。

当秦政府的焚书令下达后,许多人就把《诗》藏了起来,诗的内容也早已默背在了心中。

事后一清点,《诗》完好无缺,而《尚书》就惨了,如果没有伏胜那一时机灵,没准就绝户了。

在当时学《诗》的众多文学小青年中,有一位小青年名叫刘交,他的名字很少人知道,可他哥哥的名字无人不晓,那就是汉朝一哥刘邦。

刘交就是刘邦的小弟。刘邦不喜欢读《诗》《书》,在乡镇上当黑猫警长,是个大大咧咧的人。他的小弟刘交却从小爱读书。估计刘邦他爹刘太公当时心里想,怎么你小子也不爱读书,就好好上班给你弟弟攒学费吧。

刘交就这样出外读书,和鲁地的穆生、白生、申培一起跟浮丘伯学《诗》。

浮丘伯是荀子的学生,师资力量雄厚,刘交算是跟对人了。本来学得很好,谁也没想到,没等毕业,秦始皇和李斯就用法西斯手段把他们的书给烧了,课也不让念了。刘交与申培等同学只有互道珍重,匆匆别去。

刘邦起兵后,刘交同学正被迫辍学在家,闲着没事,也跟着造反吧,在刘邦的军队中担任总部机要秘书,看来书没白念,很受刘邦亲爱。刘邦做了皇帝后,封刘交为楚王,被后人称为"楚元王"。

刘交到他的楚国后,把同学穆生、白生、申培都叫来,封为中大夫,让他们也一起分享社会变革带来的红利。后来又听说当年的老师浮丘伯这时在京城长安,又派儿子刘郢(yǐng)与申培前往长安学习,把因秦末大乱而中断的师缘续上,顺便让申培补补课。

经过深造学习,申培成了《诗》学最为精通的人,被汉文帝拜为博士。出于对知识的尊重,我们以后就改叫他申公吧。

元王刘交病逝,消息传到长安,刘郢从长安辞职赶回去奔丧,并担任了楚王一职。申公也随刘郢一块儿回去,当了太子刘戊(wù)的老师。刘戊不好学,是个疾学如仇的学生,对老师申公十分痛恨。就因为有他爹刘郢在,才不敢扎刺。谁料四年后,刘郢死了,刘戊接班,当上了楚王。他得以报复老师的机会来了。

申公还茫然不觉。还是穆生看出了苗头,他对申公、白生二人说:"咱们可以走了。不见王对我们意思怠慢了吗?过去还给我们设个座,现在座撤了,屁股没地坐了,你还看不出来吗,这相当于打了我们脸了。再不走,楚人将会夹住我们的脖子带我们游街的。"

申公、白生两位诗人还抱着幻想,劝说穆生道:"独不念先王对我们的德吗?现在王一旦失礼,我们就拍屁股走人,有点儿不该吧。我申培怎么着也是个让王培养了这么多年的老知诗分子,总不能说撤就撤吧。"

穆生说:"先王之所以礼待我们三人,是为道。现在王忽略我们,是忘道。忘道的人,你还怎么能和他在一条道上。《周易》上说,知几那是神人吧!君子见几而作,不能等到天黑了再走。"说完谢病而去。

申公、白生选择了留下。果然不久,楚王刘戊找了个借口,把他俩用铁锁夹脖子缀耳,钳于市上游街。完后又让他俩穿着红色的囚衣制服,拿杵臼在大街上春米。哪里还有什么师道尊严。这是自孔子开办儒学以来最严重的一次学生侮辱老师的事件,偏偏让跑到楚国分红的申公给赶上了。

后来被放出后,申公又悔又愧,连夜奔回了鲁地老家,终生不想出门,成了一辈子的心痛。

出人意料的是,听说申公从楚国归来,许多人上门请求收自己为学生,前来受业者多达千人。申公成了鲁诗的传授者,为鲁地的诗学教育做出了突出贡献。

楚王刘戊不久就参加了由吴王挑旗的七国叛乱,成了其中的二号铁杆人物。他们打着"诛晁错,清君侧"的旗号,开始进攻中央政府。

上文说,晁错受书后回来当上了太子舍人,过得好好的,怎么一下子惹起这么多王愤来呢?

{ 第十一回

老生儒子开始互掐
少年汉武方思振作

　　晁错自从跟伏胜受《尚书》归来后，从太子舍人一直升迁为太子家令，成了太子的红人，很受太子信任，对他言听计从。太子家都管晁错叫"智囊"。

　　汉文帝死，太子即位，这就是汉景帝。晁错升为御史大夫，位列三公。晁错看到刘邦分封的诸侯国势力过大，担心有一天尾大不掉，威胁到汉朝廷，于是向景帝建议削弱诸侯王的封地。

　　对于晁错的土改建议，汉景帝犹豫不决，担心会引起反抗。晁错说："诸侯王迟早是要反的，削藩现在反，不削藩将来也要反。"景帝这才下定了决心。

　　果然，土改政策下达后，七个大地主发动了叛乱，他们扬言要进京清除皇帝身边的奸人晁错。

　　这就是所谓的清君侧。这一招后来有许多人模仿，比如唐朝的安禄山、明朝的朱棣，都是挂羊头卖狗肉的主。

　　最不要脸的是吴三桂，给人的印象是冲冠一怒为红颜，保护自己的女朋友。其实是被逼得要当汉奸，也没法说什么"清君侧"糊弄人，就直接打着为君父报仇的旗号，道德情操还不如一个为争女人和地盘打得死去活来的街头小混混，人家可都是公开亮牌的。

汉景帝吓昏了头,听人说杀了晁错七国就罢兵,于是派人把晁错哄到东市上斩首了,当时晁错还穿着工作服(朝衣),等着去上班。

劫路的强盗还知道喊一声再下手呢,这皇帝干事连个劫道的都不如,直接对给自己办事的人动手,跟上这种人只能认倒霉了。

东市是处决犯人的地方,来之前都换好了囚衣,把一个穿着朝服的大臣在此这样处决,实在是不伦不类,后世好多人都为晁错这个死法叫屈。

晁错死后,反兵仍然不退,景帝这才知道铸成一错,后悔不已。投机取巧不成,最后还是靠出兵平定了七国之乱。

二杆子刘戊被迫自杀。

经过这一番折腾,景帝很少有大的动作了,继续推行他的黄老无为治国术。

推行黄老术跟景帝从小受的教育也有很大关系。景帝母亲窦太后喜爱读黄老书,对景帝管教很严,让他也得读《老子》等书。景帝受此影响,也好黄老,内心里对儒生也不反对,就和父亲汉文帝一样,也立了一些儒学博士,两家都不得罪。

儒家是讲究有为的,黄老是讲清静无为的,一个在台下,一个在台上被人扶持,台下有为的憋不住,总想蹿到台上。

两家碰到一起时,话不投机,难免要吵架。

这一天,儒家《诗》学博士辕固生与黄老派的黄生在景帝前讨论问题,说着说着,两位男生就吵了起来。

黄生说:"商汤、周武王哪里是受命而王?是杀死自己的国君后才当上王的,应当受到道义的谴责。"

辕固生说:"不然。桀、纣虐乱,天下民心都归向了汤、武,汤、武顺民心而诛桀、纣,不得已而王。这不是受命是什么?"

黄生说:"帽子虽破也必戴在头上,鞋子虽破也必穿在脚下,为什么呢?这是因为什么东西都有个上下之分。桀、纣虽然失道,然而那是君上;汤、武虽圣明,也只是个臣下。君主有了点过错，臣下不好好规劝主子，反而借口主子犯错把人家给弄死了，自己当主子，这不是杀是什么？"

辕固说："若一定照你说，帽子、鞋不能颠倒，那我们的高皇帝代秦即天子位这事办错了，只能永远当破鞋了？"

景帝一看两人吵架，扯到了自己爷爷的皇位来源，当代政治总是敏感话题，赶紧出来打圆场说："吃肉不吃马肝，不能说不知味。谈学问不谈鞋帽，也不能说是愚蠢。"

儒生辕固在与黄老派的争论中占了上风，黄老生们自不甘心，气不过，就在窦太后面前说儒生辕固对我们黄老有意见，公然反对黄老，扬言要扫黄打非，梗着脖子，不听人劝，很是顽固。

窦太后一听，这还了得！嗯，是该给这位顽固派分子上上政治课了。就把辕固叫了来说："我想听听你给我讲讲《老子》书中的大义。"

谁知辕固一张口就让窦太后大跌眼镜，他说："这是家里奴才们才看的一本小书，档次太低。"

这还了得，我们看的都是小人书，智商低，那你呢？

太后当下怒道："这些儒生怎么这个样，读的都是些什么罪犯苦囚书？"

原来秦朝法律规定，谁要是读儒家的《诗》《书》，要罚作苦囚干活。窦太后骂完还不解气，喝命辕固下到野猪圈里去刺野猪，跟野猪斗去。

景帝见太后发怒，坚持要让辕固下猪圈，赶快偷偷递给辕固一把快剑。辕固下圈后，野猪也不管他是儒博士还是猪博士，呼呼扑来就咬。辕固毫不畏惧，躲也不躲，迎上去来了一个漂亮的航母 style 风姿，屈身下蹲，凌空一指，一剑正中其心，动作潇洒利落，野猪应手而倒。那个冲劲儿用我们俗人配音就是："去你的吧！"

众人大吃一惊，没想到辕固一个六七十岁的文弱老生如此手快，想叫好又不敢。太后眼睛已因病失明,听见野猪给她报来的惨叫通知声,知道辕固赢得了比赛,默然良久。本指望让野猪把辕固报销了,没想到野猪不但不会开罚单,还这么不经一击,让一个老头子给提前报销了,只因有言在先,事已至此,也不好再加罪辕固。

这事到此总算完了。辕固也够幸运,如果这事发生在西班牙,肯定太后要让他去刺野牛。

景帝知道辕固刚直,怕他再得罪人惹出麻烦,拜他为清河王太傅,让他出京做官去了。

辕固不久因病免官,回到齐地老家,和鲁地的申公一样,前来慕名学《诗》并一睹这位斗猪士风采的人络绎不绝。

辕固成了齐《诗》的传授者。

当时《诗》坛上有三大家。除鲁人申培、齐人辕固外,还有燕人韩婴。他和前两位的资历大致相同,也是当过博士官,做过王太傅。

韩婴为人精悍,估计刺野猪的本领也不下辕固。并且为人处事分明,在皇帝前和其他博士辩论,雄辩滔滔如决了河的水,人不能屈。

儒家有了这些生猛人物,一个个不甘人下,高屋建瓴,够黄老喝一壶的。

必须要提的是,韩婴还是个高产作家,为《诗》写了内外传,三家中只有韩婴的《诗》传流传下来。

说完了《诗》,再说儒家第四本典籍:《易》。

《易》本是算卦类的书,这在李斯的烧书禁令里是有刑事豁免权的。尽管是儒家的重要典籍,但《易》其实和现在大学里的政治、英语一样,是各家的一门公共课。诸子百家尽管互相攻击,却没有对《易》说三道四的。

孔子在 50 岁左右时才开始选修这门公共课。他晚年说自己五十知天命,不知跟学习这本算命书有关不。孔子用心研究了《易》，做了批注，然后把《易》传给了弟子商瞿（qú）。

商瞿是鲁国人，38 岁了还没有孩子，母亲很着急，想为他重新娶一个媳妇来传宗接代。商瞿是个明白人，他想还是等等吧，可能自己命中得子晚，不一定就是自己有毛病或妻子得了病不能生产。

可是商母等不及。还是孔子挽救了这场婚姻，据说他用自己学到的《易》学知识为商瞿算了一卦，对商母说："不必担忧，商瞿 40 岁后当有五个男孩。"

孔子的卦算准了。这商瞿确实很争气，后来一口气生了五个男孩。商瞿佩服孔子之极，从此虚心学《易》，成了儒家《易》的第一代传人。

孔子比商瞿大 29 岁，给商瞿算卦时孔子已 67 岁了，孔子总共活了七十二三岁，如果等到商瞿 40 岁时把五个孩子用一年一个的最快速度全生完（除了双胞胎、三胞胎之类的小概率事件），孔子也早走人了。可见如果孔子算卦这一说法正确的话，商瞿从生第一个孩子时就该虚心学习了。

我一直怀疑孔子还弄算卦这些虚的玩意儿，但孔子把《易》传给少壮派商瞿，却是实实在在得到公认了的。

李斯建议秦始皇烧书时，说："只有医药、算卦、种树这些书不用烧。"《易》占了算卦的光，不用上交政府、拉到火葬场给儒家那些书陪葬，所以保存完整。

到汉朝建立时，《易》已是八传到了田何手中。田何在关中继续授徒传《易》。

梁人项生跑来跟田何学《易》。项生家境富裕，是个富二代，学习时带着跟班侍候。一天田何讲《易》，跟弟子们质疑问难，师生互动。轮到项生时，这个富二代互动不上来，卡住了。

这时项生旁边的一个小跟班替主人应答上了。田何起初一愣，没想到不在学生数里的一个小仆人能应答上来，又问了几个问题，这少年都机敏地回答上来。

田何很是惊奇,一问名才知这个少年叫丁宽。于是当下拍板,达成教学协议,收丁宽为徒,免除一切学杂费,跟主人项生一起列席学习。二人成了同桌的你,主仆变成了师兄弟。

田何从此着力培养丁宽,尽传授其学。

几年后,田何对丁宽说:"你已学成,可以走了。"丁宽叩头谢师,东归故里。

这时他的那位富二代主人项生已经提前谢师回家了。丁宽虽然走的时候孤零零的,实际他是满载而归。

田何望着丁宽的背影,对门徒们叹道:"丁宽这一东归,《易》学也往东走了。"学生们叹羡良久。

这是老师对学生的最高评价,如果哪位同学毕业时能得到老师的这个"学归"导向评价,那他可就真的学霸一方,比单纯捞个"海龟"厉害多了。

可喜的是,我们这部国学史后边还有两位得到过这个评价,他们也确实做出了非凡的成绩,不仅学霸一方,而且名满天下,影响了后来的国学史发展。

丁宽就这样满载着老师的希望而归。

七国之乱时,丁宽在梁孝王的军队里当将军,奋力抵抗叛军,以儒师的身份带兵打仗,被人尊称为"丁将军"。

丁宽从奴隶到将军,靠知识改变了命运。

我们的《易》就先传到丁宽为止,让这位将军稍事休息。

他实在太累了。

最后说一说儒家典籍中的老五《春秋》。孔子的《乐》丢后,钻石王老五就是他了。

这五本书中最特殊的是《春秋》,秦始皇一把火,不但没有烧绝,事后一清点,还多出了两本《春秋》传,真可谓"秦火烧不尽,春风秋又生"。

《春秋》是孔子晚年一个人独立完成的一本书,不像《诗》《书》《礼》《易》那四本是采取拿来主义,最后久借不还,成了儒家典藏。

孔子写完《春秋》后,授给子夏。子夏跪着接过了老师的大作。在授书仪式上,孔子语重心长地对子夏说:"后世知我是因为《春秋》,罪我也是因为《春秋》。"子夏深感肩上的任务重大,表示一定要深深领会伟大导师的指示精神,把《春秋》学发扬光大,传承下去。

经过几代传授,在战国中后期,出了两个人为《春秋》作传。一个复姓公羊,一个复姓穀(gǔ)梁。由于对《春秋》的内在精神理解不同,两人的传记风格也迥然不同。

公羊着重阐发书中的微言大义,认为领导讲的每句话、每个字都有深刻含义,要深度挖掘;而穀梁先生在这方面表现得迟钝,领会差点,在阐释春秋时发挥少,挖得浅,对领导指示精神没吃透。

穀梁最终在这方面吃了大亏。

以上是儒家五大书籍《诗》《书》《礼》《易》《春秋》的血泪辛酸史,如今到了新社会,新社会新气象,儒家的好运来了。

景帝死后,他16岁的儿子刘彻即位,这就是汉武帝。武帝刚即位不久,就有人上书说鉴于皇帝陛下还未满18周岁,是个未成年人,请求到皇帝身边来宿卫,誓死保卫皇帝陛下。

这上书人不是别人,就是上一回叙述的儒家鲁诗大师申培的弟子王臧。他从申培老师办的私立山东大学毕业后,来到长安,当了太子的老师,后来因事被免去。这次武帝刚即位,自告奋勇,上书要求宿卫。

武帝立即照准。干了不到一年就把王臧升为了郎中令。

秦汉的高级官员有三公九卿。秦代的三公大致是丞相、太尉、御史大夫;九卿是奉常、郎中令、廷尉、治粟内史、典客、宗正、少府、卫尉、太仆。到了汉代,三公九卿的名称有所变化,比如奉常改叫太常,治粟内史改叫大司农,郎中令也曾改叫光禄勋等等。

郎中令是九卿之一，是守卫宫殿的最高长官，地位显要，相当于国家中央保卫局局长（正部级），这王臧升迁得确实很猛。

武帝喜好文辞，是个文学小青年，又下诏求贤良方正、直言极谏的人士。把这些人招来后，还没安排工作，丞相卫绾（wǎn）就坐不住了，他奏报说："那些所推举的贤良，其实都是商鞅、韩非、苏秦、张仪一类人物，让他们上岗，只会扰乱国政，请全部罢黜不用。"

武帝刚即位，有好多东西还不熟悉，没经验，什么还得依靠人家，一听说乱国政，也只好辞退了这些人。但终究憋着一口气，后来找了个借口把这个做事碍眼的卫绾的丞相职给撤了。任命窦婴为丞相，田蚡（fén）为太尉。

窦婴是窦太后的侄子，田蚡是武帝的舅舅，皇亲国戚，都是自己人，好办事。武帝倚为左膀右臂。这两人都好儒术。

二人又推举赵绾为御史大夫。

这赵绾也是鲁诗大师申培的弟子，也毕业于山东大学。到此大家都明白了，原来武帝是要有所变革，他用的是儒家的班底。

秦汉的三公就是丞相、太尉、御史大夫，分别是行政、军事、监察的最高长官。武帝有了这三驾马车，又有王臧在身边宿卫，从中出策，仿佛要往儒家的大道上长驱直奔，大干一场了。

{ 第十二回 }

窦老太让儒家下课
董仲舒上天人三策

赵绾、王臧的第一站就是请立明堂以朝诸侯(接见诸侯),这是儒家所说的明堂的主要功能。明堂是儒家津津乐道的盛事,是兴太平的标志。可是这明堂是古代建筑,到汉朝时,连个遗址都没留下,只在儒家杂志上有过介绍。赵绾、王臧不能完就此事,于是在武帝面前推荐自己的老师申培做设计师。

武帝一听,立刻照准,派使者带着礼品,驾着驷马软卧车前去迎申公。

申培当年被自己的坏学生楚王刘戊枷着脖子,穿着红囚衣在市上舂米,被放回后本不想再出来做事。无奈这次是自己的两个有出息的学生恳请出山,又是皇帝相邀,只好上路,踏上了西去的专车。

到了皇宫中,见武帝,武帝降礼相迎,亲切接见了申公,然后问以治乱这些事。申公此时已80多岁了,也不知小皇帝心思,对说:"为治者不在多言,只要力行就可。"

这时武帝方好文辞,又血气方刚,正要有所兴作,听见儒家大师说出黄老无为这样的话,默然无语。心想这位儒师是不是老糊涂了,搞什么友情客串。但既然已请来,也不能说别的,就拜申公为太中大夫,住在宾馆里,跟赵、王两个徒弟商议明堂这件事。

窦婴、田蚡、赵绾又商议要去除关禁，遣列侯回到自己封地上去，以显示太平。谁知这下捅了马蜂窝，太平不成了。要知道贾谊当年就栽在这事上。这些列侯有许多娶的是皇室公主，这些小姐都是京城长大的，本身就娇气，谁想远离繁华的大都市，放着北京户口不要，去偏远的小县城当县侯呢，将来孩子上个好大学都不方便。这些公主就跑到窦太后那里诉苦。

武帝即位后，窦太后又长了一辈，由原来的母后升为奶奶后，尊号是"太皇太后"。窦老太太喜好黄老道家，可武帝却好儒家，心里对这个17岁的小孙子已是不悦。

偏武帝手下的三巨头窦婴、田蚡、赵绾还要大搞特搞，隆重推出了孔儒之术，连张图纸都没有，一上来就盖古代建筑，岂不是玩笑。得到我的施工许可证了吗？这窦婴还是自己的侄子，也夹在里边起哄，窦太后更加不高兴。

御史大夫赵绾又在武帝面前说："今太后已老，以后奏事可不必让太后知道，让她真正地清静无为。"

武帝点头，当即批准说："可以，可以。"

窦太后听说后简直是怒不可遏。这些儒生真是狗咬耗子，多管闲事，竟管到奶奶头上来了，竟敢安排奶奶的退休生活。当年一个辕固就让窦太后大伤脑筋，如今又有这群儒生来捣乱，一团怒火都发在赵绾身上，把武帝喊了来，当面责让说："你找的这是个什么人？这又是一个新垣平。"

新垣平是汉文帝时一个江湖望气骗子，自称能观天象、知未来，文帝后来发现自己被骗，把新垣平诛灭了三族。

其实窦太后想说的是："这又是一个辕固生！"吸取上次辕固从猪圈逃脱的教训，直接把赵绾关进了监狱，又把侍卫大臣王臧也捎上，让他进去宿卫。

武帝替二人求情无效，只好把赵、王交司法机关审判。窦太后又派人构陷二人，给他俩找了一些罪名，逼迫甚紧。

赵绾、王臧仰天长叹道:"这么远把老师弄来,而术却不能推行,这是命啊!"双双自杀。明堂工程也被紧急叫停,成了烂尾楼。

申公在宾馆听说赵、王两个学生死去,不想垂暮之年,又遭此变,黯然神伤,递了个病假条,坐上普客回山东去了。没几年也死。

窦太后盛怒之下,又把侄子窦婴的丞相一职也免了,太尉田蚡更是别说,一起下课。太后奶奶彻底封杀了皇帝小孙子的儒学闹剧。

四年后,爱好黄老的窦太后驾崩,峰回路转,看来武帝的儒驾又可重启了。

不想武帝当初拉套的那两匹马又出了问题。

窦太后一死,窦婴没了依靠,闲居在家,田蚡却因是武帝的舅舅,当上了丞相。然而没听说田蚡上台后有何兴作,倒跟下野的窦婴因一贵一贱闹开了义气纠纷,中间又加上有个灌夫将军蹚浑水,替窦婴打抱不平,在田蚡的婚宴上来了个灌夫骂座,把势利眼儿的嘉宾们公然骂了一顿。田蚡恼羞成怒,把灌夫逮了起来,罪名是"骂座不敬"。窦婴为救灌夫,也陷了进去,被田蚡告了黑状,结果窦婴、灌夫二人被处斩。没多久,田蚡也因害怕窦、灌二人在阴间索命,发病而死。

田蚡、窦婴这对皇亲国戚闹矛盾,让武帝很是光火,最后二人拼了个你死我活算是收场。武帝当年的儒学闹剧原班人马到此彻底散完。

早在窦婴、田蚡闹矛盾前,武帝就开始物色新演员。清静无为的黄老术是不能满足雄心勃勃的武帝胃口的。在雄才大略的武帝看来,帝国如逆水行舟,无为就是倒退。儒家积极有为的学术品格让武帝念念不忘。雄心勃勃的武帝用人从来不拘一格,相信深水中必有大鱼,连连下诏求天下人才。

这时有一大儒浮出了水面,他的出现改写了以后中国 2000 年的学术格局。

此人名叫董仲舒。

董仲舒是今河北景县人,他从小学的专业是《春秋》,最擅长《公羊春秋》,在汉景帝时被授予博士官位(当时的博士不是学位),后来开始收徒讲学。他授课时有个特点,那就是面前放下帷帐,跟学生隔开,采取的授课方式是让一年级跟二年级学,二年级跟三年级学,用这种薪火传递的方式教学,以至于有的根本就见不着老师,也不用见。如果把董仲舒的那块帷帐比作屏幕的话,那董仲舒办的就是一所电视传媒大学。

传大校长董仲舒学问精勤,一心扑在学习研究上,家里虽有园圃,也不去料理,连去菜地里转一圈的工夫都没有,说是"三年不窥(kuī)园"。

他的这个历史记录让后来人争论不休,不知道他这三年是他生命中的哪三年,三年不窥园又是怎么个不看法。

其实我们对描写他学习投入的这句话不必过于执着,我们谁没有过三年计划。从道理上来讲,董仲舒也根本用不着去窥园,有那么多学生呢,用半工半读的方式就解决吃菜问题了。董仲舒这种办教育方法既扩大了教学规模,又摸索出了一条产学研一体化的新路子,在当时是很引人注目的。

武帝下诏求贤,对被举荐的贤良文学们亲自考试。

在汉代还没有科举制度,官员选拔有两种方式:察举和征辟。也就是地方推荐考察制和皇帝下诏聘用制。征辟到京后,再由太常署(相当于后世的礼部,现在的教育部、考试院)考试。

现在这批贤良文学士面临的这次考试就是一次殿试,董仲舒也在这群人里面。

武帝的策问题目是:

"朕自从即位以来,深知肩上的担子重,责任大,夜里有时也睡不着觉,生怕万事没个统绪,有什么阙漏。因此把你们从各地找来,想听听各位对于上天降命和性命之情有何大道至论。希望子大夫要大胆发言,所有考卷都将严格密封,不会有所泄露。朕将亲自阅览,不必担心有人会打击报复你们。有话只管说,不要隐藏。"

董仲舒对道："陛下发德音，下明诏，求天命与情性，这些都不是愚臣能有能力谈的。

臣曾谨慎地考察《春秋》中的事，再思考天人相与的关系，思考过后，大吃一惊。

真是可怕呀！

一个国家如果将有失道这些败的兆头，天就会先弄些灾害来谴告他。

如再不明白，又出一些怪异来警惧他。

如还不知变，伤败就会来了。

什么是道？道就是适合于治的路。

仁义礼乐都是道所必有的。

人君如果走错了道，就会人亡政灭。

臣听说命是上天下的令，性是生来具有的质，情是人的欲。性命长短好坏，都是陶冶而成。尧舜行德则民仁寿，桀纣行暴则民鄙夭。

臣考察了《春秋》，王道首先要正。

王者要想有所作为，从一开始就应求于天。

天道大者又在于阴阳。

阳为德，阴为刑。王要任德不任刑。

臣又考察了《春秋》，知道人君首先要正心，才能正朝廷，才能正百官，才能正万民。

要正万民，首先得立教化，靠教育，走立教兴国之路。"

董仲舒这篇对策起笔不凡，一开始就谈天人感应、阴阳灾异，堪称一篇神回复，一下子把武帝这个小青年惊得不轻。这个办法很像老奶奶讲鬼故事，很能吓唬住小孩，但越害怕越想往下听。

汉武帝又策问董仲舒说：

"听说古代舜为帝时,天天宅在家里,垂拱无为,而天下太平。周文王天天忙得饭也顾不上吃,才把宇内治理好。帝王的治道不都同条共贯,差不多吗?为何劳逸如此不同?现在朕亲自下田干活,劝百姓孝顺,为何还是阴阳错缪,坏人坏事层出不穷。子大夫可好好给朕分析一下,把你们的异术殊方献出来,让朕看看。不要担心遭到官员的打击报复。一切保密。"

董仲舒对说:"臣考察《春秋》后发现,帝王的至道都互相贯通着,只是所处的时代不同,劳逸也显得不同。

陛下亲自下地,忧劳万民,最后仍然没有收获,那是没有养士。

平时不养士却想求贤,就好像不琢磨玉而想让它有文彩,是不可能的。

养士最关键的是要有太学,太学是人才的摇篮,教化的本原。

现在的官吏只知道贪污腐败,暴虐百姓,老百姓贫穷孤弱,欲告无门,这都不是陛下所希望看到的。

阴阳错缪(miù),坏人坏事多,都是当官的不贤,才弄到这步的。整风肃纪,刻不容缓,也永远不能缓。

那些官员大多是官二代,官三代,甚至官 N 代了,要么是直接做官,要么是花钱买官,一蟹不如一蟹,一窝不如一窝(又以富訾,未必贤也)。当务之急是招纳贤人,选拔优秀干部,建立培养优秀干部人才的长期有效机制(量材而授官,录德而定位)。"

董仲舒把他的异数殊方献出,那就是兴太学,养儒士,替换掉当今这些官员,把国家机器上生锈发霉的零部件该擦的擦,该换的换。武帝已被董仲舒的对策深深吸引,但就像喝酒只喝到五分,还是不过瘾,意犹未尽,不能通畅。又发策问说:

"听说'善于说天的人必有徵于人',所以朕垂问了些天人感应方面的事,今后当虚心接受。子大夫明于阴阳造化,熟悉先圣的道业,然而文采还没全部表露出来，条贯没有竟，统纪也未终，是认为朕不明而不肯说尽，还是害怕朕听了也不明白而不肯说清。现在子大夫既已著述了大道，那就再深入探讨探讨，为朕彻底讲明。朕将亲自阅览。"

仲舒一看有戏，心中高兴，是时候了，是一展胸中抱负的时候了，藏了很久的底牌终于亮了出来，他又对道：

"臣听说'有始有终的，大概只有圣人吧'。陛下说我条贯没竟，统纪未终，是否还藏着掖着，的确如此。我确实有话要说，陛下能听臣讲完，真是圣人。我没说明白，是臣浅陋，罪过，罪过。

圣人效法天而立道，而天人之徵（zhēng），是地球人都知道的道理（**古今之道也**）。孔子作《春秋》，可不是随便写写就完事了，他是上比照着天道，下参考着人情。

所以《春秋》讥刺的矛头指向那里，灾害怪异就施加到那里，一点儿都不带差的。

天令是命，命非圣人不行；质朴是性，性非教化不成；人欲是情，情非制度不节。

因此王者应干好三件大事：一是高度重视承天意，以顺命；二是高度重视教化民，以成性；三是高度重视正法度，以防欲。

这三高抓好了，大本也就拿到手里了（**大本举矣**）。

道是万世都不会错的，如有错，那是迷了道。

道原出于天，天不变，道也不变。

臣考察《春秋》后发现，大一统是天地古今发展的硬道理。可是现在师异道，人异论，还远没有统一思想。

臣以为应放下包袱，把那些不在孔子六艺科目范围内的东西统统扔掉（**皆绝其道**），开动机器，把那些百家邪说统统挤下去（**勿使并进**），然后统纪可一而法度可明。

只有这样，我们的民众才会走在新修的统一大道上，实现天下大一统的宏伟目标！"

　　董仲舒这篇政治思想报告把儒家以外的百家学说全部斥为歪理邪说，建议"罢黜百家，独尊儒术"，搞儒家思想的垄断经营，把那些他娘养的东西统统扔掉，来一个彻底的天下大一统。

　　董仲舒不像李斯建议秦始皇烧书那样简单粗暴，从秦始皇、李斯的法西斯到儒家的托拉斯，董仲舒设计儒家上场的步调温柔多了。

　　时代在进步。

　　董仲舒的做法也确实很高。他以《春秋》为大炮，以天人关系为弹头，以汉武帝天天思考的"万事之统怎样才能没有缺"为突破口，步步为营，一步一个脚印，让武帝的策问终于条贯完竟，提出了《春秋》大一统的宏伟目标。

　　这就是董仲舒著名的"天人三策"。

　　这三发炮弹轰跑了诸子百家，而董仲舒用的大炮竟是一部《春秋》。一部《春秋》干掉诸子百家，堪称学术史上最大规模的杀伤性武器，让人回想起当年孔子写完《春秋》后感叹的话："后世知我是因为《春秋》，罪我也是因为《春秋》（按孟子同学的学习笔记）。"当时受书的子夏等人恐怕都不能理解此语。

　　谁想几百年后，董仲舒竟凭一部《春秋》抢占了学术滩头阵地，不能不佩服孔子的远见高识。

　　董仲舒成了孟子之后辟邪说、轰百家的第二位猛人，然而董仲舒却没有受到汉武帝的宠爱，让他得高位大官去实施兴儒大政。他只是统一了思想，开动儒学机器走上康庄大道的却是一位让董仲舒等大师们看不上的小人物。

　　真是让人大开眼了！

| 第十三回

提儒术公孙弘对策
鸣不平汲黯老收场

这个小人物名叫公孙弘。

公孙弘被人看不上眼，实在不是没原因的。他是齐地菑（zī）川国薛县人，年轻时当过狱警，后来犯了错误，被免了职，回到家里。因为家里穷，靠在海边给人放猪生活。一边放猪，一边看书，从看人到看猪，公孙弘就这样完成了他的第一次职场生涯。

公孙弘是个孝子，待后母十分孝谨。他40多岁时，才接触《公羊春秋》这本书，好好研究了一番。放着猪读着《公羊》，也算是个相互促进。但也就这样了，40多岁的人了，考研也超龄了，就当个兴趣爱好吧。花开花落几春秋，日子就这么一天天过去，一眨眼，公孙弘已60岁了。

然而这时，谁能想到，16岁的汉武帝即位，60岁的公孙弘的机遇来了。他的勤奋好学和赡养后娘的孝谨终于有了回报。武帝下诏求贤良文学士，菑川国推荐了公孙弘。

在别人嚷嚷着要退休的时候，60岁的公孙弘刚开始参加招聘会，老树开花，别有生意。公孙弘兴冲冲到了京城。

不想在应征而来的人群里遇见了辕固。辕固当年与窦太后顶撞，刺死野猪后,回到家乡授徒,这时已90多岁了。这次被推举为贤良文学士,听到年轻皇帝要有所作为,很是兴奋,也来为儒学助阵。

公孙弘这位猪倌早就听说过辕固刺野猪的故事,单凭过去牧猪的职场经验,公孙弘对辕固就十分敬畏。如今又在皇帝举办的新型招聘会现场,公孙弘见了辕固,正眼也不敢看,侧目而视。

哪知辕固在人群里一眼瞥见了公孙弘,像教训小孩子一样对他说:"公孙子,过来,我告诉你,做人务必要正学以言,不要曲学以阿(ē,迎合的意思)世,听见了吗?"

公孙弘知道辕固正直,哪敢支吾一声,赶紧点头称是。幸亏应征的这些儒生多嫉毁辕固,说他太老了,就别让他凑热闹了,给年轻人腾腾就业岗位吧。于是辕固这才罢归。

公孙弘这次没有白来,果然被征为博士。不久,被派出使匈奴。回来后向武帝汇报,武帝听了很不满意,嫌公孙弘对匈奴软弱、妥协,全不是让他出使的意思,十分恼怒,以为公孙弘无能,丧权辱国。

公孙弘见武帝这个小年轻发怒,十分害怕,赶紧写了份辞职报告,借口老了有病,回家去了。

公孙弘兴冲冲进京一遭,最后以没有能力被免归,中间又被辕固教训了几句,好不扫兴,从此对外出做事兴致全无,只想在家养老。谁知十年后,汉武帝又下诏征贤良文学,菑川国又推选了公孙弘做全国贤大代表。公孙弘赶紧上谢说:"臣已经去过了,以无能被罢归,你们重新找人吧。"

我都70岁了,还要赶人才大集,二进宫去陪绑,有没有搞错呀?

谁知菑川国人不知道是认真,还是起哄,坚持推选公孙弘,一致认为贤大代表非弘莫属。公孙弘不得已,又到了长安,进太常署待命。太常署给所征来的一百多个儒士发下武帝的考卷,让每人写篇对策。

武帝的策问是：

"朕听说上古治理得非常完美，阴阳和，五谷登，甘露降，风雨时，嘉禾兴，朱草生。郊外有麟凤，池里有龟龙，河洛出图书。父不丧子，兄不哭弟，朕十分嘉美。现在朕从那条道可至于此呢？

敢问子大夫：天人之道，何所本始？禹汤水旱，错在哪里？仁义礼智当从何处开展工作（*当安设施*）？属统垂业，物鬼变化，天命之符，废兴如何？子大夫上知天文，下懂地理，中通人事，要尽意详对，不要有所隐藏，所有卷子，朕都将亲自披阅。"

笔试完后，太常署把这一百多儒士的对策先判高低，公孙弘被落为下等。谁知对策的卷子送到武帝那里，武帝亲自披阅后，竟把公孙弘的对策从最下边抽出，列为第一。公孙弘来了个咸鱼翻身，由一个要交学费的三本生一跃成了全国的文科状元。谁不想看看状元的满分作文呢？

公孙弘是这样写的：

"臣听说，气同则从，声比则应。今人主和德于上，百姓和合于下，故心和则气和，气和则形和，形和则声和，声和则天地之和也就应了（*天地之和应矣*）。

所以阴阳和，风雨时，甘露降，五谷登，六畜蕃，嘉禾兴，朱草生，这是和之至。

所以形和则无疾，无疾则死不了（*则不夭*），所以父不丧子，兄不哭弟。

德配天地，明并日月，那么就会麟凤至，龟龙在郊。河出图，洛出书，远方之君无不悦义，拿着钱来到（*奉币而来朝*）。

这才是和谐的极致（*此和之极也*）。"

看到这里，我们这些现代人不由不佩服公孙弘，他从炼气一直写到和谐社会的创建，寥寥几笔就给我们勾勒出了一幅和谐社会的美好画面，让人身不能去，却心向往之。

可是当时太常署的这些阅卷机器们哪能想到这么远，他们一看公孙弘写的作文，摘抄了武帝策问里大量句子和词，明显有凑字嫌疑。就好像现在的研究生英语考试作文,蹩脚的考生为了凑够字数,只好抄写作文考题上的句子,对不起,这样的卷子是要扣分的。

接着往下看:

"臣听说,仁是爱,义是宜,礼是所履,智是术的原。操杀生,通壅塞,权轻重,论得失,使远近情伪都让陛下您知道(必见于上),叫作术。

仁义礼术,是治国的根本,应当大力设施,不可废。

如果得其要,就会天下安乐,民不犯法。

如果不得其术,君主就会被蒙蔽于上,官员胡作非为于下。

上蒙下乱这事一发生,陛下属统垂业的梦想就破灭了(此事之情,属统垂业之本矣)。

臣听说,尧当时遭了洪水,派禹去治理,没听说禹那时候还另发过大水。至于汤时的旱灾,那是夏桀所遗留的孽。

夏桀作恶,受到天罚;禹、汤积德,以王天下。

由此而观,天德无私亲,顺则和起,逆则害生。

臣弘愚戆(zhuàng),不足以奉大对。"

这篇对策既无文采,又非鸿篇,就好像一个不愿写作业的学生,懒洋洋地写了几句,聊以应付,最后向老师一拱手,说我很笨,你还是找聪明的吧。拉分就拉了。

我早就不想在你班上上了。

让我们看看公孙弘这只奇葩是怎么写的吧。

武帝问天人之道,物鬼变化,天命之符,公孙弘都忽略不计,视而不对。

武帝问禹汤水旱,错在哪里?公孙弘不但不答,反而说武帝策问错了,说没听说过禹时发大水,水情通报有误,似乎在挑战武帝的常识。

武帝问为何父不丧子,兄不哭弟,他说没病死不了,父就不会丧子,兄就不会哭弟,等于废话。

又写起文章来呆板干巴,只会说"臣听说"这些套话,看上去没有什么创意。难怪太常署的考官们要将他置于下等了。

谁也想不到的是,汉武帝看见公孙弘的对策,十分激赏,把公孙弘从下等中拿出,列为上等第一。

当时太常署的那些官员哪知武帝心思。

武帝问"仁义礼智"这四者该如何施行,公孙弘把儒家的"仁义礼"留下,把法家的"术"搬出,替换了"智",说皇帝要操杀生之柄才算有智术,否则就会被下官蒙蔽。

这话深得年轻武帝的心思,他时时考虑的就是驭下之术。想一级一级骗到金銮殿,门都没有,那都是君主无能的表现。

这也看出这公孙弘不是个只会讲仁义礼智信的儒呆子,他后面还有法术。

武帝又问禹时发大水,汤时闹旱灾,禹、汤错在何处,为何遭此天灾。公孙弘对说皇帝策问有误,水是禹的前代尧时发的,跟禹无关,是尧让禹去才治理好的。禹不但跟大水无关,还是个抗洪英雄。

商汤时的旱灾,是夏桀造的孽,跟汤也无关。是汤把夏桀留下的抗旱工作干完,最终王天下的。

由此可见,天德无私亲,只要顺治就可,功在当代。

这话让正想要有番作为,追三王、迈五帝的汉武帝看了更是高兴。公孙弘的对策常用"臣听说"开头,虽是套话,却显得谦顺,没有咄咄逼人、自以为是的句子,武帝看了自然舒服。

这样的文章,那是大巧若拙呀,你们知道什么?

于是召公孙弘入见。武帝见弘年快70岁了,长得容貌壮丽(史称"容貌甚丽",比我写得赞多了),是个老帅哥,武帝高兴,当下拜为博士,让他待诏金马门。

这里有个千古之谜，60岁时的公孙弘应该更丽呀，怎么当时武帝没看上，还差点把出使匈奴的卷子甩人家脸上，差点让人家破了相。要不是人家公孙弘脸厚又来了，他老人家后边的相位还真就没了。

武帝的自主招生考试结束了。公孙弘由高考状元，硕博连读，直通博士，也不禁飘然起来，哪能安心待诏，又上疏皇帝道：

"陛下治理天下不如先代圣王的原因，是用邪吏治薄民，这就像用恶狼来放疲羊，那怎么能成呢（此治之所以异也）。臣听说周公旦治天下，一年而变，三年而化，五年而定。陛下对此有意没有？（唯陛下之所志）"

武帝被挑逗得饶有兴趣，用册书答说：

"问：弘口口声声周公之治（弘称周公之治），弘自视材能与周公比谁贤？"

周公是周朝时辅佐周成王的贤相，问题问大了！

弘又用书回复道：

"愚臣浅薄，哪敢与周公比材。尽管如此，愚心明明见治道可以达到。虎豹马牛，是禽兽中难制的，然而被培训后，最后还得乖乖听人的（至可牵持驾服，唯人是从）。

臣听说揉曲木用不了一天（不累日），销金石用不了一个月（不累月）。一年而变，臣弘还觉得迟呢。（窃以为迟）"

话说大了。

武帝看了，惊奇不已。以为自己真成了遇到80岁姜子牙的周文王，从此对70岁的公孙弘着力培养。

公孙弘很快就显示出了他是个优秀政治人物的才干。每次朝中开会，轮到他发言时，只开个头，留出空间让武帝自己判断，从不和武帝当面顶撞（面折廷争）。武帝认为他言行谨慎厚道，又熟悉文法吏事，业务很精，加上用儒术做花边，中看实用，对他很是着力提拔，不到一年就升为左内史，成了管理京城的长官。

公孙弘做官有个最大特点，就是每次上奏时，如朝臣有人反对，他从不和人当面争辩，这使他减少了一大批政敌，这就是传说中的刚出道时要低调、低调、再低调。

但在官场光是低调还是不够的，公孙弘还有个特长，那就是变调。说白了就是见风使舵，及时调整方向。他曾经和公卿大臣们约好进谏皇上，到了跟前，谏到半路，见武帝脸色变得不高兴，又违背了原来的约议而顺着武帝说了。这让这些大臣们很是起火。

实在受不了你！

汲黯是当时名臣，正直敢言，学的是黄老术，用黄老术治民，讲究清净，对细小政事不苛求，只求大方向没错就行了。用此术治理郡，郡内大治，为人所称道。武帝听说后，把他招到中央任职。他见武帝老是招引一些儒家，开口张口就是要干些唐尧虞舜从前干过的圣事，汲黯心里早已不满。

一次武帝又在朝中谈起这些话，汲黯再也憋不住了，说："陛下只是外表施些儒家仁义，而内心却那么多欲望（内多欲而外施仁义）。儒家的仁义汤根本不解陛下内心的饥渴，奈何还要效仿尧舜的治道呢？"

武帝一听怫然变色，竟有人当众揭发自己虚伪，这叫我以后还怎么干，搞政治有几个能全都是真的？一怒之下，甩袖子罢朝，提前下班了。大家都为汲黯捏了把汗，说他凶多吉少，不该这么说话。汲黯满不在乎，说："天子设置辅弼大臣，难道是让他们说奉承话的吗？"

武帝下班回家后对人大骂："汲黯这个蠢材，太过分了！"真想干掉汲黯。但怒气过后，也没治罪汲黯。他知道汲黯虽是个刺头，却也是个社稷之臣，今天就当过个愚人节吧。此事不了了之。

公孙弘这次就是遇上了汲黯这么个硬茬。

这是儒家和道家黄老的最后一战。

事情是这样的,本来大伙说好到武帝面前进谏,别人都在前边说完了,轮到公孙弘时,他见武帝听了不高兴,脸上起了反应,赶紧变了词,顺着武帝说了。

汲黯又一次被激怒了。他当着汉武帝诘(jié)让公孙弘说:"齐人多诈而无情,起初和我们说好了进谏,现在全背叛了初言。弘怀诈饰智以阿谀人主,苟且取容,不忠!"

武帝问弘是不是这么回事?公孙弘只说了一句话,就挡住了汲黯的强力弹劾,他向武帝拱手相谢说:"知臣者以臣为忠,不知臣者以臣为不忠。"

公孙弘不愧儒家学者,他借鉴了自家典籍《诗》上那句名言:"知我者谓我心忧,不知我者谓我何求?"说起来显得情词诚恳。这比汲黯这些黄老学派只知啃老,从《道德经》上搬句"信言不美,美言不信"的话,情感丰富多了。

武帝又一次被打动了,以后再有别人说公孙弘不好,武帝也不信了。他不久把弘升迁为御史大夫,又过两年,任为宰相。这还不算,还封弘为平津侯,分给650户。

汲黯这次彻底服了。他在官场混了一辈子,都没敢想到封侯拜相,而公孙弘只混了五六年,就成了坐拥650户的平津侯。别说粪土当年万户侯了,当年粪土百户侯都弄不成。他在武帝前发牢骚,酸溜溜地说:"陛下用人就像积柴禾,后来者居上。"

武帝听了低头不说话,清静无为起来。汲黯见武帝用黄老功夫对付自己,也没办法,办完事走了。武帝对左右说:"人,果然不可以没学问,听听汲黯的话就知道了。"言外之意是说汲黯知识面太狭窄了,对儒家文化所知甚少,跟不上时代潮流。

公孙弘却不放过这位儒家文盲,他拿出了誓死扫盲的精神,非要置汲黯于死地。他跟武帝说:"右内史界部中多贵人宗室,特别难管,只有汲黯这样名望高的大臣才能胜任。"

　　当时把京城周边地区划片分为左右内史管理,右内史也就是后来的京兆尹,不到京城你不知道什么叫官大,这是把汲黯往火坑里推,让他得罪那些贵人宗室后,再治汲黯罪。

　　汲黯也明白,到任后,也没下什么猛药,仍旧用他的黄老术治理,辖区内倒也平安无事,让公孙弘想找茬都找不着。

　　汲黯可说是黄老派官员的最后一位杰出代表,他在与儒家抗争无果的情况下,用黄老术全身而退。

　　从此,黄老告退。

　　道家将会以新的面目来与儒家争锋,那就是道教。

　　此是后话,暂且不提。

| 第十四回

兴儒术公孙弘建施政大纲
说灾异董仲舒遇杀身之祸

　　公孙弘既为宰相,开始施政。他向武帝请示道:"儒学博士官已立,请为这些博士官每人置弟子50人,选择那些18岁以上,长得相貌端正的,补为博士弟子,免除他们的赋税劳役,经考试后根据成绩授以官职。特别优秀的,授以高官。"

　　武帝立即批示道:"可。"

　　要理解公孙弘这个建议的长远意义,得先弄明白"五经博士"这个名称。

　　在窦太后去世前一年,汉武帝立了五个儒学博士,分别是《诗》《书》《礼》《易》《春秋》五个博士。窦太后这次也许是年老体衰的缘故,也许是汉武帝这个孙子已大了(20岁),只要闹得动静不大,就不愿多管。所以汉武帝瞅准时机,立了这五个博士。

　　窦太后死了以后,汉武帝征贤良文学士,董仲舒在对策中提出罢黜百家,独尊儒术,从此儒家书籍的地位迅速蹿升,儒家的六艺被尊为"六经"。因为《乐》书早已失传,所以一般称为"五经"。我们后世所说的引经据典的时代来临了(跨度至今已2000多年)。

　　到了公孙弘,他给这五个经学博士每人配备50个弟子,共250个。这250个人经儒家培训上岗后,就是250个官员或准官员。从此儒学之士渗透到了国家官僚机器中。

公孙弘可说是儒家的软件工程师，与当年赵绾、王臧一上来就盖明堂这些硬性面子工程，其影响不可同日而语。

这样，董仲舒提议的兴太学成了兴办儒家党校，公孙弘的补博士弟子员成了大力培养儒家后备干部。从公卿大夫到下级官吏，儒士随处可见，渐渐多了起来。孔门四科中的政事科，开始有了正式办公场所。

儒家自此登上了政治舞台。

无独有偶，像法家的实践家李斯谋害理论家韩非一样，儒家的实践家公孙弘也开始算计理论家董仲舒。

如此看来，做个书呆子真是没趣，在家让女人揭刮，出门让外人搜刮，到哪儿都是受气包。

书念多了，就成了实心眼，爱面子，不好意思吆五喝六，碰到点事就被人弄得七零八落。

其实谁比谁傻。

董仲舒自己的仕途并不平坦，是个仕途上的倒霉蛋。

与汉武帝对策完后，汉武帝给了这位启蒙大师一个光荣而艰巨的任务，让他去给自己的哥哥江都易王刘非当相。这刘非是个骄王，有力气，吴楚七国反时，他才15岁，挽起袖子就上阵替他爹砍人去了。

如今董仲舒侍候的就是这么个主。董仲舒到了后，用儒家的礼仪来劝说易王，没想到，易王挺敬重仲舒，总算没出乱子。

但接下来就没这么幸运了。

离开易王后，董仲舒犯了点事，差点把命丢了。

起因是辽东高庙（高祖刘邦的庙）和长陵（刘邦的陵）高园殿两处发生火灾。

两处火灾都跟高皇帝刘邦有关,董仲舒就在家推说开了,认为这是两次严重的天人感应事件,说着说着就扯到了当下的政治形势。

这事自己在家推说也就算了,偏偏被一个来拜访他的人看到了,偷偷拿了出来,向武帝告发。

武帝原来被董仲舒对策里面的天人感应吓过一回。天人感应是法拉第的电磁感应发现之前最重大的感应发现,虽然不科学,但很有效。对于那些高高在上的君主很有震慑作用,对于下民就更别说了。君主等最高统治者犯了错误,天上的太阳、月亮、星星就会发生缺损、位移等等现象(日食、月食、迷失);小民犯了错误,比如不孝顺父母,天也不会放过,会出现雷电暴雨等恶劣天气,说龙要来抓人了。君王犯了错误,天地更是会互感,出现地震、洪水等自然灾害。

儒家大师董仲舒是天人感应的集大成者,他吸取了过去的一切文明成果,比如殷商的天命观、春秋时的占星术(天上的星体变化预示人间的祸福)、墨子的天罚论(*爱人利人者,天必福之;恶人贼人者,天必祸之*)、阴阳家邹衍的"深观阴阳消息而作怪遇之变"等发明研究成果,而形成了自己的天人感应一整套思想。

总之,在法拉不到的地方,新儒家的天人感应就会及时出现。

这次刘邦的陵庙两次火灾,董仲舒岂肯放过这样天人感应又能大可发挥的时机。火,还是火,我还指着你再火一把呢。

董仲舒万也没想到,闭门家中坐,祸从天上来,天人感应这次直接降临到了自己头上。他在家推演天人灾异,没想到草稿被人偷了,直接送到了武帝的龙案上。武帝一时也不知道怎么办,莫非火情真是上天的迁怒吗?他就召集诸儒来评判这件事该如何处理。

由于信息不对称,董仲舒的弟子吕步舒不知是他老师写的,在会上义愤填膺地说:"写这篇文章的人应该好好收拾收拾,乱说灾异,诋毁我们的建设事业,一看就是个大蠢材写的,什么东西呀!"

谁能想到刘邦庙里刚着完大火,这龙王庙里又发大水,让吕步舒不认董仲舒了呢!

估计后来吕步舒得知是谁写的后,肠子都悔青了。

武帝于是把董仲舒交给廷尉处理。对于皇帝交代的重大政治案件,廷尉一般都是一刀切,判处当事人死刑,以显示自己政治过关,技术过硬。

武帝不愿让董仲舒死,知道他平时就神经叨叨的,下诏特赦。

死里逃生的董仲舒吓得从此不敢再言灾异,但神经依旧。

这是人家的发明成果,吃饭本钱,说什么也不能丢,只是不对着皇上直接说了。

不过,他的这招大家都学会了,对君王进谏时,什么都往天人感应上靠。

那个年代,好多人都宁愿真诚相信天人感应就是科学。

这是悬在君王头上的一道闪电。

但公孙弘却不愿放过董仲舒,非要致董仲舒于死地。

照我们想象,不该发生这样的事。两人都是学《公羊春秋》的,都是同门兄弟,都在儒学大业兴建的重要关口,当前更需要的是精诚团结。

事情不是我们想象的那样。公孙弘治《春秋》不如董仲舒,他40岁才学《春秋》,自然不能和董仲舒从小就苦读《春秋》相比,人家董仲舒学《春秋》,那是夏练三伏,冬练三九,一年四季,下帷发奋,刻苦用功。到董仲舒桃李门墙,名扬远近的时候,公孙弘的《春秋》水平还是放猪时自学考试那点水平。

到后来,董仲舒活学活用《春秋》,他把《春秋》学和阴阳五行学结合起来,又兼采其他各家学说,构建了以"天人感应"为基础的《春秋》神学体系,以其大胆、新颖、独特、河汉其言的儒学品格震惊了汉武帝,取代了汉初的黄老思想,让盛极一时的黄老思想成了明日黄花,为儒学重建立下了不朽之功。

董仲舒借助的阴阳五行学说威力极大,具体可参看邹衍先生在战国时的攻击指数。

董仲舒的儒学也不是孔子、孟子时的儒学，如果孔孟二位看了董仲舒的文章，也会摇头，说这不是本厂的产品，除了包装有点像，里面的货早已不是原样，掺杂了不少东西。什么天人感应、阴阳五行，本厂一概不生产。

董仲舒委屈地说，时代在前进，社会在发展，如果我们的儒学不搞点技术革新，就会被市场抛弃，所以我才在里边下了点猛料。

不管怎么样，董仲舒的技术革新产品被刘彻先生指定为汉帝国唯一专供产品。

空说只是浮云，市场才是王道。

对于这样一位大师级人物，公孙弘自然感到一种威胁，论学问，自己不如董仲舒；论文凭，董仲舒在汉景帝时就是博士，而自己 60 岁时才被汉武帝授予博士，中间还因犯错被扣压了十年；论名气，董仲舒海内闻名；论年龄，董仲舒又比自己小好几岁；论地位，当然是自己高了，可是武帝用人从来就不按一般程序走，他只要一句话，董仲舒就可越过自己。

并且这次武帝把董仲舒从死亡线上拉回，特赦他不死，就是个危险信号，他是不是还想重用董仲舒，董仲舒可是早就看不起自己，说自己的官来路不正。

公孙弘是个外表宽和而内心深刻好忌的人。当年辕固当着众人的面教育他不要"曲学以阿世"，幸亏辕固早老死了，没有赶上公孙弘当权，要不然，公孙弘会送给他一个刺老虎的机会。

好了，现在这个机会就给了董仲舒吧。

他对武帝说："董仲舒可让他去相胶西王。"

胶西王刘端是武帝的异母哥哥，他和董仲舒上次为相的那个江都易王刘非是亲哥俩。

在送董仲舒上路之前，要先交代一下。

我们的董仲舒先生除了研究阴阳五行这些非专业知识外,他对儒家的传统课题"人性"也颇有研究,他有个著名的"性三品"说。

他把人性分为三品,上品是圣人之性,中品是中民之性,下品是斗筲(shāo)之性(小人之性)。董仲舒自以为他的性三品已包含了所有的性品,可是他却忽略了一品,那就是性废品。

董仲舒不久就会碰到这个问题,他要去给作相的那个胶西国王,是个性废品。

刘端国王很不幸,他患有严重的性功能障碍症,不能近女人,每亲近一次,要病数月。拥有众多的后宫女人,佳丽当前,不能缱绻,是个男人都要疯了。

刘端有一个特别宠幸的少年当护卫时,与他后宫的这些闲置女人发生了淫乱行为,刘端知道后把这个少年全家都杀了。这事引起了汉朝廷的不满,有人提议惩治刘端。更令汉朝廷发火的是,凡是汉朝廷派来的相(七国之乱后,地方王国的丞相全改叫相,从名义上和中央帝国的丞相区别开来),刘端都找个罪名把他们告掉,实在找不下罪名告不走的就给他们下毒药,把他们药死,在本国打发掉。

这就太无法无天了。

简直是拿着丞相不当干部。

汉朝的公卿数次请求杀掉刘端,武帝不忍心,说到底也是自己的哥哥,只是把他的封地削去了一多半。

刘端心生闷气,想反正我将来也是个老光棍,那就让他们全光了吧。心中恼怒,又没办法,就干脆不管事了,任由国家的府库坏漏,财物粮食烂掉,命令官吏以后也不要收租赋了,然后把他的王宫门卫全部撤掉,宫门全封了,只留一个门出入。他自己穿上老百姓衣裳,姓名一改,出门走了。据说还经常出国遛跶,招呼也不打,胶西国中央办公厅连知道都不知道,全是个人行为。

刘端可说是个又可怜又可恨的人,可恨在于他不该滥杀无辜,可怜是他由于有性病而导致的性格变态。

董仲舒面对的就是这样一位性废品导致的性格变态病人。虽说董仲舒研究的性和刘端的性不在一个领域。

刘端听说董仲舒大师来了，对这位汉朝廷空降来的相倒也十分客气，亲自到机场迎接。

董仲舒继续他的正言直谏，据他在书中回忆，他在对胶西王进谏中提出了一个观点是"正其道不谋其利，修其理不急其功"。

事情是这样的。一天，胶西王不知哪根神经好转，来了兴致，命令董仲舒说："寡人认为，越王勾践和大夫范蠡(lí)、文种设计谋灭掉吴国，这三人真是仁人，君以为是不是这回事呀，给寡人说说。"

董仲舒跪地磕头，说："臣以为，这三人没一个好东西。什么是仁人，他们应该是：'正其道不谋其利，修其理不急其功。'可是这三人，设诈而灭人国，怎能算仁人。"

这句话被后来写《汉书》的班固先生改成了"正其谊不谋其利，明其道不计其功"。

班固认为，就胶西王刘端那个神经质劲儿，他哪能问出这些话来，于是改成了江都易王问董仲舒。

可能班固也有点神经过敏，胶西王刘端再神经质，也有间歇性好转的时候，怎么就不能说点正经的呢。

接下来董仲舒在书中回忆说他趁机进谏，劝这位大爷不要再使诡诈，比如下老鼠药、告黑状、化装出门等极端行为。董仲舒这么写，正说明董仲舒这位国相想尽办法，对危重病人刘端国王进行了奋力抢救，尽了职责。

他的那句"正其谊不谋其利，明其道不计其功"，成为后世许多人的座右铭，也成为一些人的眼中钉，说这是屁话。围绕这句话展开的讨论、骂战后面还要重叙。

眼前重要的是,董仲舒觉得自己所处的地方太不安全了。面对这位性格严重分裂症病人刘端,这位性废品病人,自己也无能为力,毕竟自己研究的性不是用来看性病的。并且没准哪天这位性格分裂症病人病情发作,真给自己下点老鼠药,那可就冤枉他娘哭一夜,冤枉死了。他是光棍一条,自己拖家带口的,太不划算了。于是没过多久,他向胶西王递了病假条,回家去了。

董仲舒这位仕途上的倒霉蛋,光头强,连碰了他生命中的两个狗熊大王,确确实实够倒霉的,回家后踏踏实实以著书为事。后人把他著的那本书命名为《春秋繁露》。这是一部董仲舒用自己的思想语言阐释《春秋》的书,影响深远。

每逢有什么难题,汉武帝还会派人来询问董仲舒,只是董仲舒以后再也没去做官。董仲舒兴了半天儒学,虽没沾上什么光,但他死后,儿孙们都做了汉朝的大官,也算没有白忙乎。

再说公孙弘,他在 80 岁时死于丞相位上。从 70 岁到 80 岁,他把自己生命的最后十年发挥到了极致,只用了十年时间就完成了从布衣(老百姓)到丞相的转变。史上还没有第二个人能前 70 年黯淡无光,后十年辉煌之极(除了传说中的姜子牙),让 50 就知天命的孔子情何以堪呀?

公孙弘的人生不可复制,只能说是他碰见了非常之人(汉武帝),要干非常之事(兴儒学,罢百家),从而跟随着一块立了非常之功(独尊儒术的政治代言人),从而得了非常之位(丞相)。

公孙弘死后,汉武帝接连任命的六个丞相中,有五个都因事被汉武帝杀了。公孙弘所建的丞相府中的招贤馆也逐渐荒芜,最后成了丞相府中的马厩和停车库。

轰轰烈烈的儒学大革命时代结束了。

最后交代一下那位胶西王刘端的结局。董仲舒走后,他继续闭关锁国,只身外出晃悠了好多年,死后因无后代,他的胶西王国被废除,改成了胶西郡。

这里有一部书不能落下不表。

武帝刚即位时淮南王刘安来朝拜,献上了他组织编写的一部书,名叫《淮南鸿烈》。

《淮南鸿烈》又名《淮南子》,书名是后人起的,当时只是几十篇文章。

论排行,刘安是武帝的叔叔,他的父亲刘长和武帝的爷爷汉文帝是兄弟,刘长犯法,汉文帝降罪,刘长在贬谪的路上自杀了。

他死的地方对汉文帝不利,死在了囚禁他的木笼中,被人认为是汉文帝把他虐杀。

刘长的自杀在当时引起了舆论一片哗然,后世那个著名的古语"一尺布,尚可缝;一斗米,尚可舂;兄弟二人,不能相容",就是从此而起。这和三国曹魏时曹丕、曹植兄弟俩弄出的豆萁煮豆、同根相煎一样著名。

君王兄弟闹出的争斗和普通老百姓其实都一样,都是自己家里的尺布斗粟、针头线脑惹出来的,最后为了利益,兄弟转成了仇人。

刘安不像他父亲那样野性,他是个文人,好看书、弹琴,招致了宾客术士数千人,有不少人擅长写文章。这么多文人集到一块,总得找点事干,于是开始编书。

当时上流社会流行的是道家黄老术,地下暗潮涌动的是儒术,还有喜爱法家、阴阳家术的也大有人在。刘安的创作班子队伍里就包括这些不同见术的人,他们互相切磋,把各家思想包括融合在一起,创作了这部《淮南鸿烈》。

全书的主旨近于黄老,讲论道德,总统仁义,是一杂家之作。这和战国末年秦相吕不韦组织人编写的《吕氏春秋》主旨稍有不同,毕竟时代不同了,杂面制作技术和原材料配伍也会有所不同,要首先考虑符合本时代食客的口味。

汉武帝对淮南王献上的这份儿土产食品很是喜欢。当时武帝刚即位,20 岁左右,胃口极好,食欲正旺,看了淮南王组织编写的这几十篇文章,觉得新鲜,加上时不时穿插些神仙阴阳道术,读起来很是吸引人。

武帝喜好说神仙,刘安和他的手下不少人也爱谈论这个,那个著名的成语"一人得道,鸡犬升天",就是讲这位淮南王刘安的。传说他有一天得道成了神仙,飞升上天,他的鸡犬吃了他撒的丹药,也登了仙界(根据上天的速度,估计是吃了撒的灭鼠灵之类的毒药,因为一般丹药都是标榜能延缓上天时间的)。

杂面毕竟不是中国人的日常主食,武帝最终挑中了董仲舒,把儒家作为主食,杂家成了调味品。

《淮南子》一书被珍藏在了深宫。

刘安的书在武帝独尊儒术前,仿佛是诸子百家的最后一次舞蹈,和吕不韦结局一样,刘安后来以谋反被治罪,自杀。

杂家之舞的两位主办方都死于非命,杂家也停止了演出。

从此,百家绝响,儒家独唱。

第十五回

大汉文章两司马
尊书重艺二藩王

刘安献书后,武帝知道刘安文采学问好,每次与刘安通信,常找大才子司马相如看了草稿再定。司马相如擅长作赋,是汉赋这种文学体裁创作的代表人物。

汉赋跟战国时屈原等人创作的楚辞有渊源关系,当时"辞赋"不分家,合在一起叫。

司马相如是今四川成都人,小时候就喜好读书、击剑,本名叫"犬子",因羡慕战国时赵国蔺相如的为人,把自己的名字"司马犬子"改成了"司马相如"。

当时著名的辞赋作家还有枚乘,他留下的唯一一篇可靠完整的赋是《七发》,它是标志汉代新体大赋形成的第一篇作品。

司马相如最初花钱买了个武骑侍从的官,做了汉景帝的禁卫军,但汉景帝不好辞赋,司马相如不受重视。后来梁孝王来朝,带了一大帮子文学侍从,司马相如一见很高兴,辞职跑到了梁孝王门下,在此认识了枚乘、邹阳等辞赋大家,写出了更加宏大的赋作《子虚》《上林》,把铺张扬厉的文风发展到了极致。

武帝最初读到司马相如的赋时,被司马相如铺张扬厉的文风播弄得飘飘然,读完后叹道:"可惜朕没能和这个人生活在同一个时代(朕独不得与此人同时哉)!"

这话大家都有点眼熟了,当初秦王嬴政读了韩非的书后说:"唉,寡人要是能见到此人,和他一起相处,死也无恨了!(嗟乎,寡人得见此人与之游,死不恨矣!)"也是大体这么感叹。

这时汉武帝身边的一名狗官(管狗的官,当时叫"狗监")杨得意接嘴道:"我的老乡司马相如说是他写了这篇赋(臣邑人司马相如自言为此赋)。"

武帝听了大吃一惊,原来作者还活着,还赶得上发诺奖,立刻召见了司马相如。

司马相如从此成了武帝的文学侍从之臣。

看来司马相如的小名"犬子"没有白叫,要不是狗监杨得意同志这次趁机汪汪两声推荐,司马犬子同学还不知被埋没到什么时候。

银台金阙如梦中,秦皇汉武空相待。除了传说中的神仙方药,秦皇汉武都没有白等,他们都见到了自己想见的人。

司马相如擅长写赋,他写起赋来铺陈得恢宏大气,场面开阔,可比现在的好莱坞大片。武帝每次读了都飘飘欲仙、凌云气、游天地一般。

武帝是司马相如这位赋体作家的忠实粉丝。

司马相如病重时,武帝说:"司马相如病得很厉害,你们速去他家,把他写的书全部拿来。要不然,这些书就丢失了。"

使者匆忙赶到相如家,司马相如已死了。问相如妻卓文君,相如有何遗稿,文君道:"没有书了。相如平时写的书很热销,刚写完,人就拿走了(时时著书,人又取去)。相如未死时,有一卷书,说有使者来,可奏上。除此之外,别无他书。"

使者拿着这卷书回奏,武帝一看,是一篇赋,内容很新奇,是说封禅这事的。大意是说周代尚且封禅,我们如今大汉综合国力世界第一,世界各国都来朝贡(用司马相如的汉赋语言来说就是"大汉之德,逢涌原泉,沕(wù)潏(yù)曼羡。旁魄四塞,云布雾散;上畅九垓(gāi),下斥八埏(yán);诸夏乐贡,百蛮执贽(zhì)"),在这么大好的形势下,山川大地都日夜盼望皇帝陛下到此一游(名山显位,望君之来),等等等等……

司马相如在文章中继续说:"我们国家现在已确立了天人感应的神学思想路线,是该上下相发、通通电话的时候了(天人之际已交,上下相发允答)。随着天上地下最高元首电波的传递,万世将得以'激清流,扬微波,飞英声,腾茂实'。永保鸿名,常为称首。"

文中还特别叮嘱,泰山、梁父都早已设好了坛场,等候陛下,这是他们的旷世殊荣,对于后世发展旅游,搞门票经济,大有好处(垂恩储祉,将以庆成)。这是造福一方的好事呀(发号荣,受厚福,以浸黎民)。如果陛下推辞不去,泰山没有您的足迹(泰山靡记,而梁父罔几),名人效应不凸现,门票价格有什么理由年年攀升(说者尚何称于后),望陛下成全了他们吧(愿陛下全之)。

司马相如最后兴奋地说:"在五彩炫耀、彩色辉煌的光芒中,一条中国龙将冉冉升起,屹立于世界东方,让万民敬仰(宛宛黄龙,兴德而升;正阳显见,觉寤黎烝(zhēng);万物熙熙,怀而慕之)。

这么好的事,为什么不做呢(皇皇哉斯事,天下之壮观。君兮君兮,何不迈哉)!"

汉武帝看了惊奇不已,也觉得心动,逐渐有了到泰山、梁父封禅的念头。只是这封禅礼已好久没人用了,当时人都不知怎么施行。武帝令诸儒制封禅礼,他们在诗书古文中寻找封禅的影子,弄了几年也不能成。

武帝最后也和秦始皇一样,尽罢诸儒不用,搞起了自驾游,自制了一套行程和仪式,在相如留书建议封禅八年后,终于完成了此事。

这次封禅,艳阳高照,不像秦始皇那样风雨大作,武帝很是满意。

这时却有一人因有病没能赶上这旷世大典而难受,这就是太史令司马谈。他本来跟随武帝去封禅,作为太史令,相当于武帝的随行记者,他还要用笔来记录这次行程,回去向全国乃至世界人民报道。可是走到河洛之间时,因病重留滞下来。

其子司马迁赶来见父,司马谈拉住司马迁的手,满眼含泪,说:"今天子接千岁统绪,东封泰山,而我不得从行,这是命吗?孔子作《春秋》,至今已四百多岁,史记放绝,无人记述,我作为太史令,甚是忧惧,今我病重,不能做这件事了。你要多留意于此,完成此书。"

司马迁俯首流泪答应。司马谈死后,司马迁接班,当了太史令,开始写父亲交给的这部史书。中间遭遇李陵之祸、受宫刑、仍旧发愤著书的励志故事大家都知道,就不多写了。

司马迁完成的这部《史记》,原名《太史公书》。这是一部通史,从中国传说中的黄帝,一直写到当时的汉武帝,以十二本纪统系。又有三十世家,写王侯将相;七十列传,写名公巨卿到普通士民;又有十表、八书,编制历史年表、著录典制文化,共一百三十篇,自成系统,被人称为纪传体通史。

从此,史学体裁判然分为二途:一是以孔子《春秋》为代表的编年体史书,按年代逐次叙述历史;一是以司马迁《史记》为代表的纪传体史书,它成了后世编写正史的常规体裁。

在《史记》中,孔子被载入世家,百家诸子全被载入列传,和孔子已不是一个档次。

最明显而被人叫屈的是墨家墨子。在战国时儒墨并称,都是当时的两大显学。可在《史记》中只被司马迁一笔带过,说:"墨翟,宋国大夫,善守御,为节用,或说并孔子时,或说在孔子后。"就这么一句话,完了。墨家祖师墨子的学说只字不提,并且身份证也搞丢了,连生活在什么时代也不知道,只说是个很会守家过日子的大男人。

墨家到汉朝时已彻底败落。司马迁也很会替人家打算,写得惜墨如金,不肯浪费,很是节用。

再看司马迁父亲司马谈,他也谈过对诸子百家的大概看法,曾有过一篇《论六家要旨》，评价起各家来，和司马迁就很不一样，代表了老一代知识分子的看法。他说：

"儒者博而寡要，劳而少功，以六艺为法，六艺经传千万数，累世不能通其学，当年不能究其礼，他们说的事难尽从。

墨者茅茨不剪，采椽（chuán）不刮，食土簋（guǐ），啜（chuò）土型，吃粝饭，喝藿羹，他们做的事俭难遵。

法家不分贵贱亲疏，全断于法，断绝亲亲尊尊，严而少恩，只可行一时而难长用。

名家专决于名，苛察缠绕，使人不得反其意，大失人情，使人俭而善失真。

阴阳家四时、八位、十二度、二十四节，各有教令，顺之者昌，逆之者亡，说起来有点吓唬人（*使人拘而多畏*）。"

上述五家都有缺点，最后说到道家，连声夸赞，把它夸成了一朵花。说：

"道家因阴阳之大顺，采儒墨之善，撮（cuō）名法之要，与时俱进（原文：与时迁移），应物变化，指要而易操，事少而功多，使人精神专一，动而无形，其辞幽深，其实易行，合于大道，光耀天下，复返无名。"

司马谈这个观点，都是窦太后黄老术笼罩时遗留的产物，到了他儿子司马迁写《史记》，已是儒术光耀天下的时候。司马谈对道家的观点早已过时，只能做个饭后谈资，英雄回顾罢了。在《史记》中，前有《孔子世家》，后有《仲尼弟子列传》；既有《礼乐书》，又有《儒林传》。很是排场。

儒家从此开始光耀史册。

司马迁遭李陵之祸能发愤著书，汉武帝后来遭巫蛊（gǔ）之祸却一蹶不振。

武帝晚年多病，怀疑是有人巫蛊害他（蛊是一种害虫，巫蛊就是把写上某人名字、生辰八字的木偶埋到地下诅咒，望某人遇祸早死等等巫术）。武帝身边的小人江充就充分利用了武帝这种心理，诬告太子用巫蛊术诅咒武帝早死。

这可不是整蛊搞笑,武帝已为巫蛊这事杀了好多人,包括自己的亲生女儿。都说父子之间不责善,但你也不能使坏呀,这个诬告上去,为病急红了眼的武帝是绝对不听辩解的。太子眼看要倒霉,索性一不做二不休,杀死小人江充后,又拼凑了一班人马和武帝派来的兵在长安城战了三天三夜,死了数万人。最后太子失败,逃出长安。武帝派人穷追,太子在一农家自杀。太子的两个儿子也跟着自杀。

武帝后来知道太子冤枉,凄然悲痛,晚年下罪己诏,深悔己过。

武帝一生东征西讨,把文景时用黄老术治国攒的那点老本挥霍了个精光。后来修史家叹武帝罢黜百家,表彰六经,如此雄才大略,如不改文景时的恭俭,没准真能实现他功迈三皇、德超五帝的个人理想。

武帝父子交兵前,孔子后代孔安国献上了一本书,此书震惊了朝野。这是一部出土的古书,武帝对这一重大出土发现十分有兴趣,正要讨论研究是否给此书重新立个学官,偏偏这时巫蛊之祸起,武帝父子打了起来,哪还有心管这本书。

没想到,他这一撒手,让后人为此书打了1000多年架。

这本书名叫《古文尚书》。

汉文帝时,济南伏胜将《尚书》传给朝廷,共29篇。汉武帝独尊儒术后,他的《尚书》成了经书之一。

而孔安国手中这本《尚书》多达54篇,比当时的"教育部"指定的《尚书》经书多出了25篇。

这还了得,这是要动摇部颁大纲!

到底是谁搞错了,是汉帝国还是你孔安国?

孔安国是怎么搞到这部书的呢?

原来汉景帝儿子刘馀,被封到鲁地为王。这个刘馀和前面提到的董仲舒遭遇的那两个狗熊大王是一母同胞,都是汉景帝的小老婆穆姬所生。论起排行来,这个鲁王刘馀是老大,江都易王刘非是老二,胶西王刘端是老三。

穆姬总共生了三个儿子,在本套书中也全部亮相。这哥仨可说是难兄难弟,都是不学无术,可偏偏都跟学术沾边,弄得一部学术史想绕都绕不过去。

刘馀的王宫和孔子的老院为邻。鲁王刘馀整天过着声色犬马的生活,好造宫殿,想拆了孔子旧宅,多圈点儿地,扩大一下自己的娱乐场所面积。哪知拆孔子旧屋的墙壁时,从墙里露出几本书来。打开一看,书上的字体跟汉代隶书字体不同,上面的字头粗尾细,形如蝌蚪,是一种古文字,人们也弄不清它怎么念,就根据形状叫它"蝌蚪文"。

鲁王刘馀听说发现了蝌蚪文古书,也跑了过来。观摩完后,这位房爷登上孔子庙堂,想顺便来个观光游览,忽听得庙里似有金钟石磬丝琴竹管的声音,加上庙堂空荡荡的,声音都像是从墙缝里钻出来的,余音绕梁,久久不绝,听了很是瘆人。鲁王有点害怕了,汗毛直竖,怕是得罪了孔子神灵,赶紧吩咐工地停工,停止拆迁孔子老宅,又把强拆的旧屋墙壁修了修,书也不要,跑回去了。

所有的史书上都是这么记述鲁王此时的感觉,如果他真是被孔子庙里的鬼音吓跑的话,我们只能说这可能是他声色犬马惯了,耳朵里留着的回响。

这么看来,孔安国比现在的钉子户强多了,不用扛着铁锹、拎着石块捍卫自己的权益,和拆迁队干架,只因为有个好祖宗,就把开发商硬给吓跑了。虽说房子被拆坏了,也没领到补偿款,但出土的书归了自己。这书可值钱了,价没法估算。你想想,他后来都敢献给皇帝,普通几本破书,怕是没这个胆儿吧。

孔安国把这些古书整理了一番,除古文《尚书》外,还有古文《孝经》《论语》,这些都是孔安国先人在秦始皇焚书时藏起来的。

书上的蝌蚪形文字据后人考证是战国时东方六国系统的文字。

孔安国时,当时通行的是隶书,蝌蚪文字对当时人来说已仿佛天书。

孔安国用伏胜传授的那29篇对照认字,考论文义,最后用当时通行的隶书抄写下来,这就是"隶古定"。

孔安国的隶古定活干完了,这本书的不安定才刚刚开始。

古文《尚书》的曲折不安定生活我们以后再诉说。

除孔安国得到古书外,当时还有一位古籍大王,他就是河间王刘德,他也是汉景帝的儿子,是武帝的异母兄长。在景帝的十几个儿子中,这位刘德是材料最好的,不嫖不赌不抽,唯一的爱好是读书、搜集书。

当时的藩王里面最爱好书的有两位,一位是淮南王刘安,另一个就是河间王刘德。二人所爱好书的侧重点不同。刘安爱好杂书,手下招致的多是一些辩士,刘德所爱好的书都是一些古书,以儒书居多。刘安爱好编书,刘德爱好藏书、立书(为这些古书立博导)。

刘德搜集古书的方法是高价收购。四方百姓不远千里来献旧书,他让人抄写一遍,留下原本,把抄写本让来人带回,这个方法让献书人十分高兴,得了大把银子,又带回了复制品,献书的积极性空前高涨。

就这样,用这种方法,他搜集的书和汉朝廷一样多,除一部分上交朝廷外,又像朝廷一样在自己的河间国(今沧州一带)立了两个博士,一个是《毛诗》博士,另一个是《左氏春秋》博士。

这《毛诗》是鲁人毛亨所传的《诗》,他又传授给了弟子毛苌,师徒二人分别被称为"大毛公""小毛公"。而当时著名的传诗三大家是:鲁诗申培,齐诗辕固、韩诗韩婴。

齐鲁韩三大家的风采我们都见识过了,这毛公资历浅于那三大家,名气也不大,只在河间一带传授,只是河间王立的博士。而那三家都是汉朝博士。

至于《左氏春秋》,它的另一个名字是《左传》,当时更是少有人知。

河间王立的这两个小博士仿佛是自娱自乐。然而当时谁也想不到,这两个小博士后来竟蔚成大国,一部毛诗取代了其他三家诗,独传于后。那位左氏更是跃身而上,在学海里掀起绝大波澜,最后和公羊、穀梁打了个平手,一起鼎足春秋。

河间王刘德经术通明，又积德累行，天下英俊众儒都来归顺。武帝刚开始兴儒学时，河间王来朝，武帝问了他几个策题，河间王对答如流，应对无穷。武帝脸色很不自然起来。

在领导面前太活跃，大谈特谈，说得再好也是不好。

平时在河间国一个人说惯了，刘德同志显然当时还没有这个觉悟。

武帝丧着脸对刘德说："商汤以七十里，文王以百里，王哥你好好努力吧。"

谁不知道商汤、周文王是以不到百里的地盘最后统一天下的，刘德一听才知道武帝吃自己劲了，复兴儒术这样的大政方针只能武帝他一个人来定，自己说得太靠前了。

刘德从此回家后只管纵酒听乐找女人，再也不敢大肆招揽那些儒士了。混了几年后，总算落了个善终，死了，比淮南王刘安的下场好多了。

刘德死后朝廷赠谥(shì)叫"献"，意思是"聪明睿智"，单从搜集古书、文献保存的角度他也足以配此谥号了。

史书称刘德"修学好古，实事求是"，如今我们常说的这个词"实事求是"，就是从他身上来的，这也是这位河间献王献给后世的一个显词。

武帝死时，把八岁的儿子刘弗陵托给了霍光。这刘弗陵就是汉昭帝，霍光为辅政大臣。霍光就是以打击匈奴著名的将军霍去病的异母弟弟，靠霍去病提携进入仕途。

这位并非儒生出身的大将军会继续推行武帝时的儒学路线吗？

{ 第十六回

占上风公羊掐尖
挺穀梁宣帝开会

霍光本来对儒术并不看重,但有一件事让他大开眼界,改变了对儒学的偏见。

那是汉昭帝十三四岁时,一天京城忽传卫太子回来了。

卫太子就是巫蛊之祸中的那位太子,是汉武帝的嫡长子,他是皇后卫子夫所生,后世叫他卫太子。

卫太子活着回来这事一时轰动京城,百姓数万围着争看。霍光听说后大吃一惊,他这里刚把小皇帝辅佐大,小皇帝的大哥就回来了,这不惹起政局动荡吗!他赶紧让丞相、御史大夫率领百官速去辨认查看,同时调集军队,守住城门,以防万一。

丞相等人到了一看,只见一男子乘着黄牛驾的小车,车上插着黄旗,身穿黄衣,头戴黄帽,自称是当年兵败后离家出走的卫太子,并没有死,如今回来探探亲,拜拜小皇帝。

为什么行头全是黄色的呢?这要拜汉武帝所赐。

在汉武帝太初元年,汉武帝颁布了诏令,当年贾谊同志"改正朔,易服色"的建议实现了,这也是儒家大师董仲舒先生所竭力鼓吹的。

改过的正朔是以夏历的正月为一年的岁首,就是现在歌词中所唱的"正月里来过新年"或"正月里来正月正"中这个正月。

说起"正月里来正月正",我们不得不提儒学史上的一个重要概念——三正。

三正也就是夏、殷(商)、周三代的历法。夏历是以如今阴历的正月为一年的开始(岁首),殷(商)历是以如今阴历的十二月为一年的开始,周历是以如今阴历的十一月为一年的开始。

汉武帝元封七年改太初历,以如今阴历的正月为岁首。此后大约两千年间,除了王莽和魏明帝时一度改用殷正,武则天和唐肃宗一度改用周正外,我们一般都用的是夏正。

唯独秦始皇时是个例外,以如今阴历的十月为一年的开始。

在《尚书》的《甘誓》篇里有这么一句话:"威侮五行,怠弃三正,天用剿绝其命。"

秦始皇怠弃三正,放着老皇历不用,那还了得?上天是不会饶恕的(天用剿绝其命)(见《尚书·甘誓》文),所以秦帝国好景不长,二世而斩。

声明:以上这段是我说的,是我的附会之说,也是儒家想说的。

不过秦始皇只是怠弃了三正,他没有威侮五行,他是阴阳五行的信奉者。

但怠弃三正那也不行,不能私自瞎造正朔编日历,要按夏商周三代的老规矩走。

易服色嘛是这样的,按照邹衍的五德终始说,由于汉朝胜秦朝,秦是水德,土胜水,所以汉是土德。土是黄色的,所以服色以黄为上(色尚黄),数用五。

什么是数用五呢?比如丞相印章刻印,不能刻"丞相印章",要刻够五个字,写成"丞相之印章"。如果你刻成"汉丞相之印章",也不对,你就走错朝代,穿越到秦朝了,因为秦朝是数用六的。

与三正相连的是"三统",三统是指每个王朝的迭代要按照黑白赤三种颜色,循环改变服色。如夏朝是黑统,商朝是白统,周朝是赤统。按照董仲舒的逻辑就是如此循环,周而复始。

这么一来,服色就乱了,是按五德终始说定衣服颜色呢,还是按照三统说定,最后还是汉武帝刘彻拍板,按照五德终始说定了服色。

我们后来常说的"正统"一词源于孔子的"正名分"和后世儒家的"大一统"学说,虽然不是直接从"三正三统"来的,但也和它擦着边。

这不,如今争正统的人就来了。

这位回家探亲的卫太子全套黄色行装,说明他是响应父亲的号召回来的,虽然父亲早死了,没有召他,但武帝生前为卫太子建"思子宫",说明还是想让他回来的。

百官见了,有的相信,有的似信非信,谁也不敢吱一声,当年的巫蛊之祸如梦魇一般,把大家都弄怕了。

这时不怕事的人来了,他是长安市长(京兆尹)隽不疑,他来到后毫不犹豫,喝令把这个黄衣男子拿下,捆绑起来。

有人赶紧劝道:"是非尚未可知。万一真是卫太子,岂不惹了祸。"

隽不疑道:"按我们《春秋》经书上的意思(之义),违抗父命出奔,就是有罪。"

管他是不是真太子,只要他跑回来认皇亲,我就得给他验验血。

来人让隽不疑带回去后一审,果然是冒牌货,立刻处决。一场皇位之争的危机化解。

汉昭帝和霍光听说隽不疑用《春秋》来决疑,断了件大事,称赞道:"不错,不错,公卿大臣今后当用经术明于大义。"

用《春秋》决疑只是汉人的小菜一碟,自从董仲舒大力鼓吹《春秋》的办案效果后,他们还把《春秋》弄成了司法辅助宝典,用《春秋》上的句子意思断案,原心定罪,自以为审判结果如春秋二季一样分明。

让霍光开眼的还有下面这件事。

汉昭帝聪明机警，可是不到 22 岁就死了，几乎没理过政事，也没有留下后代。霍光又立了不是武帝正妻生的儿子的儿子，也就是武帝的庶孙：昌邑王刘贺。

诸位不要怨我说起来绕口，只怨汉昭帝死得早，在这儿留下了磕绊。

刘贺是个狂纵无度的人物，平时专喜欢游猎，半日能纵马飞驰 300 里。一听说宣他进京当皇帝，很是兴奋，拿出平生绝技在使者面前表演了一次，一口气狂驰了 150 里，后面跟随的几百名朝使随从累趴下了许多匹马才算赶上他，路上又采色(玩女人)购物，什么都不耽误。

最让人难堪的是，这位准儿子到了京城，竟兴奋得哭不出来。

这正是国丧期间，让他顶门去继承大统，却全无居丧样子，一路上观光旅游不说，到了京城门口不但不哭，连往脸上抹点唾沫都不肯，太不给大将军霍光赚脸了，给大行皇帝要了这么个儿子。

大行就是刚刚永别的意思，对于昭帝的大行，看样子他刘贺还恨不得大笑两声，祝贺祝贺。

最后经人提醒，刘贺到灵堂前总算干号了几声，过了这关。

谁知刘贺即位当皇帝后，又百事不理，日夜荒淫。霍光后悔不已，怎么弄来这么一位玩主，决定废掉刘贺，于是跟人秘密筹划。

刘贺却全然不知。这一天正要出门游猎，一位老臣上前拦住他的马头，此人是光禄大夫夏侯胜，以治《尚书》得官。

夏侯胜拉住他的马头道："上天久阴不雨，臣下必有异谋，陛下你还要去哪里玩儿？"

跑马帝刘贺游兴头正起，闻此言大怒，怒斥夏侯胜道："清平天下，谁敢有异谋，出此妖言，惑乱众心，该当何罪？"立命将夏侯老头拿下，交给廷尉处理，说完纵马驰去。

我是玩主我怕谁！

你管我去哪儿玩！

霍光听说了这事，大吃一惊，以为有人泄露了他要废掉刘贺的机密，亲自提讯夏侯胜。夏侯胜从容答道："《尚书·洪范传》上说得明明白白：皇极不守，现象常阴，下人将要谋划取代上位。臣只是说臣下有谋，还不好意思嚷嚷，说臣下要谋划取代上位呢！"

我只是个小贴士，你们爱怎么玩儿就怎么玩，反正也没人听我的。

霍光听了这话又吃一惊，心想这帮儒经博士们真厉害，不但他们的《易》能算卦，《尚书》也能占卜，这话要是扩散出去，岂不坏了大谋，丢了自己老命，祸及九族。于是将夏侯胜释放，同时立即召集大臣商议，赶快废掉刘贺。

跑马帝刘贺只当了27天皇帝就下了马，像他的骑术一样，来得猛，去得快。

霍光死后，刘贺连原来的王位也丢了，被降为海昏侯，最后就这么昏昏沉沉地死了。

上天好像就是让他像雾像雨又像风来吸引世人的，两千年后，他在南昌的大墓发掘又吸引了全世界的眼光。

霍光为什么废刘贺，上面说的刘贺的表现行为是否夸大，随着大墓的拉开，都将引起人们重考的兴趣。

但霍光废刘贺是肯定的了，在商朝有伊尹废荒王太甲，汉朝有霍光废昏帝刘贺，伊、霍二人成了后世枭雄们的梦中偶像。

伊尹、霍光这二人都是废帝模范，虽说都可简单归结到争权上，但权为谁所系，还是可以坐下来讨论讨论的。

这就是孟子所说的"有伊尹之志则可，无伊尹之志则篡"。

前有隽不疑用《春秋》决疑，后有夏侯胜用《尚书》预卜，霍光从此对儒经士刮目相看。

废掉了刘贺，要从诸王中选新皇帝，霍光想了几个都不合适。忽听说前卫太子的孙子刘病已在民间，今年已18岁了，好学聪明，已跟老师学习了《诗经》《论语》《孝经》等儒家书籍，文化程度也很高。

弄来一个爱学习的总比只知道玩的好，并且这位是皇族里的特困生，无根无基，听话。

于是迎立刘病已，这就是汉宣帝。

春秋时期赵氏孤儿的故事只是传说，历史上并无其事，这汉宣帝刘病已可是现实版的刘氏孤儿。

巫蛊之祸中，卫太子兵败逃出京城，两个儿子跟随，太子在农家被围，事急自杀，两个儿子也跟着自杀。卫太子的母亲卫皇后以及妃妾们也全都在京城自尽，只留下一个几个月大的小孙子刘病已，被收系狱中。

说起坐牢都是蹲监狱，这刘病已肯定是躺监狱了。幸亏典狱官同情，让两个女犯轮流喂奶，才得保全下来。在狱中长到数岁，这个小萝卜头才被刑满释放，送回外祖母家养大。

这刘病已和别的农村小孩一样，捉鸟掏蛋读书，稍大点又斗鸡走马，看上去和野孩子没什么区别，谁也想不到他是天潢贵胄。

当时已有小皇帝汉昭帝，要说能轮到他这个小屁孩当皇帝，打死也没人信。

然而世事无常，谁能想到汉昭帝年纪轻轻就死了，谁能想到选了一个跑马帝又不合格，成了落马官员。

霍光最终挑上了刘病已。

真应了那句老话，是你的终是你的。

汉宣帝从小在民间长大，知道民间疾苦。即位后为治清明，只是好用刑法，有点法家的严苛，接连枉杀了几位大臣。

太子很喜欢儒术，见父亲用法过于严厉，有点儿苛刻，一次乘入朝时进言道：

"陛下应该多用儒生,不宜只委任刑法。"

哪知宣帝听了,登时沉下脸来,教训太子道:"汉家自有法度以来,一向是王道、霸道一块儿用(杂行)。为什么要专用德教呢? 并且俗儒不达时宜,只知道说古贬今(是古非今),徒乱人意,凭什么要多用他们(何足委任)?"

这话听了很耐人寻味,中国历史上第一位在民间培养的儒生皇帝却不全重儒,说明儒家在当时人眼里还是很浓的迂腐形象,并不能全部担当治国重任。

阳儒阴法是以后许多皇帝使用的招数,法家的严刻寡恩是他们常用的阴招。

你看首倡尊儒的汉武帝,在独尊儒术后却创造了历史上的杀相之最,公孙弘之后的六个丞相中只有一人因老实善终,其余五人都被杀掉。

而尊儒之前,汉朝没有一个丞相被杀。

儒家的温情脉脉只是皇帝脸上披的面纱。

太子见父亲发怒,不敢再言,低头赶紧离去。宣帝目视太子背影,长叹道:"乱我家法,必由太子。唉,奈何,奈何。"

宣帝虽然如此说,却是中国历史上第一个大集群儒讨论经义的皇帝。

宣帝晚年,召开了经学史上第一次全国性代表大会。大会召开的地点是未央宫殿北的石渠阁,所以这次会议也被称为"石渠阁会议"。

会议的中心议题是:讨论是否给《穀梁春秋》立博士。

原来汉武帝时立的五经博士之一的《春秋》博士是《公羊春秋》博士,董仲舒是《公羊春秋》大师,丞相公孙弘在海边牧猪时也是学的《公羊》。

《公羊》有这两个大腕扶持,再立不起来就太窝囊了。

《穀梁春秋》也不甘寂寞,要求武帝一碗水端平,把自己也立为博士。

据传当时《穀梁春秋》的掌门人是瑕丘江公,和《公羊春秋》的掌门人董仲舒都在朝中。武帝说二位掌门比试一下吧,看哪一家厉害就立他为博士。

华山论剑结果:董仲舒由于口才好,对《公羊》的赞颂滔滔不绝如江河之水

（能持论）；而江公有点口吃，壶里有水倒不出来，吃了结巴子的亏，最终败给了董仲舒。

加上武帝的红人公孙弘也主张立《公羊》，于是武帝只为《公羊》立了博士。

其实即使江公口才好，也未必能让《穀梁》胜过《公羊》。因为《穀梁》传解《春秋》质朴实在，仿佛一个老实巴交的农民种地，在自己地里只知种些谷子、高粱等普通庄稼，过他的简单日子。而《公羊》却像一个有发家欲望的农民，除了种些常规作物外，还知道养些牛啊、羊啊搞循环经济。

因此《穀梁春秋》说讲起《春秋》来远不如《公羊春秋》生猛。

如孔子写的《春秋》第一句话就是："元年，春，王正月。"这句话只有时间的罗列，连个谓语动词也没有，可以说不成句子，让人摸不着头脑，不知孔老师想表达什么。

可后世弟子公羊看出了微言大义，他解说道：

"为何说元年？那是说鲁君即位开始的那年。为何说春？那是一年的开始。为何说王？那是说周文王。为何先说王而后说正月？那是因为王正月。为何说王正月？就是说要大一统。"

确实起笔不凡。

这里的"王"泛指周王，公羊说"王"是指周文王，把王冠一定要让姬发的爸爸戴，并不一定对头，但公羊开篇就从《春秋》里看出了大一统的消息，立意甚高。

"大一统"三个字让人听了神往。

而后世弟子穀梁先生对"王正月"这三个字只平淡解释道：

"为何说王正月？那是因为虽无事，也得先举正月，谨慎开始的意思。"

这样的解释既不敢戏说，又不敢穿越，很难吊起人们胃口，收视率当然不高。

难怪正雄心勃勃要大干一场的汉武帝选中了《公羊》。

可是到了汉宣帝，涌动的大海已平静下来，平和质朴的《穀梁》更让宣帝感兴趣。

汉宣帝对《榖梁》有好感还有点私心,那就是他爷爷卫太子喜爱《榖梁》,是《榖梁》的粉丝,是个"凉粉"。卫太子身居宫中,不必像他武帝老爸那样要有所兴作,吃点腥肉热身,《榖梁》倒更适合他。于是在完成了老爸安排的学习《公羊》任务外,又开始预习《榖梁》,老师就是那位江公。

宣帝长大后知道了爷爷卫太子喜爱《榖梁》,又一家全都冤枉而死,这种《榖梁》情结让他难以释怀。他曾问过丞相韦贤和夏侯胜等人,韦贤和夏侯胜都是鲁地人,他们讲起了《榖梁》被《公羊》糟蹋的血泪史,义愤填膺地说:"榖梁子本是鲁学,公羊氏是齐学,齐学诡诈,鲁学实在,应兴《榖梁》,打压《公羊》。"

当时人们普遍认为,在中国现在的山东那个地方,鲁地人老实,齐地人狡猾。

比如公孙弘就是齐地人,被汲黯指出狡猾大大的。

这坚定了宣帝树立《榖梁》、打压《公羊》的决心。

毕竟这是一番伤经动榖(gǔ)的大事,立了《榖梁》,势必削弱《公羊》经一统《春秋》的地位,这对习惯了喊大一统、吃独食的《公羊》博士自然难以接受,一场争斗不可避免。

第十七回

传经书论师法家法
校秘阁说刘向刘歆

会议如期举行。出席会议的有20多人，其中有布衣(平民百姓)、博士官、擅长经义的官员和候补官员(*待诏*)，包括了从基层到高层的各类经学人士，其中《公羊》方面四人，《穀梁》方面四人，符合法定人数，无一人缺席。

会场阵容：《公羊》方面以《公羊》博士严彭祖为首，《穀梁》方面以议郎尹更始为首。

不出所料，双方展开了激烈辩论。经过裁决，评判员认为《公羊》家说得不在理，有胡搅蛮缠嫌疑。《公羊》方面这么多年自在惯了，哪能受得了这个，提出休会，要回去喊人。于是双方又各增至五人，议论了30多事。

会场大多数人都倾向《穀梁》，出现了几乎一边倒的景象。

除了《公羊》还在拼命挣扎外，谁都看出来了，领导是要树立《穀梁》的，说你不行，就不行，行也不行。

最后大会表决通过，增立《穀梁》博士。

说你行，你就行，本来就行。

从此，《春秋》有了两家博士。

这次会议上，同时增立的还有梁丘《易》博士，大小夏侯《尚书》博士。

这么多博士的涌出,这就牵涉到汉代经学传授的两个重要问题:师法与家法。

也就是一个老师,教了好几个学生,这些学生后来又自成一家。如果这个导师相当有名,这些学生日后必然言必称我的导师某某某,他如何教导我们等等,别人听了张口钦佩,他自己也脸上有光,他们老师的教导术就是师法。可是这些学生又自成一家,多说自己的学术成绩,挤兑一下同门兄弟,也是常有之义。这就是家法。

这次增立的梁丘《易》是这么来的。

汉朝建立后,《易》学大师是田何,丁宽跟田何学习,学满后在梁国当过将军,他的浴血抗战故事我们前面已经提过。

丁宽有个徒弟叫田王孙,田王孙手下有三个大弟子:施雠(chóu)、孟喜、梁丘贺。

这三个弟子性格排行和我们大多数家庭的兄弟排行相似,那就是老大老实,老二狡猾,老三聪明。

田王孙上有名师,下有名徒,他自己倒没有留下什么大事记,我们只好把他姜姜送别,将目光转向他的三个高徒。

老三梁丘贺为人很有心机,他先是跟太中大夫京房学《易》,后又跟田王孙学。京房外出当太守,宣帝让京房推荐个高才弟子,京房推荐了梁丘贺。

梁丘贺留到了宣帝身边,他曾用《易》来做占卜,让宣帝躲过了一场暗杀,深受信任,升任了少府,相当于中央政府的大管家。

这次就是立的梁丘《易》。

又过了两年,也就是汉宣帝黄龙元年,《易》博士又增立了施氏、孟氏两家。

再说大小夏侯《尚书》。

大夏侯是指夏侯胜,曾拦住跑马帝刘贺的马头进谏,把霍光吓出一身冷汗,我们已经见识过这位老儒的风采了,霍光从此才看重这些儒家经术士,并让他当了中国最高级别的家庭教师,那就是教授太后读书。

这个太后也是中国历史上差不多年龄最小的太后,她是汉昭帝的皇后,当时才 16 岁,按现在也就刚初中毕业。

夏侯胜不久又干了件让所有人都出冷汗的事。

那是宣帝时,想在汉武帝的庙里立乐,也就是成立一支乐队,配合祭祀等等活动。宣帝下诏称赞了武帝的功德,说明值得给自己这位伟大的先帝老爷爷配乐,以方便他死后也可以享受烛光音乐晚餐什么的。

诏书下达后,命令丞相与群臣在议事堂商议如何立庙乐。对于轻松的会议话题,大家一般都有兴致,七嘴八舌,热烈讨论扯一番淡后,一致通过。

谁知独有夏侯胜站立起来,慷慨激昂道:"武帝穷兵黩武,打仗死了那么多人(多杀士众),把我们国家弄得一穷二白(天下虚耗),本来好端端的,人民刚过上温饱生活,又一夜回到了解放前(蓄积至今未复)。弄得人民相食,挣扎在死亡线上(百姓流离,物故者过半)。我们评判事情的标准是看他是否对人民有好处。武帝对人民没好处(无德泽于民),还要享受音乐套餐,他配吗?(不宜为立庙乐)"

此话一出,顿时哗然。这夏侯胜可说是历史上公开非议汉武帝的第一人。他对武帝的酷评到今天都有道理,但在当时那可是石破天惊的话。因为给当代大人物的评价只有让后人干,才能说出真话。

大家都提醒夏侯胜说:"立庙乐是皇帝诏书里的意思。"

没想到夏侯胜又说了一句山崩地裂的话:"诏书算个什么呀!(诏书不可用也!)我们干什么事都要只唯实,不唯上(宜直言正论),不能只是苟且阿意顺指。"

完了完了,诏书都算成蛋了,这可就大不敬了。

众人一听夏侯胜说出这话,面面相觑,无不摇头,不敢再和这位必胜客谈下去,只能把他的事交给上边办了。

于是由丞相、御史大夫带头,弹劾夏侯胜,把他停职检查,撤销朝内外一切职务，所有犯罪事实问题交由司法机关处理。

处理结果最后定的是：下狱等死，时间不定。

夏侯胜这回完了。

不定期这种活期最折磨人了，死亡就是达摩克利斯之剑，随时悬在你的脖子上，什么时候脖后根儿都凉飕飕的，仿佛有一道寒光在闪耀，让你睡觉都睡不好。心宽点的也不好受，因为你在牢里一天没事，两天没事，正在晕晕乎乎过日子又心存侥幸时，没准那天牢门一开，让你出门受刑，一切的美好悬念都成了泡影。

可这套办法落在夏侯胜身上就不一样了。他在监狱里不但没有消极等死，还积极发展学员，继续他的教书育人事业，向别人传授他的拿手科目《尚书》，并且一干就是两年多。

直到有一天，关东四十九郡大地震，真来了个山崩地裂，塌毁城郭房屋，压死6000多人。

按人口密度比例，这个数在今天至少死亡六万人，甚至几十万人。

宣帝闻听大惊，穿素服，避正殿，下诏大赦。

夏侯胜这才从死囚牢里出来。

宣帝知道夏侯胜正直，出狱后又恢复了他的官职，夏侯胜直做到太子太傅的高位，90岁时死于他钟爱的教学岗位上。

夏侯胜死后，太后赐给他家人200万钱，又为夏侯胜穿素服五日，以报师傅之恩。

儒者当时对这事都引以为荣。

作为儒学的成功人士，夏侯胜生前曾有一句当时非常著名的话，这是他向学生们传授成功经验时谈的。

他说："作为一名儒生，最怕的是你不明经术，经术若明，取青紫作大官就像俯身捡个芥子一样容易。"

青紫是公卿高官的服饰颜色，纤青拖紫是汉人追求的最大梦想。

这话在当时成了许多儒生的座右铭。后来宋真宗写了一首劝学诗做了高度概括:"书中自有黄金屋,书中自有颜如玉。男儿欲遂平生志,五经勤向窗前读。"

儒经,这块新时期的敲门砖已经烧成。

这次立夏侯《尚书》时,夏侯胜已死,这表明师法永存。

这次立的小夏侯《尚书》中的这个"小夏侯"名叫夏侯建,是夏侯胜的族弟。

但两人解经的方式不同。夏侯建牵引其他经书来解《尚书》,夏侯胜看不上这种东一榔头西一棒槌的做法,对人说:"夏侯建就是那种所谓只知道抠索词句的小生(章句小儒),破碎大道。"

夏侯建则美滋滋的,认为自己是采百花酿蜜,是知己知彼,百战不殆,对人说:"我这夏侯胜兄为学疏略,若遇对方攻击,难于应敌。"

这次立大夏侯《尚书》的同时立小夏侯《尚书》,这表明承认家法对立。

石渠阁经学会议召开两年后,也就是汉宣帝黄龙元年,正式规定经学博士的定员是十二。

这就是黄龙十二博士。

从汉武帝的五经五个博士到汉宣帝的五经十二个博士,量价齐升,儒经行情看涨,表明儒家的地位已经稳固。

到了汉宣帝儿子汉元帝时,又增立京房的《易》。

汉成帝以后,《礼》上又有大戴(戴德)、小戴(戴圣)礼的冒出,经学博士队伍不断壮大。

戴德、戴圣是叔侄俩儿,他们把汉代保存的关于"礼"的资料整理了一番,各自弄了一本《礼记》,被人称为大戴礼、小戴礼。

后来小戴的《礼记》由于保存资料内容丰富,讲授学习者众多,被推为礼经三巨头之一。

以上是各大经书的成长故事。

但汉朝却正在衰落。

自汉元帝起,奸臣当道,皇权旁落。元帝的柔弱没让宣帝看错,中国著名的四大美人之一的王昭君就是从他手里流走,远嫁匈奴的。王昭君上车走时,"低回顾影无颜色,尚得君王不自持",这个在美女面前站不稳、立不安的君王就是汉元帝,样子确实挺松包的,堂堂大汉,连个女人都没留住。

到了元帝儿子汉成帝,在对待女人上倒是很上心,没有让美女外流,把赵飞燕、赵合德姐妹领进宫来,却玩乐过度,最后死在了两姐妹身上,实现了他不学武帝追求白云乡,甘心老死温柔乡的生前愿望。

在朝政上,汉成帝也是一塌糊涂,全部委任外戚当政,大权旁落,这引起了一位宗室大臣的担忧。

此人就是经学史上大名鼎鼎的刘向。

刘向是刘邦小弟楚元王刘交的四世孙,原名刘更生。在十几岁时,小更生读到家藏的一本炼黄金的书,认为很神奇,就献给了汉宣帝,说黄金可炼。汉宣帝也是财迷心窍,命人按书上说的铸炼,结果花费了许多,别说黄金了,连石头也没炼出一克拉。

汉宣帝生气了,说好啊,你还忽悠我,咱们还是一家子呢,你这么点个小毛孩子就知道骗人。一气之下命令逮捕刘更生。官吏判刘更生造假币,铸伪黄金,罪当死。

宣帝只是想警告一下刘更生,并没想真让他死,关了一阵儿后,把他放了出来,还顺便给他找了点事干。

当时正好宣帝有意扶植《穀梁春秋》,于是就让刘更生学习《穀梁》学,省得他天天在家瞎琢磨,走火入魔炼黄金,弄得掌握不了火候,倒把自己弄神经了。

到汉元帝时,刘更生看到元帝任用小人,屡次劝谏,被下狱两次,最后虽免去死罪,却废到家里十余年不起用。直到汉成帝时,才被重新任命为光禄大夫,从此改名叫刘向。

刘向见当时外戚王氏专权,痛心疾首,就用了当年董仲舒的套路,把经书和阴阳五行结合起来,讲天人感应,谈大地灾异,以图吓唬皇帝,让他速下决心,铲除祸患。

谁知成帝虽被刘向的天人感应所触动,却不行动。刘向也没奈何,他的官职光禄大夫只可叫光荣大夫,没有实权。成帝给他派了个更加光荣的任务,让他在宫中的天禄阁,也就是当时的国家图书馆校书。

这确实是一项光荣而艰巨的任务,是有记录的中国历史上第一次大规模校书活动,是对中国文化,或者说中华民族两千年古老文明(在当时的汉人看来)的一次集中整理。

刘向同志也不是一个人在战斗,成帝给他派了几个帮手,有步兵校尉任宏校兵书,太史令尹咸校术数书,宫廷侍医李柱国校方技书,刘向校儒家五经和诸子百家、名人诗赋,负总责。

每校完一书,由刘向整理篇目,综写书中大意,录写后奏上。

刘向最后把这些目录汇总成一书,名叫《别录》。

这是中国第一部图书目录。

刘向可说是中国目录学的鼻祖。

除此以外,刘向又把一些散篇集合起来,如著名的《战国策》一书,就是刘向在这次整理活动中汇集成书的,名字也是刘向起的。

刘向一边校书,又一边给成帝上书,见成帝老是不行动,说开了狠话:"时势不两大,王刘不并立,如不早拿主意,王氏必将取而代刘。"

书奏上去后,成帝召见刘向,叹息悲伤道:"你先休息一会儿,容我考虑考虑。"

考虑的结果是让刘向当了个中垒校尉,再也没有下文。

刘向72岁时死去,死后13年王氏果然代汉,刘向的话果然应验。

刘向该想到的都想到了,不过有一条他万没想到,帮王氏篡汉的帮凶中,竟然有他的儿子刘歆(xīn)。

真是诛九族也说不清了。

刘歆字子骏,是刘向的小儿子,排行老三,聪明颖悟,精通《诗》《书》,善写文章,经成帝召见面试后满意,任为黄门郎,受诏与父刘向一起领校秘书。

刘歆青年英俊,才高气盛,他这一受诏校书,校出了学术史上轰轰烈烈的两章。

一章是把宫廷中所有的藏书都分类整理,写了本目录《七略》。

《七略》比刘向的《别录》系统多了,要知当时汉朝的藏书情况,只要打开刘歆的《七略》就可以了。

请欣赏:

第一略是六艺略。下分《易》《书》《诗》《礼》《乐》《春秋》《论语》《孝经》及小学,共九种。

这是孔子的六艺上升为经书后的一次华丽亮相。《论语》《孝经》虽不在当时的经书之列,却是经书的亲戚。前面说过,《论语》是孔子学院院长和院主要领导的言行录,《孝经》是院长孔子指派曾参编写的儒家伦常原理,是一本伦理学课程。

《论语》《孝经》这两本书都很厉害,是当时经书委员会的候补委员,所以放在六经之后。

"小学"是解释语言文字的一门学问,和现在小孩子就读的那个小学不是一个概念。在当时,只有精通小学你才能彻底弄懂经书,小学相当于经书的翻译官,常常跟着经书走,所以把小学放在经书之列,以显示地位重要。

第二略是诸子略,下分儒家、道家、阴阳家、法家、名家、墨家、纵横家、杂家、农家、小说家,共十家。

这是独尊儒术后诸子各家的排行榜。从榜单上看出,儒家稳坐了第一把交椅,当年嘲笑打击过儒家的各家如今只能眼睁睁看着排行榜,瞠乎其后。

不过排在榜单最后的小说家大家可要注意,这家伙,我们只能给他送个评价:后生可畏。

"小说"一词的娘家,可考察到庄子老先生那儿。

庄子讲故事说,任国有个任公子做了个大鱼钩,系在巨绳上,用了50头牛为饵,蹲在会稽山上,投竿东海,天天等着钓鱼,等了一年也没有钓上一条。忽然有一天,一条大鱼吞了他的鱼饵,牵着他的大钩在水中出没,一上一下,狂动驰骛,鱼鳍奋而扬起时,白波若山,海水震荡,声侔鬼神,惮赫千里。

任公子得了这条鱼,把它剖干后晾干,浙江以东、苍梧以北的人,都来饱餐了一顿这条大鱼。

后世那些文化不高的人,道听途说,都惊相转发这件事,把这当小说传达。于是人们也开始仿效任公子,举着根竿,挂个小绳,蹲在小河沟边,天天守着,这样子得大鱼不也是太难了吗?

我们今天看见的那些在小河小池边钓鱼的人就是庄子书中的那些仿效者的后裔。

今天在微信圈转发的那些自认为时髦的新生代就是当年那些小说惊相转发者的后代。

我们自以为美的东西,我们的老祖宗其实都用最简单的方式玩过了。

庄子最后感叹道:那些文饰自己的小说以求领到赏的人,离大道不也是太远了吗(饰小说以干悬令,其于大达亦远矣)?那些不具备任公子豁达大度的浅薄之徒,整天忙于求得大名大利,让他们处理世务不更是太远了吗?

由此可见,小说家起点很低,他们就像是在小河沟边钓个小鱼小虾的那些人,他们的言论文章也就是街头大妈唠嗑级的,上不了大雅之堂。

不过小说家是后起来的，和各家也没吵过嘴、骂过架，平时闲着没事就写点琐碎言论，传播点花边新闻，往小报上或者大报的旮旯角里发表发表，赚个小钱买酒喝，自娱自乐。尽管离大道很远，但也无碍大道，也有可观的地方，所以坐了"九流十家"中的第十把交椅，虽是忝陪末座吧，却也有了一席之地。

谁也想不到，小说家是后世诸子中越走道越宽的人，是如今获诺贝尔文学奖的大户。

第三略是诗赋略，下有屈原赋、陆贾赋、荀卿赋、杂赋、歌诗共五种。

从此略可看出，赋在汉代的创作已经非常壮观，品牌众多，琳琅满目。

和小说一样，诗在本略中也是排在老末。不过诗不像小说那样来头小。要知道六艺中的《诗》，那可是《诗》《书》《礼》《易》《春秋》五大经学常委之一，所以诗在后代的地位一直是很高的。

第四略是兵书略，分为兵权谋、兵形势、兵阴阳、兵技巧四种。

战国时代有一批人很活跃，像孙膑、孙武、吴起、尉缭子等人，他们都是带兵打仗的人，姑且称他们为兵家。兵家没有被列在九流十家里边，但他们都是当时举足轻重的人，枪杆子里面出政权，整个战国都是这些人前后跑跳的，所以也不能把他们落下。

第五略是数术略，分为天文、历谱、五行、蓍龟、杂占、形法六种。

第六略是方技略，分为医经、经方、房中、神仙四种。

第七略是辑略，相当于一篇总序。

从以上四、五、六略可以看出，我们的国学史源远流长，国学知识五花八门，五彩杂陈，五千年的中华文明，我们嚼上五百年也说不完，我这部《国学三千年》要是想穷尽的话，我只能是真的还想再活五百年。

问题是就算我真的还能再活五百年，我的那点国学水平，掉到国学史的长河里，连个水漂也打不起。

幸亏有我们的目录学相救，它的第一个主打功能就是"辨章学术，考镜源流"，省了我们多少寿命筋力。

比如说，刘歆七略中除辑略外的后三略，在此我就可以让它下岗分流，在七略之外再分出一略，那就是：

从略。

从略的部分建议大家最好到《中国国防史》《中国科技史》《中国医学史》等类著作里去看。

所以在此，我所说的国学开始减负，从里面析出一部分来叫作国技或国术，以跟国学区分开来。

目录学的作用就是这样：辨章学术，考镜源流；分类整理，条分缕析；共产主义，各取所需。

衷心感谢刘向、刘歆在目录学上的开创之功。

据最后的报告统计，西汉的历史天空上共有两颗学术明星，一颗是司马迁的《史记》，另一颗就是刘歆的《七略》。

刘歆校书校出了中国目录学严格意义上的开山之作——《七略》。

他校出的下一章更加精彩。

| 第十八回

刘歆争立古文经
王莽大开孔家店

刘歆校的第二章更是精彩。

原来刘歆从皇家秘阁的藏书堆里看见了一本书——《春秋左氏传》,刘歆一见十分喜好,听说一块儿校书的同事尹咸能通《左氏》,于是向尹咸学习,请教书中的大义。

尹咸就是石渠阁会议上《穀梁春秋》代表尹更始的儿子。尹更始后来又学《左氏》,传子尹咸。尹咸又传给了刘歆。

当时《左传》多古字,学习的人很少,只是几个喜好历史的人学,只求弄懂原文就行了。到了刘歆就大不一样了,他把《左传》与《春秋》相互对照后,认为《春秋》写的历史事件在《左传》里都得到了详细描述,于是把《左传》穿插到《春秋》里,让《春秋》引领《左传》,《左传》印证《春秋》。

经过这一转相发明,攀龙附凤会有时,《左传》顿时身价不同,成了解《春秋》的书,和经靠上了。

可见如果一个人想出名又没有能力自己成名,见名人在场时,上去挤着共同拍个照片贴出去,挂靠一下还是会有机会的。

挂靠不着也没事,可以反其道而行之,比如骂靠他们啦等等。

记住,骂也是靠。比如人们现在常说我靠。

这是硬贴。

攀龙附凤够不着,攀附骥尾还是可以的嘛,速度也不慢,千里同致。

好了,还说我们的《左传》,它是从何而来呢?

据传《左传》是孔子同时代人左丘明所作。

孔子用鲁国史料写了部《春秋》,左丘明也采取鲁国史料写了《左传》。

左丘明与孔子是什么关系,一直被人猜测,《左传》中的史料为何那么贴近《春秋》?

仿佛《春秋》刚写了新闻标题,《左传》就来个实地报道。

孔子曾说过关于左丘明的一句话,他说:"巧言、令色、足恭,左丘明认为可耻的,我也认为可耻(左丘明耻之,丘亦耻之)。"

从《左传》跟《春秋》那么贴来看,左丘明应该回应说:"不管世界有多黑,黑夜里有多大的迷雾,先生孔丘走到哪儿,我左丘明就跟到哪儿。"

这不是足恭,这是紧跟。

不管谁跟谁吧,他二人的爱好和历史观看来很相同。

我们先欣赏一则新闻。

比如鲁定公和齐景公的夹谷之会。

对于两国国家元首的不定期会晤,孔子《春秋》中只一句:公会齐侯于夹谷。

而《左传》则详细记录了这次会晤。说夹谷之会上,孔子任会议主持人(相礼),齐景公想派人劫持鲁定公,孔丘带着鲁定公退出,命跟随的将士大胆出击,打掉对方的嚣张气焰,齐景公这才不敢劫持鲁公。接着在会上孔子又用言辞压倒齐景公,提起被齐国侵占的汶阳土地,义正词严警告说:

汶阳田是鲁国的!

快还给我们!!

齐国被孔子的气势压倒,会后归还了侵占鲁国的土地。

夹谷之会上孔子是核心人物,而他自己写的《春秋》中没提自己,不仅如此,整部《春秋》也没写自己一个字。

要知孔子也是做过执政官的人,夹谷之会上要回被侵占的领土,这么大的事竟不提自己,不仅让我们想起如今一些官员扫个马路、捡个垃圾也得让照相机跟着,登报秀秀,就像下了蛋的母鸡,咯哒半天,生怕别人不知道。

这哪是一个境界!

刘向父子二人都很好古,曾争论《穀梁》与《左氏》的长短。

刘歆说:"左丘明与孔子是同时代人,亲眼见过孔子。而公羊、穀梁二人别说见过孔子了,连孔子亲授的弟子都不是,二人传解《春秋》都是听来的。传闻的与亲见的,不只详略不同,意思恐怕也差了一截。"

刘向说不过刘歆,只好说:"二者各有长处,我也不能废我《穀梁》。"不和儿子争论了。

刘歆更加坚持自己的观点,认为这是自己的一项重大考古发现,向哀帝建议为《左传》立学官,同时还建议立《毛诗》《逸礼》《古文尚书》这三本书。

《毛诗》早就被河间献王立为博士,刘歆认为毛公讲《诗》义胜一筹,要把它从地方搬到中央。

《逸礼》是民间出土文物,比现有的《仪礼》经书多几十篇(这本书后来又入土消失了,它到底是什么样子,多出来的是哪几十篇礼,没有人知道了,看样子大概只有洞里的兔子才知道)。

《古文尚书》是鲁恭王刘馀拆孔子老宅时弄出的,把它擢给了孔安国。

鲁恭王这位房爷还算不错,要是别的开发商,对于出土文物这些挖掘物,早拿铲车给你拍地下了,哪能让你影响施工开发。

孔安国把《古文尚书》整理了一番,献给朝廷,没想到不久起了巫蛊之祸,武帝父子大交兵,谁还有心管这个,《古文尚书》就这样,又被摺进了收藏室。

刘歆大张旗鼓要一下子新立四家博士,明显超出了五经博士的编制,这可不是小事。哀帝令刘歆与原来立的经学博士们坐到一块儿讨论讨论,看哪家优劣。

这些博士一看什么,总共五经,他刘歆一个人就要重新立四经,简直太疯狂了,把五经的老人都快得罪完了。再看他立的是什么货色,都是一堆古董,一个个就像刚从秦朝来的,土里土气,歪瓜裂枣,没一个正经。从旧书堆里捡出几本古文书,一看跟现有的教科书不一样,多几篇,就拿着当宝贝,要为这几本破书立博士,置学官,这不是抢我们的饭碗吗?你小子我们什么不知道,你爹刘向当年就从自己家的破书堆里弄了本古书,说什么这是本技术书,上边写着金子是怎么炼成的,结果把宣帝老忽悠了半天,什么都没弄成,自己也差点丢了命。你小子如今也从破书堆里翻出几本书,来忽悠当今皇上,想看看经书是怎么炼成的,好不要脸!这皇上也真是,博士学官那是能随便立的吗?让我们和刘歆小子坐到一块儿谈经论道,他配吗?

不去!

刘歆奉了皇上的命令,在议事堂等着这些经学博士。今天他一个人对决十几个人,舌战群儒,刘歆又紧张又兴奋。

没想到等了半天戈多,一个也没来。

刘歆气坏了,好啊,皇上让我给你们摆好了经筵,却没人来赴席,皇上的请帖都不理,太小瞧人了!你们是不是心里有鬼啊,我今天偏要打打你们心中的鬼,让你们心中的鬼影见见天日。

刘歆回去后写了一封公开信,这就是著名的《移书让太常博士》。

在信中,他指责这些经学博士们保残守缺(原文就是保残,描写经学博士们的保守心理还是很形象的,这个保字如今已被抱代替),心怀嫉妒,抱着伏胜那本老鼠咬过的破《尚书》不放,看不见新版《尚书》,这是挟着恐怕被人识破的私意,而没有从善服义的公心。不考察实情,张口就说左氏不传《春秋》,其他人也全都雷同相从,随声是非。悲哀,我真替你们悲哀(岂不哀哉)!

现在皇上下明诏,问你们《左氏》可立否? 你们都躲得远远的(深闭固拒)。我说的这几本古文旧书,都是得到验证,获过皇上首肯的。你们这样做,是绝灭微学。要是你们一定要专己守残,党同门,妒道真,违背圣旨,必将受到公众的谴责,得到法律的严惩(以陷于文吏之议)。真到了那时,我想说替你们悲哀都来不及了。我真觉得你们这样做不值(甚为二三君子不取也)。

此信一发,如向寂林中放了一支响箭,顿时百鸟齐出,众声喧哗,叽叽喳喳一般叫开了:"什么是专己守残? 谁党同门、妒道真了?"

这些以沉默对抗的博士、儒臣再也按捺不住,群起攻击。

名儒光禄大夫龚胜给皇帝上疏,深自罪责,说刘歆这么有能耐,让刘歆干吧,我们不行,"愿乞骸骨归",要闹辞职。

儒者师丹为大司空,见信更是大怒,上奏一本,说刘歆改乱旧章,非毁先帝所立,坏了规矩,够着了砍头。

其余闹辞职的、要求给刘歆处分的一哄而上。

哀帝出来打圆场说:"刘歆也没有别的意思,只是想推广一下道术,拓宽一下经路,不算非毁。可能岁数还是年轻,说话气盛。"

幸亏有皇帝护着。刘歆也知道自己已惹怒了执政大臣,没有好果子吃。自汉武帝到今天,已经几十年,这些人都是吃经学饭长大的,如今自己要立这几部古文经,这等于往人家碗里掺沙子,那谁能饶了自己。

刘歆越想越害怕,知道自己为了一部《左传》,犯了"左倾冒险主义"错误。这些鸟人天天诽谤自己,没准哪天皇帝耳根子一软,把自己诛了,或上下班路上被这些人给黑了，找谁说理去呀。

于是请求外放。

哀帝让他出外担任河内太守。这个河内在咱们今天的河南一带，不在越南。刘歆刚到任不久，诏书紧跟而来。刘歆以为朝中派人找上门来了，惶惧不已，赶忙接旨，一听诏才知是说宗室不宜典治三河，让刘歆重挪地方，徙守五原，也就是到今天的内蒙古鄂尔多斯一带当太守。刘歆远涉千里，到了五原，惊魂刚定，没多久，又一封诏书到来，让他复转涿郡（今河北涿州一带）任太守，只好又起程赶往涿郡。

刘歆没两年连历三郡守，在道上的时间比在家的时间都长，彻底服了，这是典型的折腾人，就是不让人安生呀。知道自己在朝中树敌太多，犯了众怒，惹不起，干脆歇病假吧。最后弄了个以病免官，回家养病去了。

朝中没有了刘歆，一时安静多了，经学博士和儒臣们的恨气也渐渐消了。

然而谁也没想到，几年后刘歆忽然一声大喊：

我刘汉三又回来了！

前度刘郎今又来，让这些经学家们的恨气又起，不过这回不敢吱声了，因为刘歆后边跟了一条（个）——王莽。

实在惹不起！

好你刘老三！你这是狐假虎威呀！

刘歆笑了，嘿嘿嘿……

他日不羞蛇作龙。

王莽是汉成帝生母王太后的侄子。王氏一门显贵，家族共有九人封侯，四人当大司马，掌握国家大权。只有这王莽父亲早死，没有赶上封侯。王莽从小孤独贫苦，很知道上进，跟人学习礼经，勤奋好学。

事后证明，礼学专业对王莽帮助很大，周公恐惧流言日，王莽谦恭未篡时，这谦恭就是礼的第一必备功课。

礼多人不怪，它最能博得人们的好感，是通向成功的第一级阶梯。

一部礼经，就是讲如何对人谦恭的。

王莽是这方面的超级玩家，他对人恭敬有礼，生活十分节俭，侍奉母亲和寡嫂，养育侄子，甚是齐备，对待伯伯叔叔，更是有礼。伯、叔在太后和皇帝前都交口称赞王莽，王莽被拜为黄门郎，踏上了仕途。

刘歆当时也任黄门郎，二人成为好友。

王莽不久拔出同列，继伯、叔之后，成了大司马，掌握了朝政大权。也就在这时，王莽推荐了刘歆领校秘书。

当刘歆跟太常博士们为了立不立古文书吵架时，王莽正失权，在家闲居，没能帮上刘歆忙。谁又能想到，年纪轻轻的哀帝死了，只活了 24 岁，王莽又获得了出场机会。

汉哀帝是继汉元帝、汉成帝之后又一个不争气的皇帝，他是怎么死的，众说不一。有一说是说他是服用春药过量死的。这是人家的私事，没有见诸正史报道，人们只是猜猜罢了，不必当真。但有一点是真的，那就是汉哀帝宠信男宠董贤，一次起床时，美男董贤还睡着，压着汉哀帝的袖子，汉哀帝舍不得叫醒董贤，把自己的袖子割了起床，"断袖"的典故由此而起。

它的同性恋寓意如今被一个新的电影片名词"断背"代替。

汉家皇帝自此确实走开了背字。哀帝死后，王莽又被太后召回，任大司马。王莽迎立九岁的中山王为皇帝，这就是汉平帝。从此国政全被委托给了王莽。

刘歆也被起复，专管"儒林史卜"这些官员，成了五经博士们的顶头上司。这次该刘歆扬眉吐气了，他用霹雳手段一下子立了《左传》《古文尚书》《毛诗》《逸礼》四个博士。

因为刘歆大权在握，那些儒臣也不敢随便"乞骸骨归"了，弄不好，自己的骸骨没带走，倒留下了。

刘歆立的这四家博士有个特定称呼,叫"古文经博士"。

根据对等原则,原来的经学博士就被称作"今文经博士"。

今文经是用今文,即当时汉代的通行字体——隶书抄写的,古文经被发现时是用战国时六国文字抄写的。

这只是个大致说法,如古文经里的《毛诗》就已经参加教学实践许多年,早已用今文隶书抄写了。

刘歆这一立古文博士,从此今古文学对立起来,儒经学中有了今文经学和古文经学。

驴象之争开始了。

王莽比刘歆还要超前,他坚持要做儒学事业的开拓者,在五经之外,破天荒立了《乐》经,从秘府藏书库里找了本谈论音乐的书,名叫《乐语》,作为《乐》经的课本(据传这书是古书大王刘德所献)。

又给每经博士增加人数,给扩招的学生盖宿舍楼(筑舍万区)。到王莽时,太学生已增至一万人,王莽也有意把教育规模的扩大作为自己的政绩增长点。

又建明堂,造辟雍,起灵台,大搞儒家形象工程。

汉武帝造明堂尚费了半天周折,到王莽时,把儒生们常提的这些建筑一下子完工了。

让我们先参观一下这几大儒学建筑。

明堂据说是天子接见诸侯的地方,也就是个古代大礼堂吧,具体形状已经弄不清了,历代因为它的施工方案吵吵不清。

辟雍这两个字看上去很高雅文明,让人争论不清到底是个什么样的水样建筑,不过再高级也高不过咱们圆明园的那个叫大水法的现代水样建筑,那是旧时代的高新科技。

这么想来,辟雍大概也就是个圆形水池子,包括一些水池子周围的建筑群。

辟雍在周朝是周天子办的大学,地方诸侯办的学校叫"泮(pàn)宫",只有个半圆形的水池子。

后来秀才进学叫"入泮",就是这么来的。

灵台这一古建筑最早出现在《诗经》里,说是周文王受到人民爱戴,人民纷纷出工出力,给他造了个灵台,供他游玩,施工速度很快(**不日成之**)。根据当时的建筑能力和速度推测,这也就是个大土台子。

王莽仿照周文王造灵台,大搞仿古建筑,是向人们暗示自己正天下归心。他此时身兼多职,官为宰衡、太傅、大司马,爵为新都侯,号为安汉公。

等到明堂、辟雍、灵台三大儒学建筑一竣工,群臣又上奏太后和小皇帝,要求给总工王莽再加官晋爵,说:"当年周公摄政,以上公之尊,还用了七年才制定完备各种制度。明堂、辟雍,已堕废千载没有兴起,今安汉公只用了这么短时间就大功毕成,尧舜禹创业都无法与安汉公比。宰衡王莽应位在诸侯王上。"

王莽官位已位极人臣,再往上还怎么加,难道还要上不封顶吗?

除了加到皇帝外,还有什么可加的吗?

答案是:有。

于是在给王莽加官晋爵的一片热呼声中,又一本儒学书露出水面,且一飞冲天。

第十九回

周官书一飞冲天
王莽帝一败涂地

这本书就是《周官》。

《周官》相传是周公所作。周武王死后,周公辅佐年幼的成王时,为了整顿周朝的官政次序,而作《周官》,是一本周朝公务员必读书。

这只是一种说法。另外的说法是怀疑《周官》不姓周,这就问题多了。由于时间久远,原书已找不到了,难以做DNA(脱氧核糖核酸)比对,先就这么说吧。

《周官》是谈设官分职的,全书共六章,分别由六个官职职能部门统系。

一是天官冢宰,负总责(我们的老祖宗早就实行宰相负责制)。

二是地官司徒,掌教化。

三是春官宗伯,掌礼乐。

四是夏官司马,掌军政。

五是秋官司寇,掌刑法。

六是冬官司空,掌百工。

冬官司空一章早就丢失了,也不知是谁把一篇记载战国时期手工业技术的专著《考工记》补了上去,跟前五章风马牛不相及。

但就像《尚书》有篇谈论统治大法的《洪范》,《周官》书有了这篇谈论百工制作的《考工记》，倒给《周官》增了一抹亮色。

周官就像是半路上捡的孩子，从哪儿冒出来的，谁也说不清。一种说法是河间献王刘德向四方重金收购古书时，有人献上的。刘德也没拿它当回事。一朝天子一朝臣，毕竟《周官》上说的许多官职都是陈年旧编了。

刘德在他的河间国立了《左传》博士和《毛诗》博士，那时《周官》还躺在刘德的藏书库里，做梦都不敢想到为自己立博士。

当初秦灭六国过程中，灭掉了东西二周两个小国，连弹丸之地都没留给周。秦始皇烧书时，《周官》这个没娘养的孩子能大难不死就不错了。

立博士一类的事，就别逗了。

刘德后来又将《周官》献给了朝廷，被收入皇家藏书机构——秘府。

没想到，《周官》在这里有了一次小小的表现机会。

汉武帝要封禅，因年代久远，封禅礼仪是什么样的谁也不知道，儒学博士手中的几本经书也没有记载，不够用，只好从古书中去找，最后在秘府书库里发现了《周官》。

《周官》上边也没说封禅，只是说冬日至在南郊祀天，夏日至在北郊祭地，祭祀时都要用乐舞，这样才可礼神。这总算是周代礼节的第一手资料，儒生们如获至宝。

查找完后，《周官》又没事了，回到秘府继续寻梦，又睡了几十年。皇门如海，深无人问，直到刘向、刘歆父子校书，进行书籍普查，才拿起来翻了翻，也无甚新鲜处，把它的名字登记过后，又放回原处。

《周官》只听得外面刘歆吵嚷着要争立《左传》《毛诗》《古文尚书》《逸礼》，并没点到自己名字，支棱着耳朵听了会儿，外面又没声了，就又开始睡觉。这次户口清查登记完了，又能睡个长觉了吧，然而不久就被推醒，醒后才弄清是怎么回事：安汉公王莽辅佐年幼的汉平帝，就像当年周公辅成王，安汉公以周公自许，

《周官》为周公所作,有了这层连带关系,《周官》被王莽和手下亲信看上了。

王莽的加官请愿团在《周官》书中找到了加官依据,《周官》书上明确记载:"上公九命为伯,他的国家、宫室、车旗、衣服、礼仪全部以九为准。"

于是公卿大夫、博士、议郎一共900多人上奏太后和皇帝,说:"皇上还差俺们安汉公九样东西呢!安汉公德配周公,《周官》书上说应有九命之赐,具体清单都在《礼记》经书上记载着。臣等现在就请命赐。"

太后和小皇帝对这些马屁虫们的话只好照准,命群臣翻出《礼记》上所记载的是那九命之赐,赐给王莽。

九赐也叫"九锡",锡和赐字古代相通用。这是天子赐给诸侯的礼器和礼节,是臣子得到的最高礼遇。这九赐分别是车马、衣服、朱户、斧钺(yuè)、虎贲(bēn)、弓矢、乐、秬鬯(chàng 香酒)以及纳陛(上殿方式)等等。

中国历史上要皇帝九锡的大都胃口很大,比如王莽、曹操、司马昭,都是喂不饱的货。明朝的魏忠贤没明着要九锡,但他被人称为九千岁,比要九锡还实惠。

《周官》书做梦都没想到,自己能与经书并提,更没想到的是,他的好运还没完。

刘歆不久专门上奏,要把《周官》作为礼经,说:"《周官》作为为周公开创太平盛世的一本书,应改名《周礼》,为他立博士。"

这个建议立即被王莽照准。《周官》自此一步登天,成了国家的经书,和《仪礼》《礼记》并列,成了礼学三巨头。

王莽辅政平帝,14岁时平帝忽然得病而死,死因不详。王莽当上了"摄皇帝",在他太后姑姑前可自称"假皇帝"。又把汉宣帝的玄孙刘婴立为皇太子。

刘婴当时刚两岁,号为"孺子",王莽说等孺子婴长大后再像周公还政成王一样,还政于他。然而不等孺子婴长大,"假皇帝"王莽就要弄假成真了。

不巧的是,就在这时,王莽他娘死了。这真是扫兴的事,就在王莽离成功只一步之遥的时候,他娘给他挖了个大坑。王莽当时心里肯定大叫:娘啊,你就坑我吧,如今可流行坑爹呀!

因为按照礼制,王莽应为他娘离职守丧三年。这真是要命!王莽这一走,朝中还不乱了套,他的代汉计划成了泡影。反对派一上来,还不把他剁为肉泥。

《周礼》这回又派上用场了。刘歆和儒经博士们在《周礼》上又找到了这么一句话:"王为诸侯缌(sī)缞(cuī)。"

好了,这回有礼学根据了。

缌缞是丧服中差不多最轻的了,只穿三个月。

王为诸侯缌缞是王只为诸侯穿三个月的丧服。

说到这里,我们简单描述一下古代丧服制度中的五服,看看王莽这次沾了多大便宜。

丧服由重至轻,分斩衰(cuī)、齐衰(zīcuī)、大功、小功、缌(sī)麻五个等级,这就是五服。

斩衰是最重的丧服,子女为父母、妻妾为丈夫都是服三年,后来实际不到三年,只服25个月。斩衰中的斩是丧服不加缝缉的意思,斩衰服用最粗的生麻布制作,不缝边,简陋粗恶,后来有的干脆把麻布片披在身上代替,这就是披麻戴孝的由来。

齐衰是次于斩衰的第二等丧服,大致适用于为祖父母、兄弟啦等等亲疏关系上稍微远于父母的服,丧期又有差别,有三年的、一年的、三个月的,根据对谁的情况而定。

大功又次于齐衰一等,亲疏关系上又远了一等,适用于为堂兄弟、已嫁的姑母啦等等,丧期九个月,丧服用的生麻布也比齐衰细密点。

小功又次于大功一等,亲疏关系上又远了一等,适用于为伯叔父母、外祖父母、姨母啦等等,丧期五个月,所用的麻布比大功又细了点。

绸麻是最轻一等的丧服,丧服用细麻布制作,适用于为岳父母、舅父等等,丧期三个月。

五服之间一服比一服轻,再往下就亲尽了。

把为父母服丧期三年的斩衰,变成了只服三个月的绸麻,把亲生母当丈母娘对待,这事只有王莽能使得出来。

为什么只服绸缞,而不服丧服中最重的斩衰呢?

因为王莽是摄皇帝(代理皇帝),只因是代理,没有转正,所以他娘不是太后。

王莽母的封号是"功显君",诸侯级别。

娘俩都是公务员,这事应该公事公办。

好了,就这么定了。王莽不用回家守制了。

《周官》在此又帮了王莽的忙。

又陆续有人揣摩王莽的心思献符命,说:"摄皇帝当为真。"王莽借符命撕下了面具,去"摄",当上了皇帝,改国号"汉"为"新"。

然后策命五岁的孺子婴,说:

"听着,婴!《诗经》上说'天命靡常',昔日皇天保佑你太祖,让你们坐了十二帝(历世十二),享国二百一十载,现在历数在我了。特封你为安定公,践位去吧。"

读完策后,王莽拉着小朋友的手,流下几滴眼泪。此时在这个小孩儿眼里,这是真正的鳄鱼眼泪,怕是快要吓哭了。

王莽又说:"昔日周公摄位,终得还政于君。现在我迫于皇天符命,不得如意。"一个人哀叹良久。派人带小朋友下殿,北面而向自己磕头称臣。看得百官心里感动,没想到上古儒家说的尧舜禹禅(shàn)让大戏真的开演了。遗憾的只是禅让方有点小，对白太少，戏份不够热烈。

接下来是大封献符命的功臣们。

刘歆成了最大的赢家，被封为国师。

刘歆不久告诉王莽，《周礼》上有个叫"泉府"的官，专门管收购和放贷，从中盈利。王莽于是下诏：

"《周礼》书上有赊贷制度，《乐语》书上有五均形式。现在我们就开赊贷，张五均，建立斡旋机构（设诸斡者），目的就是要增加社会公平（齐众庶），抑制豪强兼并（抑并兼）。"

诏书中特别强调要按照经书记载，建立一套严格的金融赊贷体制，完善现代企业制度，对国家经济实行五均六筦（管）。

五均就是在长安、洛阳、临淄、邯郸、成都、宛这些一线城市设立"五均官"，管交易和信贷，均衡市价，以利于士农工商四民和国家。

六筦（管）就是由国家制钱、开银行放贷、收税，并对盐、铁、酒三种物资施行专卖。

同时按《周礼》上的机构编制改革官名。

《周官》这时忙得不亦乐乎。

然而这些国家经办企业和信贷机构却由于体制有漏洞、硕鼠太多、官员贪腐、横征暴敛、高利盘剥等等弄得人怨沸腾，起义大规模爆发。王莽忧愁得不知道该怎么办。

这时《周礼》又有用场了。

有人出主意说："《周礼》书上有'凡邦有大灾，号哭而请'。现在贼势浩大，应赶快呼唤告天求救。"

王莽听说《周礼》有明文，仿佛抓着了救命的稻草，赶快率领群臣跑到南郊，仰天大呼道："皇天既然授命给臣莽，就不要再给别人了，何不殄（tiǎn）灭众贼，用雷击死他们，要不就击死我吧。"

喊完后拍心大叫，倒地叩头，打滚大哭。

群臣几百人一见主子学驴打滚，自己还要什么脸，一个个也全都跟着倒地号啕大哭，有的磕头，有的打转，有的拍胸，有的击脸，不一而足，每人都气绝了好几次。

王莽又命学生、百姓全都痛哭，谁哭得伤心并且还能背诵告天策文的立刻授予郎官，一下子封了5000郎官，创了中国历代一次性招聘公务员之最。

天地终无情，收汝泪纵横。起义士兵最终还是攻入了都城，杀死王莽，王莽借《周礼》《乐语》等托古改制以哭告终。

历史有时是惊人的相似。秦王子婴降于汉，汉末孺子婴灭于莽。嬴秦烧诗书，莽新滥礼乐。一个暴亡，一个速灭。

王莽执孺子婴之手，相看泪眼，说："我不能像周公致政成王那样还政于你了。"却又要用据传是周公作的《周礼》一书来治国。做不了周公之事而又行周公之礼，最后落了个对天长嚎，伏地大哭，败家亡国，贻笑后世，成了莫大讽刺。

刘歆在新朝灭亡前早已改名刘秀，见起义军来势凶猛，后悔上了王莽的贼船，又恨王莽杀了他三个儿子，于是跟人合谋，打算劫杀王莽，结果投机不成功，被告发，刘歆自杀。

当时有符命传言"刘秀当为皇帝"，民间都以为是说国师公刘秀，也就是刘歆。一次，南阳士人集会，大家说起符命来，说："国师刘秀将来当为天子。"忽然末座上一人笑吟吟站起来道："怎见得不是俺呢？"

大家回头一瞧，禁不住哄堂大笑。

| 第二十回

光武帝大力扶谶
古今谶三家大战

　　原来这人也叫刘秀,曾到长安入过太学,学过《尚书》。闲来没事喜欢种田,不爱多言,是有名的好性子。这回忽出此语,大家都笑他玩笑开大了,恐怕不好收口。这刘秀也不答话,扬长告退,又惹来大家一阵哄笑。

　　等到反莽兵起,刘秀概然从军,昆阳大战以书生带兵数千,破敌数十万,威名远扬,大家这才意识到刘秀不是开玩笑。

　　刘秀后来统一河北,雄踞一方。他此时早已胸怀天下,正缺少一个切入点。

　　一天一儒生来见,乃是游学长安时的同学强华。强华献上一符,名"赤伏符",上写"刘秀发兵捕不道,四夷云集龙斗野,四七之际火为主"。刘秀看了,也觉费解,问强华是什么意思。

　　强华说:"大汉按邹衍五德终始论,本为火德(不知怎么推算的,贾谊、汉武帝都说汉是土德,经过一个王莽新朝,变成了火德,思想有点乱,据说是把土克水这些五行相克推算法弄成了木生火的五行相生推算法)。赤就是火色。四七之际是说高祖至于今日,共228年,正与四七二十八相合。符上说的火为主,当是火德要复兴。按天命,应属大王你。"

　　强华带来的这道符胜于十万天兵,上面还有上天大帝的书面批示,刘秀手下众将都激动不已。经过一番推让,刘秀在上天的感召下宣布了称帝,这就是后汉光武帝。光武帝借着符命的传递,鼓动得人心所向,没几年就顺利统一全国。

刘秀与刘邦不同,念过太学,有文化,爱好经术,每到一处,不等下车,先访儒雅。于是又立五经博士,共立了 14 家博士。

《易》有施、孟、梁丘、京氏。

《尚书》有欧阳、大夏侯、小夏侯。

《诗》有齐、鲁、韩三家。

《礼》有大戴、小戴。

《春秋》有严、颜。

值得注意的是,在这 14 名经学政治局委员中,古文经一派全部被排挤出去,《左氏》《古文尚书》《毛诗》《逸礼》《周官》集体下课。为什么呢?因为是反动分子刘歆所立。

《周礼》在王莽篡位前后最忙乎,有反动嫌疑,名声最臭,被开除经籍,复名《周官》。

今文经内部也有调整。《穀梁春秋》被经学局解聘,因为思想保守,不能适应当前思想形势的发展。

同时考虑到《公羊春秋》如今也已分化,增立颜氏《春秋》一家,与原有的严氏并列。

十四家博士的建立,表明经学队伍的不断壮大。

自此,朝中大臣又多是彬彬文学之士。

只是有一样,刘秀应符命上的谶(chèn)语登基,当皇帝后正式宣布图谶于天下,从此谶书有了和经学一样的权威。

今文经不再是一家独大。

我们说一下什么是谶,它从此之后出场率很高。

谶在古代早就有了,是预言吉凶的话。如陈胜大泽乡起义前,吴广假装狐狸叫的"大楚兴,陈胜王",秦始皇晚年夜过华阴道,有人献上的"今年祖龙死",就是两个著名的谶语故事。

而图谶就是结合谶语配的插图,或者插图读物,图谶这两位干兄弟你给我捶背,我给你揉腿,勾搭连环,自解自说,互相舔抹。

刘秀借助谶语,统一天下,当了皇帝,对谶书大力扶持,每逢有了疑难事,往往以谶做决定。

这就太有点神神鬼鬼了,可上了神坛的刘秀就是不肯下来。

今文经对此津津乐道,但就有不喜欢这个的。

刘秀的做法受到了一群古文经爱好者的强力抵制。

第一个是桓谭,他上书劝刘秀不要信这些玩意儿,刘秀看了,很不高兴。后来会议讨论建个灵台,在如何选址时,刘秀问桓谭:"我打算用谶语来决定,你看怎么样?"

这是一个套。桓谭沉默了好长时间,但就像扣鸟笼外的鸟望了半天,最后还是钻了进去。

他说:"臣不读谶。"

刘秀问:"为何?"

桓谭说:"谶本是虚妄乱说,哪里是经。"

刘秀听了大怒道:"桓谭非圣无法,拿下去斩了。"

这时桓谭已70多岁了,叩头至流血,连连说了好多"桓谭有罪,不该偷人家的棒槌"之类的认错话,刘秀这才消了点儿气,没把他拖出去斩了,贬为六安郡丞,撵出京去。

桓谭忽忽不乐(叩头那么猛,得了脑震荡),回想起自己在王莽的"新"时代,在那么疯狂的日子里,许多人纷纷造说符命去巴结王莽,而自己独守寂寞,默然无言,甘守清贫。如今到了刘秀的新王朝,经人推荐到了刘秀身边,自以为遇上了明主,没想到刘秀是个迷信大王。

想当初桓谭把自己著的《新论》一书献给刘秀时,刘秀高兴地说:"前朝有陆贾著《新语》,今有桓谭作《新论》,真是太好了。"现在才明白刘秀那是领导说的漂亮话,他对自己的《新论》并不在意,都没仔细看就撂下了。自己的《新论》那可是反对谶语迷信的,是对王莽时代谶语符命的无声批判。谁想今天又碰上刘秀这么个和王莽一样迷信的主儿,就因为坚持自己的思想,驳了他的信仰,就要把自己开刀问斩,弄得自己磕出了一头血才算保住了项上头颅没被搬家。头颅没搬家,但身子得搬家,被远贬到六安(在今安徽省),从河南到安徽,这么远,又没有特快交通工具,一点点往前磨,70多岁的人了,自己真是来找罪受了。

桓谭越想越没意思,路上得了病,死了。

桓谭这次确实窝囊,他多才多艺,尤其擅长弹琴,被宋弘推荐给光武帝刘秀,刘秀对他的《新论》没兴趣,对他的弹琴技艺倒很欣赏,常命他对众弹琴。因为他弹的是民间曲调,很好听,光武帝很喜欢听,常常听得上了瘾。宋弘知道后把桓谭叫到跟前,臭骂了他一顿,又在光武帝面前告了他一状,说他弹奏的不是正音,是亡国之音。光武帝一听弹奏的是亡国之音,把桓谭给撤了职。

推荐桓谭的宋弘是个正经帅哥,他被光武帝守寡的姐姐湖阳公主看上了,光武帝问他是否愿意有钱了换个老婆,宋弘说了句"贫贱之交不可忘,糟糠之妻不下堂",表明了态度,和同时代的那首汉乐府诗歌中的"迢迢牵牛星,皎皎河汉女"中蕴藏的牛郎织女的故事一样,成了千古佳话。

桓谭既被推荐人宋弘教训了几句,落下个不正经的名声,后来又上书谏光武帝不要相信谶语,给光武帝留下个假正经的印象,难怪这次就因为说自己不读谶而惹起光武帝大动肝火,要正正经经砍自己的脑袋。

而桓谭又没有前汉成帝时朱云的那股猛劲,朱云因为正直敢言得罪了汉成帝,汉成帝要御史把朱云拉出去砍头,朱云攀着栏杆就是不出去。朱云身高八尺,很是有劲儿,多少人拽他出去受刑,愣是没拽动,硬生生地把栏杆折断了。这么一折腾,汉成帝有了消气的时间,最后把朱云给放了。

虽然都是儒生,但桓谭老头没有朱云的武功,只能磕头求生,最后窝囊而死。

和桓谭遭遇相同的还有郑兴,是古文经《左氏春秋》专家。归属刘秀后,对建设东汉王朝热情很高,数次上书言政,刘秀多所采纳。

郑兴又上书劝刘秀不要相信谶语这些骗人的东西,刘秀就不爱听了。一次刘秀向郑兴问起郊祀这些事,说:“我打算用谶来决断,你看怎么样?”这又是一个套,郑兴看也没看就钻了进去,说:“臣不读谶。”

这句话把刘秀顶得够呛,心里暗骂,你是活腻歪了,找死吗!和对桓谭一样,刘秀怒道:“你不读谶,是等着要非毁它吗?”

郑兴也害怕了,不知皇帝哪儿来的这么生气,赶紧说:“臣学识浅薄,不读谶是因为过去没有学过,不是非毁。”

郑兴机灵,赶快装傻才让刘秀气消了,也没处置他。后来上书言政,说得再好也不被光武帝重用,政治生命就这样终结了。

这对抗谶纬最有意思的是尹敏,他也是喜爱古文,擅长《左传》《毛诗》。刘秀知道尹敏博通经记,让他去校订图谶,删去王莽时著录的那些不利于朝廷的谶书。尹敏对刘秀言道:“谶书不是圣人所作,其中又多鄙字别字,语言鄙薄,恐怕校出来要影响我们的下一代成长(疑误后生)。”

尹敏跟皇帝说了半天,刘秀不听,仍然让他去校订。尹敏没奈何,只好去校订图谶。本不情愿来,看了这些胡编乱造的话,越校越有气。

忽然有一天突发奇想,他见一本谶书上缺了几个字,不知原来写的是什么,于是拿被皇帝奉为神圣的图谶开起了玩笑,拿笔一挥,在上面填了几个字“君无口,为汉辅”。

君无口是尹,意思是尹氏当为辅汉大臣。(说句实在话,我每次看到这儿都莫名激动)

刘秀见了这篇图谶感觉很奇怪,就把尹敏叫来问是怎么回事。尹敏说:"臣见前人增损图书,都是为了希图富贵。臣敢不自量,随便写了个谶语,也想得到个好处(窃幸万一)。"

刘秀心里极为不满,也不好当场发作。要知当初刘秀兄弟起兵时,李通就拿图谶让刘秀看,上写"刘氏复起,李氏为辅"。李氏果然后来成了刘秀的重要辅臣。

刘秀虽没加罪尹敏,尹敏也因此官职一直沉滞不迁。好友班彪来劝他,两人常常谈到夜分,一对知音才依依相别。

尹敏、班彪等人也没想到,全面批判谶纬迷信的任务就落在班彪的一个弟子王充身上。

桓谭更没想到,他的《新论》在自己死后不久就遇到了个知音。

此人就是王充,浙江会稽(今浙江绍兴)人。王充看了桓谭的书后,对桓谭大加赞赏,说桓谭的《新论》那才叫好文章,一般人写的是赶不上的。《新论》论说世间的虚伪迷信,说得有根有据,让它们全都大白于天下,褒贬操作手法可比《春秋》。

把《新论》比《春秋》,桓谭死也瞑目了。

《新论》也是启发王充后来创作《论衡》的一大原因。

王充从小是个孤儿,后到京师太学学习。家贫买不起书,常在洛阳京城书摊上看书,一看就是一半天,走时也不买一本。

每次看到这儿我就想起小时候在集市的街摊上看书的场景,不过看了半天,走时我肯定是要买几本的,这倒不是我比王充仁义,而是我实在不如王充聪明。据历史记载,王充记忆力惊人(一见辄能诵忆)。摊主见他好学,也不赶他。摊主不知道的是,他的书一让王充看,大部分已经装到了脑子里,哪里还用着再出钱买。而像我这样的笨人就只能买上一本回去慢慢看了。

凭着这种刻苦聪明功夫,王充竟博通众流百家。王充游学完后回到家乡,在衙门里当过小官,因跟长官说不到一块,回家教书为生。他断绝了一切婚丧嫁娶庆吊活动,门口、窗户、墙壁上各置刀笔,闭门潜思,开始写作他的绝世论文:《论衡》。

有人见他搁置刀笔闭门著书,嘲笑他说:"你祖上也没听说过有什么好的基业,一纸半字都没留下,祖父也不过是个小贩,未尝履墨途、出儒门,典型的平二代(细族孤门)。现在你学了点东西,著书又不合流俗,不知想干什么?"

王充答道:"那些俗儒为了点眼前利益,不肯说真话(俗儒守文,多失其真)。谶纬迷信,不可不批。孔子说:《诗》三百,一言以蔽之,叫'思无邪'。我的《论衡》也可一言以蔽之,叫'疾虚妄'。"

确实如此,王充把好多事都疑了个遍,并不盲听盲信,很有独立思考的精神。如他批评儒家祖师孔子,专有一篇《问孔》,对孔子的言行批判不少,细微尖锐,让孔子听了都会赶紧说:"这是丘之过,丘之过。丘也幸,有不善就会有人指出。"

比如说起孔子周游列国时到了卫国,卫灵公夫人南子要见孔子,孔子就去见了。众所周知,南子是个大美女,弟子子路听说孔子去见美女,很不高兴,认为没有必要去见她,见时怎么也不带着我们,是怕我们看还是怎么的,事属反常,情疑越轨。孔子对子路发誓说:"我要是做那些鄙陋乱情的事,让天厌杀我,让天厌杀我。"

王充就问孔子发些子虚乌有的誓,引些未曾有的祸,以自誓于子路,哪里是圣人说的话,实比俗人还俗。

王充又作《刺孟》,对孟子说命提出质疑。不过孟子此时和他的性命理论还处在冷库里,没有多少人去理睬,王充也没拿他当假想敌,他此时真正的敌人是谶纬这些虚妄言谈,是东汉市面上"九虚三增"之类的一切虚开增值税发票的造假行为(所以使俗务实诚也)。

谶书这边君臣闹得关系紧张,经学内部那边儒生们又打起来了。

起因是：古文经又要争立了。

今文经和古文经有个天生的不可调和的矛盾。

今文经学认为要弄出经书中的微言大义，由于过度挖掘，往往借题发挥，穿凿附会。

古文经学认为要弄清经书中的文字意义，对于名物、典制要深度打磨，弄明白它的真正意义，不要装神弄鬼，胡乱比附。

因为对待经书的态度如此不同，双方自然要吵架。

吵吵，吵吵什么了？不让人好好睡觉。

两家回头一看，是谶纬来了。

谶纬并不是一个人，是谶和纬的复合体。

谶是预言吉凶的，和算卦差不多。

纬是纬学，是经学产生后的衍生品，有经学就得有纬学嘛，是假托孔子对经做的神秘解释，内容八卦，剧情狗血。

谶纬很快臭味相投，彼此卦气十足，打成一片。

谶纬泛滥的两大推动者是王莽和刘秀，二人都是借符命中的谶语登上皇帝位的，得到过谶纬的理论支持，所以对谶纬大力扶持。

纬学虽然比谶来得晚，但它借谶说经，以经证谶，把无厘头弄成了有来头，堂而皇之登上了经学殿堂。

今文经学一看谶纬来了，立马上去拥抱，说："你的说经方式真好，我们的老一辈创业者董仲舒先生就是这么干的呀，为你点个赞吧！"

古文经学一撇嘴，说，好啊，你俩穿一条裤子，狼狈为奸，那我只有拍砖了。

古、今、谶三家大战开始。

| 第二十一回

平古今刘秀云台开论议
鞭马迁班固上殿说汉书

　　光武四年,古文经学家、尚书令韩歆首先上书,要求为费氏《易》《左传》立博士。

　　对于立博士这么大的事,光武帝没有表态,而是召集公卿大夫、今文博士到云台阁公开论议。

　　人到齐后,光武帝点将说:"范博士可前平说。"

　　范博士名叫范升,字辩卿,是今文经博士,为人好辩,今日机会来了,见古文经要炸刺,想翻身,反了你了,有我范升,你就别想那个翻身,听到唤他,早已按捺不住,立即站起来说道:

　　"《左氏春秋》不是孔子作的,写手是左丘明,写完就没人传了,《左氏》浅末,没有理由得立。"

　　韩歆道:"左丘明作传解《春秋》,是得到过作者孔子同意的,《公羊》《穀梁》二传只是采集的后世传闻,并不可信。"

　　范升道:"《左氏》只是王莽篡位时才伪立一时,不是先帝所存,不可立。"

　　这时古文经学一员大将站起来道:"照你说来,不是先帝所立就不可行,那么商朝盘庚不当迁于殷,周公不当营洛邑,当今陛下也不当都(dū)山东了。孝武皇帝好《公羊》,孝宣皇帝却好《穀梁》,先帝后帝所立,又何必相因。"

范升一看此人,名叫陈元。陈元父亲就专攻《左氏春秋》,资格很老,王莽还跟陈元父亲学过《左氏》。这陈元少传父业,为《左氏》宗师。

范升知陈元是一劲敌,不敢和陈元讨论,转向光武帝道:

"陛下刚立了京房的《易》,京氏《易》既立,费氏《易》又怨望。陛下如立费氏《易》,高氏《易》又怨望,也要闹立。《左氏春秋》也一样,如立左氏,《春秋》家的驺氏、郏氏也要步其后尘,如果都要求立,就会弄得乖戾纷争。顺从他们就会失道,不从他们就会失人,将恐陛下终有厌倦的那一天。老子说:'学道日损',越学越少才好。老子又说:'绝学无忧',绝的就是《左传》这些末学。孔子说:'攻乎异端',左氏就是那个异端。对这样的客户端要坚决清除,不要让他们随便下载(愿陛下疑先帝之所疑,信先帝之所信,以示反本)。"

陈元也懒得和范升辩论,直接向皇帝陈词道:"范升可以说就是那种'小辩破言,小言破道'之类的人。《左氏》从成书之日起就是一门孤学,缺朋少友,更不拉帮结派,一直被《公羊》《穀梁》遮挡着,冒不出头来。这就好比阳春白雪曲调,能和者很少。不比那些下里巴人俗曲,随声者很多。若非陛下至明,《左氏》怕是难见天日呀。"

光武帝听了也觉动容,一时难决,先宣布休会。范升与陈元底下又相辩难,十几次上书。光武帝听陈元言之有理,决定立《左氏》学。

朝中儒臣听说《左氏》要立博士,顿时炸了窝了,上访的,投诉的,骂街的,乱成一片。偏偏要立的那个《左传》博士李封成了冤大头后,挺凑趣,有病不能到任,不久死了。

光武帝借这个台阶,为息事宁人,又把《左氏》废立。

云台议论的三个主角从云台下来后,命运也都不强。

为《左传》叫屈叫得最响的陈元后来数次上书言事,光武帝不能用,年老回家去了。

反对派首领范升后来被前妻所告(注意不是情妇反水,没提有经济问题),关进了监狱,要判死刑。

他的弟子杨政拼死相救,使出了最后一招,光着膀子,用箭穿耳,抱着范升三岁的儿子拦住光武帝的马车,高喊刀下留人。御林军过来拿戟叉杨政,杨政胸脯受伤流血,在土里弄成个血人,就是不退。武骑虎贲(警卫人员)举弓要射杨政,杨政还是不走。

光武帝刘秀一看杨政这个造型,两耳朵上都穿着箭,这么个铁耳朵,你就是把他再用箭穿成刺猬也没用。于是宣布:"放杨生师。"

范升这才捡了一条命,从监狱里出来后,终老于家。

第二次今古文经学之争的发起者韩歆,后来官运亨通了一下,提升为大司徒。但好景不长,因他好直言,当了两年,就被放回老家。

回老家就回老家吧,结局也还不赖。谁知不久光武帝不知哪根筋上来了,又派人拿着诏书来申责,和他扒拉开了过去的旧账。韩歆哪儿受得了这个,一激动,竟和第一次今古文经学之争的发起人刘歆一样,自杀了。

古文经虽两次争立失败,但今文经学因谈阴阳感应和与谶纬合流而被人们厌恶,朴实的古文经渐渐赢得了人们的好感,学习的人越来越多。

今文经学在前汉出现了几个绝世高手,古文经学如今也出现了几个大师级人物,他们倔强不下辕固,学问不次于董仲舒,灵活也超过公孙弘,最终使古文经学出人头地,从今文经学的压抑下钻了出来。

先是有大师杜林,王莽时,关中大乱,他跑到了河西避难,西北军阀隗(wěi)嚣(xiāo)想重用杜林,谁知杜林很不给面子,拒不就职。隗嚣心恨杜林,自我解嘲道:"杜林是天子所不能臣,诸侯所不能友,那就让他处师友之位,遂了他的志向吧。"

隗嚣所说的"师友之位"并不好处,那是以饥为师,以饿为友,眼见杜林是大老远跑到西北喝西北风来了,但就是如此,杜林同志也仍然不去向隗嚣说好话。

杜林此时最大的安慰是得了一卷古文《尚书》,是用漆写在竹简上的。这不是孔安国古文《尚书》的盗版,因为它是用漆书写的,是《尚书》在古文经领域的又一发现。杜林视若珍宝,每当饥寒交迫来临时,他就起来抱握着这册古文《尚书》叹息道:"古文《书》学,将绝于此吗?"

机会终于来了。在隗嚣发表反杜林论几年后,杜林的弟弟病死于西州,杜林向隗嚣请求持丧回原籍。隗嚣一开始答应了,放杜林走后,又后悔了,派刺客去追杀。

刺客纵马赶上,见杜林亲自推着一辆独轮小车,护送着弟弟的灵车,在陇道的尘土中艰难跋涉。这幅图画让谁看了也是倍感凄凉。刺客不由仰天长叹道:"当今这个世道,谁能行义?我虽小人,何忍杀义士。"于是逃走,不知去处。

这名刺客在《后汉书》中留下了名字,名叫杨贤。仅此而已。让我们记住这位小人物吧,他在《后汉书》的100万字中只占两个字,可他的分量却很重,代表了那个时代的良心。

杜林这才得以回到原籍。刘秀听说杜林回来,立即征拜为侍御史。京师士大夫相继来拜见。杜林又推荐郑兴,亲自传授卫宏、徐巡《古文尚书》,壮大了古文经学队伍。一时士人多归于杜林门下。

杜林官至大司空,在古文经学家中官职最高,加上博雅多通,被称为任职贤相,也算得上是古文经学班子的第一任责任内阁。

他的地位,可比前汉兴儒学的公孙弘。

又一位古文经学大师郑众,他是郑兴的儿子,学问不下他父亲,性格倔强又超过他父亲。

刘庄当太子时,想拉郑众入太子党,郑众说:"太子是储君,还没参加工作,没有外交义。"坚决拒绝了刘庄的邀请。

刘秀死后,刘庄由太子晋升为天子,这就是汉明帝。

汉明帝刘庄也并不计前嫌,给他找了个活儿,派他出使匈奴。

郑众大使来到匈奴北庭,见了单于,只揖一礼。单于手下人一看这也太简单了吧,对不起,我家主公念单于,不念单揖,于是齐声喝道:"快快下跪。"

郑众说:"天子之使不拜单于。"

单于一听这还了得,一个小小的使者,竟对匈奴天子说这样不礼貌的话,拿起天使的架子,这不是小看我,不拿我当天子吗,勃然大怒,命令士兵把郑众围守起来,不给水火,想用这来胁服郑众,把郑众这天使的翅膀给弄折了,

哪知郑众不吃这一套,拔刀自誓说:"如必逼迫我下拜,我就死给你们看。"

单于没想到碰上这么个硬种,关了他几天,一看不行,这样下去还得给他出丧葬费,只好放郑众回国。

回去后朝中讨论又打算派郑众还报北单于。郑众上书说北单于无礼,不称答理,不必再派人去见他们。也没提自己誓死不下跪的事。汉明帝不听,仍令郑众去还报。

郑众不得已,只好上路,在路上走一段路写封书信给明帝送回,再走一段路又写一封书信给明帝送回,接连好几段,内容全是北单于无礼,不必再派汉使这些话,典型的信骚扰,惹得明帝性起,心想照这样子你走到匈奴非把我烦死不可,下命令说:"朕不派他了,追回郑众,逮治廷尉。"

郑众在路上边走边上书,还在执行原来的写作计划,每两天给明帝写篇游记心得寄回去。这一天回头一看,后面尘土大起,一队骑兵赶到,说:"皇上有诏,郑众折回。"郑众以为他写的书信起了效果,高高兴兴随骑兵返回京师,刚进京城就被捆绑起来,送到监狱去了。

廷尉见是皇帝交代送来的,那还不重判,以讨好皇帝。当年董仲舒、夏侯胜

先生都曾受到过这样的司法优待。明帝到底舍不得郑众死，特赦他回家去了。

后来明帝见到匈奴来使，问起郑众和单于争礼的情形，匈奴使者说俺们匈奴中都传遍了，郑众勇气冲天，不下于前朝苏武。苏武在匈奴坚守汉节的壮举谁都知道，明帝听了也觉得振奋，又派人召郑众来京，拜为中郎将，让他守护西域。

这位古文经学大师到来后，立马扬刀，带兵出击匈奴，连连得胜，揍得匈奴一听郑众大名，赶紧绕道而行。

郑众用刀剑向世人宣告，谁说俺们书生无用，谁说古文经学无人！

郑众后来因战功回朝任大司农，当了农业部长，在位清正，死于任上。

如果比附起来，郑众执拗坚毅可比前朝辕固。

郑众传父古学，又名大官重，奋击匈奴，威名远扬，在马背上也扩散了古文经学的影响。

当时人称古文经学为"郑贾之学"，郑是指郑众，贾则是古文经学的另一位重量级人物。今文经学后来被此人揍得倒翻在地，一时爬不起来。

好在现在今古文经争霸拳击比赛还没有开始，在叙述此位古文经拳王之前，先插播一下当时的两件学术大事，一是史学中兴，另一个是佛学兴起。

先说史学中兴。

明帝一天收到一封检举信，说是班彪的儿子班固在家私自改写国史。明帝一听，那还了得，国史是关乎皇家面子利益的事，是随便让人写的吗，立即下诏逮捕班固。正要审讯时，班固弟弟班超怕哥哥在狱中和人玩躲猫猫见不着了，急匆匆赶来上书，奋不顾身求见皇帝，解释说："父亲死后，哥哥班固奉丧归乡，续写父亲没写完的前史，不是改写国史。"

明帝令提班固上殿说明，班固叩首道："家父曾说，司马迁作《史记》，功劳确实不小。然而司马迁论议浅薄，又不实在，和孔圣人的很多是非标准不统一。如司马迁论学术,崇拜黄老而轻视孔子的五经,说起经商来又轻视仁义而羞贫穷,谈到游侠时则贱守节而贵俗功,又列败亡的项羽为本纪,让历史以失败者的生平作纪年。把短命的陈胜写进世家,让一个短促的暴发户插进世家大族队伍。这都是司马迁思想上有毛病,有伤我们封建主义的大道。怪不得他最后遭遇极刑。今臣愿除去司马迁的浮弊,写一部实实在在的《汉书》。乞请圣上恕罪。"

明帝令呈上班固的书稿,见他写得文章详实,语不激诡,言不抑抗,读来娓娓动人,心想我朝莫非又出一司马迁式的人才,何不给他创造些条件,让他完成此书,这倒是件流传千载的好事。于是任班固为兰台令史(国家图书馆馆长助理),给他买好纸笔,包吃管住,让他安心写书。

班固潜精积思,前后共花20多年,完成了《汉书》一书。

此书由帝国出版社出版发行,出品人:汉明帝。

书刚一出,学者争相传阅,立即登上汉朝史学类畅销书排行榜第一名。

在带来巨大文化声誉的同时,也给班固带来了巨大的政治和经济利益,他成了皇帝的幸臣。只是教育几个儿子不严,儿子们骄纵不法,得罪了洛阳令(首都市长)。后来班固依附大将军窦宪当靠山,窦宪被逮后,班固也被洛阳令抓了起来,死于狱中。

班固最后还是被人玩死在了"躲猫猫"上边。

班固当年讥讽司马迁陷极刑而不能自保,司马迁被宫了后好歹还出来了,没想到自己却落了个身死狱中的下场,被抬出来了。司马迁在遭遇宫刑后悲愤地对人诉说:

"人生最大的耻辱莫大于宫刑,最丑的行为莫过于辱先,最大的悲痛莫过于伤心。每想到遭受宫刑这种耻辱,我的汗水就涔涔流出。我就是再曼辞以自解,也没有益处了。因为他们已经下手了。这话只可以跟智者说说(为智者道),难与俗人言。难道百世之后,我的辱诟也不能洗清吗?"

100多年后,班固在他的《汉书》中对司马迁评论道:"司马迁遭腐刑后作了宫中阉官,听他对人自伤自悼的话,只能算是《诗经·小雅》中的巷伯之流。巷伯也是宫中内臣,遭谗后作诗叹道'岂不尔受,既其汝迁',正可仿佛司马迁。至于《大雅》中的'既明且哲,以保其身',司马迁哪里能配得上!"

班固笑话司马迁不能明哲保身,做不到大雅,他评论司马迁的话被后来的史学家笑话成是只看见别人身上的毫毛,而看不到自己眼睫毛的目论之语。

班固批评司马迁崇黄老而薄五经,轻仁义而羞贫穷,贱守节而贵俗功,有伤大道,班固所理解的封建大道早已受人诟病,倒是他在司马迁开的纪传体史学大道上才走好了脚步。他的《汉书》成为《史记》后的第二部纪传体史书。

从此以后,正史全都以纪传体来修。

司马迁写完《史记》后只能藏之名山,传诸其人,想找家出版社都难,而到了班固,私人修史得到肯定,国家也乐意资助出版,作者也名利双收,史学的中兴到来了。

另一学术大事是佛学兴起。

比起史学中兴来,这实在是中国历史上一件破天荒的大事。

｜第二十二回

梦金像汉明签准入证引佛
论白虎章帝给今文经放水

上回说到佛学兴起，这个的出品人也是汉明帝。

在此之前，中土只听说诸子百家，互相争鸣打斗了六七百年，最后尘埃落定，儒家胜出，诸子告退。汉明帝时，儒家内部的今古文经也是争吵不断，但这不过是兄弟在墙内打架，明帝不必为这个操心，睡不着觉。

时光荏苒，明帝继承皇位已经几年，太平无事。一夜睡得正香，忽然梦见一长大金人，顶上含有白光，在殿庭内行走。明帝疑惑，正要问他从哪里来，那金人突然飞升而起，向西方去了。

明帝惊醒，才知是做梦，对那金人牵挂不已。如果是梦见金子，明帝忆也不忆，皇帝不差钱。可这是金人，还在自己家里走动，这就有些迷惑了。

在那个年代，又没有机器人的概念，可偏偏做梦梦出个机器人来，这太不科学，莫非要发生什么事不成。

第二天向群臣一说，大家都互相望着，不知如何回答。只有博士傅毅出列奏道："臣听说西方有神，传名为佛。前朝武帝时派骠骑将军霍去病讨伐匈奴，匈奴大败，逃走时丢下了祭天所供的金人，被霍去病当战利品带回。后来几次大乱，金人早已不知所在。陛下梦见的金人，想必就是西方所传言的佛。"

明帝听了,也觉得好奇,讨论了一番后,决定派遣人到西方天竺国,去打听金人的消息。使者一干人万里跋涉,到了天竺,用白马驮回来一个小金人。

同时还带回来若干佛经和两个沙门,一个叫摄摩腾,一个叫竺法兰。

本书按有的史书说的"使于天竺"来叙说,这些人是不是走到了印度,尽可怀疑,当时西域已经有了佛教,他们就地取经的可能性是很大的,少走一大段路,又省了许多车旅费,回来也不少报,何乐而不为呢?

沙门就是高僧的别号。二位高僧拜过明帝,呈上佛像和佛经。明帝看那佛经如看天书,全是外文,不知所云,粗略翻了翻,又看那金佛像,与梦见的那个金人倒有点相像,连声夸了两句好后,与大伙商量该如何安置这些佛经佛像。

最后定在洛阳城西筑造一座寺观,让两个沙门做寺里的住持。又把那匹驮回经来的白马,也供养在寺中,取寺名为"白马寺"。

这回明白为什么《西游记》里唐僧的坐骑也是匹白马了吧。

明帝到此总算了却了一段心愿,渐渐把佛经的事抛在脑后。王公大臣也不知道什么礼佛烧香,更是很少去光顾白马寺。当官的不知念佛,老百姓就更不知道了,不把佛当妖精就不错了。白马寺门可罗雀,哪有什么香火钱,完全靠国家财政补贴支持。

只有远在楚国的楚王刘英听说驮回了佛经,屁颠屁颠派人大老远来访求佛法。

这楚王刘英的母亲为许美人。美人这个称呼看上去很美,借问汉宫谁得似?美人这个级别在汉宫中也就排第五六级吧,连皇帝的一个小三都够不上。时代在变,皇帝小三的相对应名称也在变,皇帝的大老婆对应的永远是"皇后"的尊号,皇帝的小三在汉宫中相对应的是"婕妤(jiéyú)"之类的称号,至于那个美人称号,比小三婕妤还低。在众多的后宫佳丽中,在一片片的姹紫嫣红中,只能是可怜美人倚新妆了。

许美人的级别既不高,姿色想必也高不到哪儿去,并不受光武帝宠爱。刘英在11个兄弟中的封地也最贫小。明帝为太子时,刘英和明帝很亲近,明帝也很亲爱这个小弟。这次听说皇帝哥哥不远万里请来了外国神像,立刻表示大力支持,派人千里迢迢赶到第一现场,取经造像,以求供养。

摄摩腾、竺法兰二沙门录了些佛经交给楚使,又教了些斋戒拜祭的仪式。刘英得了这些佛经,又依样制作了佛像,在王宫中安置好了,从此朝夕顶礼,日夜念经。

几年后,汉明帝下了道诏书,命令所有犯死罪的囚犯,可以给官府交纳一些缣(jiān)帛赎免死罪。谁想到,这刘英也神经分分地派人拿着30匹黄缣白纨给朝廷送来了,还附上一表,上写:"我托皇恩在藩辅,过恶累积,今欢喜皇上的大恩,特奉送缣帛,来赎我的罪过。"

明帝看了这些缣帛,很是惊讶,心想我这位兄弟是不是供佛供出毛病来了,念佛经译文念得连本国话都看不懂了,我写的是犯死罪的入帛免死,跟他有什么关系。佛经上也没说人人有罪,个个需要忏悔吧。看来得给他慰治慰治,不然我请回佛来岂不是先害了这位兄弟,于是颁下复谕道:

"楚王崇尚浮屠(佛),洁斋三月,与神为誓,何嫌何疑?现将缣帛发还,以助楚王敬佛用。特此报闻。"

此事总算完了,谁料这楚王刘英看来真有病了,后来又犯了别的事,最终被明帝削藩夺爵,自杀了事。

刘英之死留给后世的反佛人士们最大的口实,那就是学佛也未必有好下场,你看中国的学佛第一人刘英就是很好的例子。

明帝引入佛法这个新物种,佛教从此在中国生了根,但此时这棵幼苗还刚破土,谁也看不到它到底能长成什么样子。

说完史学中兴和佛学兴起这两件事,现在再回到直播现场,今古文经争霸赛马上就要开始了,先请出我们的古文经拳王贾逵。

贾逵家学渊源深厚,他的九世祖就是汉文帝时的名臣贾谊。

在现代,你要是不知道贾谊,只能说明你是个半文盲;在汉代,你要是不知道贾谊,就只能说你文盲。

贾逵父亲贾徽,也是古文经学家。贾逵尽传父业,且兼通今文经学,知彼知己,为以后给今文经学致命一击奠定了基础。

贾逵勤奋好学,在太学读书时,不过问人间事,专力于学。长得伟岸高大,身高八尺二寸(1.9米),校园里当时有句流行语"问事不休贾长头",就是说贾逵勤学好问,是个学习控,有问题弄不明白,不肯罢休,又长得身长人大,十分出众(可能脑袋也不小,是个大长脸)。

明帝死后,章帝即位。章帝降心儒术,特好《古文尚书》《左氏传》,古文经得到了皇帝的个人喜好,与今文经的对垒形势发生了微妙变化。

章帝又仿西汉宣帝在石渠阁开会议经的故事,在白虎观召开大会,讲论五经异同。

这是历史上第二次经学全国代表大会,到会的有将军、大夫、博士、议郎、太学生、儒士等各级代表。章帝亲自到大会讲话,并作总结发言。大会由今文学家、五官中郎将魏应主持,班固(这时还没死)作大会记录。最后各种争议由章帝决断。

大会有一项重要议题是讨论古文经有何优点和长处,比较今、古文经谁家的意思最好。

会议前还定下一个基调,此次经学讨论应以伟大的前领袖光武大帝选定的谶纬为指导思想,不得与此发生冲突。

此时谶纬高不可攀,在云端里看着他的盟友今文经与古文经搏斗。

有了谶纬的支持,今文经踌躇满志,跃跃欲试。

古文经看上去稍逊一筹。

这是中国汉代历史上的第三次今古文经大战，也是一次两经重量级拳王比赛。

大会在庄严肃穆的气氛中拉开帷幕，由汉章帝宣布会议开始后，主持人魏应说："皇帝问贾逵，《左氏》与《公羊》传解《春秋》不同，二义谁长，试为讲来。"

贾逵起身道："《左氏》是左丘明写的，左丘明和孔子同时，孔子深夸左丘明明于礼义。《左氏》所说，都是君臣大义，父子纪纲。"

《公羊》博士李育站起来反驳道："《左氏》说礼义，《公羊》又何尝不言？这并不是《左氏》的长处。"

李育从小就学习《公羊春秋》，在太学里非常知名，也是个学霸，深为同郡班固所看重，班固逢人就推荐称扬这位老乡，李育由此知名，京师贵戚争相来交结。李育堪称当时的《公羊》大师。

贾逵深知要想树古文经大旗，必须先拿下李育这一坚城，于是稳稳说道："《左氏》对于君父义理解得更深，《公羊》多任于权变，不诚实，二者差得不是一星半点。"

李育道："《公羊》为儒经，并不是讲权变的书，不可唐突圣学。"

贾逵道："我不是糟蹋《公羊》，我给你举个例子，你就明白了。春秋时期，郑国的执政大臣祭仲到宋国访问，宋国拘押起祭仲，要他立郑国国君的小儿子突为君，说：'不立突，将死'。当时郑国已经立了长子忽，可祭仲贪生怕死，答应了宋国，回到郑国后重新立了少子突，而赶出已立的长子忽。赶忽立突，祭仲干的就是这糊涂大事。这是废长立幼，无君无父。惹得孔子很生气，在《春秋》中就直书其名来罪责他。可这件事在《公羊传》中却解释成是'祭仲如不听从宋国，肯定要被杀。祭仲真是贤者，知道权变'。贪生怕死而干些无礼的事，《公羊》却许以权变，甚是无义，简直是没有耻骨呀！"

章帝听了不觉点头,李育无言以答,这类牵扯到反革命政变的事最好还是少说,闹不好就把自己捎进去,说自己思想有问题,是不是想造反呀?去,审查审查,耻骨就不用找了,直接敲敲是不是有反骨。

贾逵又慢条斯理地说:"我再给你举个例子(李育快要崩溃了,这贾逵哪儿来这么多故事)。《左氏》上记载:楚平王杀了伍奢后,伍奢的儿子伍子胥逃奔到吴国,后来率吴师大败楚国,打进了楚国的都城,终于报了父仇。而《公羊传》却说:'父亲被杀,儿子复仇,这是互相乱砍杀的推刃之道。'我看这不是推刃之道,这是《公羊》无父道,连儿子替父亲报仇都不许。总之,《公羊》赞许祭仲逆乱是无君,批评伍子胥复仇是无父。所以说,《公羊》不明白君臣父子义,无君无父,而多权变。"

章帝点头称善。

李育不觉汗出,说:"《左氏》两次争立两次又被废,若据你所言,为何还要废掉它,还是它不行。"

贾逵道:"这要从刘歆说起。哀帝时,刘歆想要立《左氏》,可他不知道借助新闻的力量,利用媒体炒作宣扬《左氏》,让大家都知道《左氏》的好处,却一时冲动,用自媒体轻易移书责让那些经学博士(**不先暴论大义,而轻移太常**),仗着《左氏》义长而诋挫诸儒。要知道,东西再好,也得一点点来卖。那些博士心怀不服,受不了被个后生小子指点批评,于是相与排挤刘歆。孝哀皇帝不愿违逆众心,因此让刘歆出外为太守。《左氏》也因刘歆得罪了诸儒,诸儒从此开始攻击《左氏》,视为大仇。至我朝光武皇帝,本来是要立《左氏》《穀梁》的,只是因二家先师不晓图谶,所以又中道而废。《左氏》屡次被废,全是因人废书,并不是《左氏》书本身的错。"

章帝道:"图谶是先帝所指定的立国指导大纲,经学应依据谶纬立意。"

李育一听谶纬来了精神,知道救兵来了,赶紧道:"《公羊》最擅长阴阳了,所说都合于图谶。《左氏》却没有这个,不合图谶,偏离了大政方向。"

贾逵笑道："《左氏》不但深明君父,还深证图谶,只是诸君不察罢了。"

李育没想到贾逵不慌不忙说出这样的话,吃了一惊,左右看看,见大家都在你看我,我看你,不知贾逵又要讲什么故事。

章帝一听古文经也合于图谶,饶有兴致,命逵速讲。

贾逵道："大家知道,图谶上说刘氏为古代明王尧的后代,可这话是怎么来的,它的依据在哪儿,谁也弄不清。现在的五经学家都不能证明这个伟大的歌(哥)德巴赫猜想(皆无以证图谶明刘氏为后者)。今天我要告诉大家,我们的《左氏》上就独有明文!"

章帝听了甚为高兴,原来自己是古代圣帝明王尧的后代,这话早已有了古文经证据,高兴地再命贾逵快讲。

李育等今文学家此时只有大眼瞪小眼的份儿,这可是前所未闻的。

贾逵道："《左氏》上明言,'唐尧既衰,其后有刘累'。刘氏为尧的后代,这就是证明。可现在的五经家们却不但证明不了我们的皇帝陛下是尧的后代,还让他们给说拧了。照他们的说法,是黄帝死后,颛顼为帝,按邹衍的五德终始论,黄帝为土德,土生金,那么颛顼当为金德。颛顼之后是高辛为帝,金生水,那么高辛是水德。高辛之后尧为帝,水生木,那么尧就是木德。我们皇帝陛下既然是尧的后代,照现在的五经家说来,我们大汉就应该是木德。这就大错特错了,谁不知我大汉是火德,色尚赤(颜色以红色为上)。如果尧是木德而非火德,那么汉不得为赤,现在的车骑衣服颜色都应改变。这不是瞎胡闹吗,这不是说我们的祖辈先帝弄错谱了吗。可见《公羊》等五经家并不懂图谶,合图谶的倒是《左氏》一书。"

李育一时语塞,见书记班固停下笔来听得出神,自己也只能叹服贾逵厉害。

章帝十分兴奋(是啊,找着刘老根了,怎不兴奋),但也怕伤众今文经博士面子,宣布暂且休息一下,换下一个话题。

李育回去后把《左传》仔细看了几遍,补了补功课,后来又与贾逵在白虎观议论了几回,最终也没难倒贾逵。最后大会裁判宣布:

贾逵胜出。

全国第二次经学大会会议闭幕后,班固把大会记录整理后出版,书名《白虎通义》,全书继续贯彻了以谶纬为各家经学指导思想的方针。

会后,章帝让贾逵从今文经《公羊》博士弟子中挑选高才生 20 人,教给他们《左氏》。李育等今文经学博士面面相觑,谁也不敢站出来反驳,乖乖看着自己的弟子被人家挖走。

贾逵也知道宜将剩勇追穷寇,不可沽名学霸王的道理。这位古文经拳王在一记勾拳把《公羊》打翻后,又接二连三使出了一套组合拳,把今文经《诗》《尚书》也打得满地找牙。

在这样一片大好的形势中,贾逵趁机请求让章帝也从今文博士中抽出人来学习《古文尚书》《毛诗》。

同时还有一本《穀梁春秋》,这次也被贾逵搂草打兔子捎上了,列到了让人学习的行列。

《穀梁春秋》本不是古文经,只因它被今文经中的《公羊》排挤,没有归属感,这才加入了古文经行列。

今文经学全线溃退,被古文经突入了壁垒之中,插上了红旗。

李育等今文经学家的坚城既被拿下,贾逵率领古文经学登城奏凯。章帝升贾逵为卫士令,把贾逵挑选的弟子全部拜为郎官,让人羡慕不已。

想想当年古文经学家桓谭因为反对谶纬而被流放,死于路上,郑兴又因为不善图谶而险遭不测,磕头求饶,说了半天好话,如今贾逵吸取了前辈先烈的教训,灵活机智,把古文经附会到图谶,终于突破了今文经防线。虽然名义上没有为古文经建立博士官,但贾逵缴了今文经博士弟子的械,古文经被今文经排挤打击的历史结束了,压在古文经身上的这座大山被搬走。

古文经从此站起来了。

第二十三回

入关中郑玄学艺
钻小学许慎说文

　　和帝即位后,贾逵又升任侍中,领骑都尉,内备帷幄,兼领秘书,成了皇帝的近臣。然而贾逵在仕途上也到此为止。贾逵本是倜傥不羁式的人物,在小节上并不留意,这就给恨他的今文经学儒臣们一个借口,借此讥议贾逵,说他的坏话。

　　唉,今文帝国主义亡我之心不死啊!

　　贾逵最终也和他的九世祖贾谊一样,没能做到大官。

　　古文经学缺少一个强有力的官场铁腕,尽管突入了今文经壁垒,可惜政治力量没有跟进,没能被立学官,建立古文经博士。

　　古文经的最后结果只是得到了大家认可,获得了广泛传习。

　　但这已是重大胜利了。

　　贾逵72岁时死去,作为对一代经学大师的悼念和酬报,他的两个儿子被任为太子舍人。

　　贾逵死后,朝中的古文经学渐渐荒废,不过今文经学此时更是江河日下。

　　汉安帝时,皇帝不重视艺文,博士也不卖力授课了(依席不讲),白拿工资。弟子们是大眼瞪小眼,小眼乱躲闪(相视怠散),瞎混日子。学舍倒塌敝破,也没有希望工程来赞助，最后被人平成园林，改成了菜地。牧童在其中放羊砍柴，薪刈(yì)林下。这就是当时的儒学图画，一派衰世景象。

然而在野的古文经由于在民间传讲，有群众基础，却稍有振作。

这时出了一位当世通儒，此人名叫马融，字季长。

马融家世显赫，是外戚豪家，长得仪表堂堂，善鼓琴，好吹笛，文艺范儿气息很浓。只是生性奢侈，长期依附权贵，被人诟病，品德上有些污点。

马融开门授徒，学生成百上千，他的教学方式我们好像见过，那就是教授学生时，马融坐在高堂之上，挂着红纱帐子，前边有学生坐着，后边有支女子乐队，弟子们依次传授，能登堂入室见着马老师面的很少。

马融是不是故意效仿前代董仲舒，很难说。不过马融的学生比董仲舒的学生幸福多了，最起码能大饱眼福看美女，大享耳福听音乐。

同样是开的传媒大学，马融的学生能一边看美眉跳舞，一边听美眉奏乐，而董仲舒的学生只能到老师的菜地里摘眉豆。

古文经技艺哪家强，请到关中找季长(马融字)。

这是当时人们的共识。

马融的学校生源众多，其中有一徒弟名叫卢植，是河北涿州人，跑到关中跟马融学习了几年，非常专心，就是马融的美女乐队歌舞于前，也未曾斜眼看过。

这才是真正的淡定！除了金钱，还有比美色更令男人眼迷心动的吗？

现在在高中就骚动搞对象的学生就更没法比了，你学习不好，那不很应该吗？

马融不由不敬重卢植。一天，马融会集学生讨论研究课题，这是一篇图谶，其中夹杂着阴阳历算，大家都弄不明白，这时卢植说："有弟子郑玄，可解疑难。"

马融惊讶地说："我学生队伍中还有这样的高人？"

卢植说："郑玄字康成，是北海高密人，曾当过乡里的小吏，不乐意做此工作，常到学官那里问学。他父亲不愿意他辞职，说咱找个工作容易吗，好赖也是个乡镇公务员。他不听，父亲数次打骂他，都不能禁止他向学。后来郑玄曾到太学受业，遍学今古文经，又擅长《九章算术》，学完后，以为山东没有可以值得问学的人，听说先生大名，于是西入关，前来求教。今到先生门下已三年了，从不曾见老师，只是由高年级弟子传授。"

马融听了惊讶，立刻传唤郑玄上楼。郑玄进来后，向马融施礼。马融见郑玄30多岁，身长八尺，容仪温伟，好似神仙一流人物，不觉喜欢。让郑玄看了他手中的课题，郑玄略一思索，拿起笔来，一会儿就演算出来了。

在场众人你看看我，我看看你，无不骇服。

马融正要夸奖，没想到郑玄说："弟子这里有积了三年的问题，今日终得请教。"于是提出平时积累的疑问来问马融，马融使出平生才学应对郑玄，师徒二人往返质难了半日，马融几乎不能应付。

马融的高才弟子们全都看傻了，没想到郑玄学识这么渊博广大，更没想到，问完后，郑玄深施一礼，说："心愿已了，今天可回家了。"

说完头也不回，下楼而去。

马融大吃一惊，对弟子们叹道："郑生今日一去，我的道也东去了。"

后来的《世说新语》一书说马融使人追杀郑玄，郑玄藏到桥下才免。这真是胡扯。马融老师再无底线，也不能禽兽到去追杀高才弟子。再说郑玄又不是女生，犯不着这么糟践人家。郑玄同学既没要马融的学分，也没等他的毕业证，学费、伙食费、资料费、住宿费全已交清，走前还给导师完成了一篇课题，马融更没理由追杀了。

倒是马融的一句"我的道也东去了"值得玩味。这已是我们这本书的第二次出现了。第一次是田何送丁宽。后面还有"我的道东去南去"这样的句式，这才是传道授业的最高褒奖。如果一个学生能领到老师的这句评价，那将是他的最高荣誉。可惜我们往往听到的是这样一句话："同学们,你们今天毕业了,车票都给你们订好了,收拾收拾回家吧。"

其实也没什么可收拾的,该撂的东西早撂完了。

卢植问道："当今之世,除先生外,谁最为通儒?"

马融道："我知道汝南有个许慎,博学经籍,尤其喜爱古文经学。然从今以后,当属郑玄,他已博通古今,再也没人能夺他的席位了。"

马融所说的许慎,字叔重,当时人们对他的学问评价是"五经无双许叔重"。许慎的五经水平有双无双后人已无从比较,不过许慎耗时 22 年,尽一生精力完成了一部《说文解字》,这在当时确实无双。

许慎说文解字用的比首是六书,这六书分别是:指事、象形、形声、会意、转注、假借。

我们分别介绍一下。

指事是这把手术刀的刀尖,刀尖"视而可视,察而见意",这是许慎对指事的解释,他举了两个字:上、下。一上一下,指示高低。

象形是刀把,上面写的是"画成其物,随体诘(jí)屈",然后一面刻个"日"字,一面刻个"月"字。

两侧刀锋分别是形声、会意。这可说是造字的两件利器,大量汉字都是这两边刀刃切造出来。

许慎对形声的解释是"以事为名,取譬相成",然后以江河为证。长江黄河,这是以事为名。江是从水,发工声;河是从水,发可声。这是取譬相成。

会意的解释是"比类合义,以见指挥",以武和信字为据,止戈为武,人言是信,这是只可意会的事。

两边刀面,一面是转注,另一面是假借。

许慎对转注的解释是"建类一首,同意相授",意思是建立一类部首,相同意思的字互相转相授受。他举了两个字:考和老,说老是考,考是老,比如夸人长寿就可以叫"寿考"。

转注也就是搭了一个瓜架,供一棵秧上的瓜爬蔓。

假借是"本无其字,以声托事"。许慎举了两个字:令和长。令、长原意不是我们现在理解的意思,它们是借来的,时间长了,就成了现在的意思。

勤借勤还,再借不难,有的字借的时间短,暂借一时。有的字借时间长了,就好像借的别人的钱,焐热了,好像成了自己的,不愿意还了。钱主人来要,也不愿给了,双方难免要争执。所以假借在六书中是非最多,各执一词,我们就不去掺乎了。

许慎在重病中唤过儿子,让他第二天上班时把书献给汉安帝。安帝虽不好经艺,但看了这部闻所未闻的《说文解字》一书,也不由得惊叹,君臣上下齐为叹美。

传闻黄帝的史官仓颉造了文字后,天雨粟,鬼夜哭。如今许慎又作《说文解字》,把文字解剖了一遍,使人们从对文字来源的蒙昧中走了出来,怎不感天动地。

安帝立即下令把许慎的大作藏于秘府,并抄写几本,让人传看。

许慎的《说文解字》是当时古文经学后花园中开出的一朵鲜葩。

在《说文解字》序言中,许慎慨叹"小学不修已经很久了",许慎说的"小学不修"并不是好久没给小学校盖房装修了。

"小学"一词在此指的是语言文字学。

自东汉末年以后,你要想参观小学这座殿堂,一踏进门槛,首先看到的就是四大天王。

第一天王是《尔雅》。这本书年代、作者都已久不可考,人们猜测它的出生可能在秦汉之前。它搜集了古代词语的解释,是中国第一部语言学专著。它给后世树立了解词的典范,以它为首,后世孳生了一大堆雅子雅孙,总称为"雅学"。

第二大天王是《方言》,它被多数人认为是扬雄所作。

扬雄是西汉末年人,他是一个模仿大家,做二天王是实至名归。他是成都人,曾模仿老乡司马相如的赋写出了几个名篇。汉成帝把他召到京师,拜为黄门郎,和刘歆、王莽一起同朝为郎,后来王莽、刘歆都贵显了,他却一直官封原职。有人嘲讽他不通世务,他作了篇《解嘲》了事。

扬雄为人口吃,一着急就更是结巴起来。他的爱好就是写文章,他反思自己早年学习司马相如作赋是:雕虫小技,壮夫不为。他要干大的,要求写的书称名于后世。

他认为经中《周易》最大,模仿《易经》作了部《太玄》。

又认为传记中《论语》最大,模仿《论语》作了部《法言》。

仓颉(jié)是传说中发明字的祖师爷,又模仿造字大师的书《仓颉》,作了部《训纂》。

《尔雅》是词典的祖师,又模仿词典中的老大《尔雅》,作了部《方言》。

总之,扬雄同志追求的是高大上的东西。

西汉末年,扬雄的老伙计王莽干了许多热闹事,最后借着谶纬一发力,颠覆了汉朝。扬雄没去跟着凑热闹,一直独守他的太玄。

但是闭门家中坐,祸从天上来,一天扬雄正在天禄阁校书,忽然一群兵来抓他,一问才知是国师刘歆的儿子刘棻(fēn)得罪了王莽,因刘棻曾跟扬雄问过古字,现在穷究党羽,一个也不放过。扬雄想自己年过70,何苦去受刑挨打,不如一死了事。于是乘人不备,竟从天禄阁上投下。

也是这位模仿大师脑袋一昏犯二,也不知他是真想死,还是假想死,他跳楼的高度不够，摔了个半死不活。

你看咱们现在反腐高压下的官员跳楼，哪个不是五层以上，为什么，因为人家是真想死，秀都不跟你秀一下，上去就真摔。

而扬雄呢，他一个清贫官员，知道自己罪不至死，所以只是一急之下，玩了个跳楼秀。

从这上边你就能看出谁真谁假。

王莽听说扬雄跳楼了有点惊讶，说："扬雄素不与人打交道，这事跟他有什么相干。"吩咐手下人不再追问。

扬雄摔了个头破血流，总算捡回一条老命，这才知道王莽大帝的手段厉害，想去趋奉王莽，也顾不着什么雕虫小技、壮夫不为的大话了，特地写了篇歌功颂德的文章《剧秦美新文》，把王莽的新朝美化了一番，说王莽当皇帝那是符命早有。

扬雄这次可真是二了。京师一时对他的行为传为笑谈，为这事编了个顺口溜，说："惟寂寞，自投阁。爰（yuán）清静，作符命。"

扬雄听了只有独自翻白眼的份儿，再也没法去跟人家解嘲了。

扬雄后来被人称为"莽大夫"，什么意思呢？借用扬雄在他的《法言》一书中嘲笑战国时六国屈身侍奉秦国的名言"六国嗞嗞，为嬴弱姬"，莽大夫的意思就是"扬雄嗞嗞，为莽弱姬"。

刘歆来信说："听说你写了部《方言》，能否让我看看，把你的书载入国家图书目录，也就是我那部《七略》中？"

扬雄的犟脾气上来了，他说我常拿着三寸弱管（毛笔），带着油素四尺（布帛），干这件搜集方言的事，到今天已 27 年了。有人看了稿后说我这部《方言》是悬于日月，永不会被刊去的书，现在我这本书还没写定，不愿意拿出来让人看。

如果刘君你用武力威胁我拿出来,我只有上吊,死以从命了。

刘歆一看也纳闷,也不知是哪里得罪了这位老友。只记得自己见了扬雄写的《太玄》一书,好意劝说:"你这是空自苦。现在有的学者拿着国家工资,套取着科研基金(禄利),还不能弄明《易》经,又有谁去看你这本《太玄》呢? 我看恐怕是留给后人盖酱油罐子(覆酱瓿)的吧。"扬雄当时听了笑而不应。现在是不是嫌我说了他的书是覆瓿(bù 小瓮)之书而对我记嫌在心呢?

刘歆自己纳闷,就没再去招惹扬雄。最终刘歆的《七略》里也没著录扬雄这部书,以至于到了后来人们怀疑,说现在流传的这部《方言》不是扬雄所著,成了一件公案。

扬雄死后,王莽的大司空王邑问扬雄的朋友桓谭:"扬雄的书能传于后世吗?"

桓谭说:"必传。人们常常盯着远处的偶像,对眼前的人物倒视而不见,这就是贵远而贱近。如今人们亲见扬雄官位容貌不能动人,就轻视他的书。扬雄书必传后世。"

如今,扬雄的《方言》成了中国第一部研究方言的书,果然成了不刊之典。

第三大天王就是许慎的《说文解字》。

此时它还在古文经的后花园里静静开放。到了近代,它成了小学园地里升起的蘑菇云,震撼了古今中外。它的能量,超乎你想象,在此我们就不先计算它的热功当量了,以后再说。

第四大天王是《释名》。大多数人认为它是东汉末年的刘熙所作,它的体例仿照《尔雅》,并无新意。

不过它有一门独特功夫,那就是声训,它把所有字全用同音字近音字来解释。

如它解释"光"字,它说光就是晃,明晃晃样子;土就是吐,吐生万物。

《释名》把声训这个解字方法当成了必杀技,用得太滥了,不科学处很多。

不过他给后世扩展了一条解释字词的路子,那就是用声音来训诂。

他的方法在清朝得到了广泛认同。

就凭这一点,《释名》的四天王位置谁也不能夺。

小学的大雄宝殿在 1000 多年后的清代才建造,我们就不往前走了。

第二十四回

战何休郑玄一统古今
藏小楼赵岐筑梦北海

再说推荐郑玄的卢植同学,他从马融那里学终辞归后,在家乡涿郡教授,刘备、公孙瓒都成了他的弟子。卢植后来被朝廷征为博士,官至尚书。在董卓要废帝重立的大会上,他大胆发言,指责董卓,董卓恼怒,命人把卢植拉出去砍了。

这时蔡邕(yōng)赶紧上前求情,才放了卢植。

这蔡邕是董卓连哄带吓才请来的当世名儒,他曾于汉灵帝熹平四年,奏请把儒经刻到石头上。石碑立起后,士子们从全国各地涌来观看和摹写,每日车马杂沓,填街塞陌,和赶集似的,热闹了好长时间。

后来唐朝的韩愈在《石鼓歌》一诗中慨叹当时的盛况说"观经鸿都尚填咽,坐见举国来奔波",就是以此来对比自己时代的儒学衰落。

蔡邕立的石经叫"熹平石经",后世又有好几次大的刻经上石活动,从刻经竹帛到上传石头,儒学地位已牢不可破。

那位支持蔡邕刻石经的汉灵帝又招了一些能写会画的人,让他们待诏鸿都门,办了中国第一所皇家艺术学院。于是就有人说鸿都门学可和战国时的稷下学宫相比。

其实二者差得很远。稷下学宫是百家争鸣时代的产物，里边出了些大学问家、大思想家，而灵帝的鸿都门学开办于儒家一统思想的时代，思想的火花没有了碰撞，早已死灭，里边多是些小才微善之人，只可供灵帝这些三流君主自娱自乐。

灵帝治国无能，却敛钱有术，他是第一个把腐败拿在太阳底下大规模晾晒的皇帝。

因国库空虚，灵帝灵机一动，想了一招，那就是卖官鬻爵。跑官买官的人生在汉灵帝时代是最幸福的时光，那时没有纪委管，不怕人举报，这官爵在灵帝手里就仿佛小贩卖的草帽，大号的公卿（省部级以上）从 1000 万起价，小号的百万不等。通过这种办法，没多久就把上任皇帝汉桓帝时留下的亏空填满，修改了财政赤字。

灵帝高兴地问侍中杨奇："朕比桓帝怎么样？"

众所周知，桓帝是有名的昏君，这杨奇是拒贿名臣杨震的后代，杨震曾以"天知、地知、你知、我知"一语拒绝了行贿人半夜送来的贿赂，清声名震当时。

杨奇当即朗朗回答灵帝道："陛下与桓帝相比，就像虞舜比德唐尧。"

尧、舜都是古代贤君，杨奇意思是你俩都差不多，听上去拍得马屁很响。

灵帝不愧叫灵帝，还算机灵，能把账翻清，听了差点背过气去，说："你真是名臣之后，将来死了也肯定有名。"

当腐败公然在阳光下运行时，这个政权就快完结了。

没有几年，黄巾大起义爆发。

蔡邕后来因哭董卓而被王允所杀。消息传到山东北海郡，有一人听了坐立难宁，起身彷徨，仰天长叹道："汉世的事，谁来正啊！"

此人就是郑玄。自从辞别马融东归后，郑玄名气越来越大，跟随他学习的有数百千人。

作《释名》的刘熙就是郑玄的学生。

郑玄收的学生中最有传奇色彩的是服虔。

一次郑玄外出，夜宿一旅社，听到院内有个人在辆车上谈论《左传》，说自己正在为《左传》作注解，并谈了对《左传》的看法。郑玄十分惊奇，没想到在此还能遇到古文爱好者，站着听了好长时间，于是走过去搭话，这才知道此人名叫服虔，很爱古文经学，已研究好多年了。郑玄于是把自己正在作注的《左传》全部交给了服虔。

郑玄夜遇服虔，倾心相推，服虔后来也不白给，作《左氏注》一书，给古文经学又插一红旗。

后人把他和郑玄并称为"郑服"。

"郑服"是当时古文经学营垒中的一面帅旗，迎风烈烈，鲜艳无比。

古文经学营垒力量逐渐增加，但还远远不够。

这时的古文经学有一劲敌，此人名叫何休，是《公羊春秋》专家，攻击古文经学很是凶猛，连写了三篇文章：《谷梁废疾》《左氏膏肓》《公羊墨守》，公然谩骂谷梁是残废，左氏为快死，只有今文经中的公羊最好，他只守着公羊。

何休是今文经学大师，能和他对阵叫板的只有古文经学大师郑玄了。郑大师立即应战，他著文三篇，和何休的书针锋相对，一是《起废疾》，二是《针膏肓》，三是《发墨守》，以动词对何休的名词，主动出击，对何休的今文经学发起全面反攻，何休一时招架不住，只得苦叫："完了完了，我今休矣。"

这何休字劭（shào）公，为人质朴，不善言谈，却很有心思，精研经学，被比作当代董仲舒。他的大作是《春秋公羊解诂》，至今只要谈起《公羊》，就绕不开何休这本解诂。

何休是当时今文经学的掌门人，把古文经视作邪门歪道，恨不能一棍子打死。为此写了《左氏膏肓》《谷梁废疾》《公羊墨守》三篇著作，向古文经学营垒发起挑战。他的这串突如其来的集束炸弹一下子把古文经阵地震了个底儿朝天，一时无人迎战。正要弹冠相庆，郑玄打上门来，且出手不凡，先是治病救人，起废疾，针膏肓，忙过之后，又腾出手来，穷究元凶，来了个发墨守，直捣何休老窝，一口气把公羊家的祖坟发掘了一遍。

何休被弄得欲哭无泪，想再反手做多吧，又见郑玄条分缕析，义据详明，使人不能驳。才知遇到一个劲敌，只好认输，悲叹连声，呼唤着郑玄的字道："康成入我室，操我矛，来伐我来了吗？"

郑玄这一击确实厉害。

今古文经之争从前汉末，纷纷攘攘200年，你推我搡，争斗不休，共有四次大的交锋。

一是刘歆争立古文经。

二是范升、陈元在光武帝前忿争。

三是李育、贾逵白虎观斗法。

这三次都是古文经涨涨跌跌，先赢后输踢趿干。

第四次经郑玄这一投矛击何休，外线又有另一古文经大师马融答北地太守的一封义正词严的信，双管齐下，今文经学再也架不住了，颓然倒地。

古文经学已深入人心，大明于世。

郑玄成了今古文经之争的终结者。

再说那位卢植让蔡邕救下后，逃到北地，从此隐居起来。他的学生公孙瓒与袁绍后来在北方激烈交火，争夺起地盘来。二人正酣斗时，忽报中央派战地观察团来了，团长是太仆赵岐（qí）。

袁绍、公孙瓒一听此人来了，立即收兵。袁绍还派人带着兵跑了数百里去迎接赵岐。

这位赵岐，哪来的这么大派头，能让两个军阀如此尊敬。

说起赵岐，在当时可是个传奇式人物。

赵岐也是出生在官僚家庭，娶的媳妇是马融的堂妹，然而赵岐鄙视马融的为人，嫌他交结权贵，势利眼，认为做人不能这样子，对马融是能躲就躲，不与他相见。马融有一次带着一群宾客说是去看妹子，到赵岐家显摆，赵岐听说马融来了，躲出去了。马融白白等到天黑，赵岐也没回来。客人到主人家里，主人不回来接待，这对喜欢热闹排场的马融来说，真是太丢面子了。

赵岐50多岁时因得罪宦官，家属都被陷于重法杀死，赵岐避难四方，江淮海岱，无所不历，躲遍了半个中国。

一日自匿姓名，卖饼北海市中。北海郡的孙嵩是当地首富，年才20多岁，带着随从在市上游玩，见一卖饼大叔气质不同常人，停车看了一会儿，认定不是个一般人，喊道："卖大饼的这位先生，坐上我的凯地拉客车，一块儿走如何？"

赵岐正在卖饼，忽见有一队人马在他身边停下，以为城管来了，心想我又没有占道经营，当地城管总不能随便砸摊子打人吧，没当回事。忽又听见叫他上车，脸色顿时变了，这么大的豪华车队肯定不是黑车出租吃喝拉客，不是城管，就是那帮宦官追来了，心里暗暗叫苦。

正在琢磨如何逃脱，孙嵩放下车帷，令随从们骑马用布帐围挡住行人，密问赵岐："看你不像卖饼的一般大叔，又相问而色动，不有重怨，就是亡命来此。我是北海孙嵩，家有百口，你若有难，我势能相济。"

赵岐早听说过孙嵩的名字，就说了实情。孙嵩立刻和他同车回府，回家告诉母亲说："我今日得一死友。"孙嵩全家都欢迎这位被宦官恶势力迫害的早期在野党人，把赵岐迎入上堂，酒宴款待，相见甚欢，找了间密室让赵岐居住，一住就是数年。

赵岐结束了风餐露宿、披星戴月的流窜生活，也不用再卖饼谋生了，闲来无事，就在密室里当起了书虫，想注解一本书。思想经书都由先觉们注释过了，自己就别再去拥挤了,只有《孟子》一书,注家很少,自己看了也不满意,不如就注它吧。于是足不出户,也不敢出户,专心当起蛀虫来。

赵岐注的《孟子》是《孟子》成书以来最有影响的一本注书,赵岐此书后来成了十三经注疏的家庭成员。

直到迫害他的宦官死了之后,赵岐才从深闺中走出,一时惊艳天下。三府公侯听说赵岐没死,都争相辟召这位赵氏孤男。

东汉的三府是太尉、司徒、司空,相当于西汉时的太尉、丞相、御史大夫,分别主管军事、行政、监察。

这里的司徒主管民政,实际就是原来的宰相,《三国演义》中设连环计杀董卓的王允就担任此职。

这时的司空早已不是《周官》书中六官之一的司空,那时的司空主管工程,这时的司空相当于西汉的御史大夫,管监察。

太尉、司徒、司空这三府可以置办自己的僚属,设立办事机构。

但东汉最厉害的官职已不是以上所说的这大名鼎鼎的三公,而是"三独坐"。

三独坐是对尚书令、御史中丞、司隶校尉的称号,在百官朝会时,别人都是接席而坐,唯有这三个官是独坐专席,以表示皇帝优宠。

三独坐中的尚书令管政务,御史中丞管监察。

最让人侧目而视的是司隶校尉,最早由汉武帝设置,管纠察百官。他手下还有一支武装部队,我们都知道明朝的东厂、西厂、锦衣卫,可它们和司隶校尉比起来,只能算是孙子辈的。

听听当过司隶校尉的那些大爷你就知道它的厉害和重要了:袁绍、曹操、张飞、诸葛亮……

好了,还说赵岐应聘的三公府吧。

赵岐最后选择了司徒府。不久边境上匈奴等国骚扰,赵岐又被公卿们推举,升拜为并州刺史。在任上正要保国卫民大干一场,没想到宦官集团和文官集团两家又干了起来,宦官集团得势,把这些儒生文官全部赶下野。

这就是历史上著名的"党锢之祸"。

赵岐是典型的党人,早就和宦官干架的老党员,自然难于幸免,这下又遭党锢十多年,直到汉灵帝中平元年才被起用。

说起中平元年,却不是个平和年份,正是在这一年,黄巾起义爆发。灵帝再也顾不上和上任皇帝比了,因为比了半天,自己似乎还不如前任,弄出个黄巾大起义来,要夺他的现位。急忙下诏起复任用那些被禁锢的党人,赵岐这才被重新起拜官职,征为议郎。

汉献帝时,赵岐已升任太仆(掌管皇帝出行的车马,副部级),奉献帝之命,组成军事观察团,到各地巡回观察,实际是给各地相打的军阀拉架。赵岐此时已80多岁了,名高望重,各地军阀谁不给这位党人元老点面子。

公孙瓒给袁绍写信说:"赵太仆来了,来宣扬皇帝的好意(深陈帝德);让我们不要打啦,我们怎能不遵命,你还想打啊。"

袁绍回信说:"你知道这点儿道理就行。"

双方于是罢兵。

赵岐见事办完,喜而南下,到了荆州。荆州是刘表的地盘,孙嵩因战乱也流离到此,投到刘表帐下。因人生地不熟,刘表对孙嵩很冷淡。赵岐对刘表说:"孙嵩就是当年救我的那位侠士。"刘表这才另眼相看孙嵩,把他荐为青州刺史。

孙嵩恐怕当初也想不到,世事变迁,自己最后还能得上赵岐老人的济。看来人们做好事永远没错。

赵岐到此一生恩怨完美收官,留到荆州养老,90多岁时才去世。

赵岐走后,没几年,公孙瓒、袁绍又大打出手,袁绍灭了公孙瓒,独占了冀、青、幽、并四州地盘，志得意满，手下谋士如云，武将如林，人才济济。只是还缺少一顶尖级学术人物来凑场，想来想去就数郑玄为第一，此时天下独步。于是派人去接郑玄。

郑玄这几年遭遇乱世，一心在家授徒著书，倒也安乐。

这期间可以一说的是北海郡长官孔融登门造访。

孔融是孔子的二十世孙，从小是个神通，小小年纪就干了两件让中国文化史永远留名的事。一是孔融让梨，小孩们都知道这个故事，我就不多说了，人家孔融四岁就成了少先队员。

另一件事是十岁时，孔融独自去拜见河南尹李膺。门人不给通报，一个十岁小孩要见政治局委员、正部级干部，开什么玩笑，门人还以为是谁家孩子走丢了呢。

孔融小孩有办法，他一句话就打消了门人的疑虑，他说："我是你们李相的通家子弟。"

李膺一听是通家子弟来了，赶紧请进，见了后不认识，好奇地问："高明祖父曾与我家有恩旧吗？"

孔融说："是啊，我先君孔子曾问礼于君的先人老子，你说咱俩儿是不是累世通家。"

众人惊奇不已，这么个小孩竟把 1000 年的旧账翻了出来。

更惊奇的在后边，一会儿陈炜先生来了，众人都对他夸这小孩聪明，陈炜张口就说："小时候聪明（小时了了），大了未必聪明（大未必佳）。"

孔融应声而答说："你小时候肯定聪明（了了）。"众人一阵大笑，陈炜这才知道掉进了语言陷阱。

这就是明夸暗骂的骂人最高技巧。

　　这位孔夫子的后代如今被董卓推派到北海郡作相,他知道儒学大师郑玄就在此,一下车,就来高密县拜访郑玄(诺贝尔文学奖得主莫言也是山东高密人)。

　　孔融市长当时才28岁,跟60岁的郑玄大师谈完后十分高兴,对随行的高密县长说:"高密如今出了这么一位人物,昂,是我们的骄傲。现在郑君所住的乡应该改名,叫'郑公乡'。郑君家所在,应拓宽马路,盖好门楼,昂,弄得村容整洁,能容高车大马通过,可起名叫'通德门'。"高密县长答应立即照办。

　　可惜那时还不懂搞名人经济,要不然又要在郑玄身上搞开发了。

　　不过孔融搞得也算是一个儒学产品推广吧。

　　孔融可说是对郑玄褒扬无比。北海郡当时是黄巾起义军闹腾得最欢的地方,孔融来北海,是董卓把他往陷阱里推。孔融大大咧咧,也不拿这当回事。后来黄巾军围孔融时,郑玄儿子郑益恩感激孔融,带人赶往救援,力战而死。

　　郑益恩死时,他的儿子还没出生,出生后,郑玄看这个小孙子手纹很像自己,为他取名"小同"。小同长大后,也是博学多才,被皇帝任为亲信,可惜死于皇权争夺上。这事以后再表。

　　孔融后来在任青州刺史时,遭袁绍猛烈围攻,从春到夏打了几个月,孔融手下战士所余只有数百人,都打开了巷战,史载"流矢雨集,戈矛内接",战斗激烈程度可想而知。孔融一边指挥战斗,一边靠案读书,谈笑自若。

　　孔融虽无大将之才,却很有大将风度,直到城池夜陷,不得已才奔东山而去。由于起步晚,没跑利索,老婆孩子都被敌军俘虏。

　　曹操迎汉献帝,定都许昌,干起了挟天子以令诸侯的买卖,征孔融为少府。对于曹操这桩买卖,孔融不怎么买账,每次朝会,都正直敢言。后见曹操雄诈渐著,曹丞相之心,路人皆知,于是开始发言偏荡,时有讽议。

　　比如曹操打败袁绍后,把袁绍的儿媳妇赏赐给了自己的儿子曹丕,孔融发来贺信,说"武王伐纣,以妲己赐周公"。

曹操在脑库里搜索了一遍,也没记得有武王赏赐妲己给周公的典故,曹操倒挺虚心,后来见了孔融,当面请教,问这事出自哪部经典著作。

没想到孔融满不在乎地说:"我是用今天的事去推测古人,想当然罢了。"

曹操这才知是孔融讽刺他给自己的儿子赏老婆,不伦不类,只怪自己大脑一时短路,让孔融给涮了。

又比如曹操讨伐乌桓这个游牧国家,孔融嘲讽曹操说:"大将军远征,萧条海外。当年肃慎国不给周武王进贡长箭,丁零国民偷盗苏武牛羊,今天明公你都让他们给一块儿清账了。"

曹操有句诗叫"山不厌高,海不厌深。周公吐哺,天下归心"。孔融屡次犯颜劝曹操,可惜曹公不是周公,频繁吐哺胃里难受,由归心变成了恶心,又没有山海的容人之量,讨厌死了孔融。可是孔融是孔子的后代,行事端正,无隙可乘,只能派人编构一些罪名。

枪手就是孔融的好朋友蔡邕的一个弟子,名叫路粹。蔡邕这时早已被王允杀死多年,没法去告诫这位学生了,路粹也就变成了当代纳粹,编构罪名,诬告孔融说话放荡,对伦理大放厥词,把孩子在娘肚子里的时节比作寄物瓶中。说父亲对于儿子有什么亲,全是荷尔蒙造的孽;孩子对于娘谈什么德,从瓶子里出来就得了。并且在北海时,就招合徒众,欲谋不轨,说我大圣之后,天下何必姓刘。

书奏上去,孔融被逮,两个孩子,男的九岁,女的才七岁,都不到十岁,和他爸爸一样,也在中国文化史上留下了两件辛酸事。

一是孔融被逮的消息传来,别人劝他俩快跑,他俩说:"往哪儿跑?覆巢之下,岂有完卵?"从容就逮。

二是行刑时,小女孩对他哥哥说:"若死了有知觉,在地下得见父母,这难道不是我们盼望的吗?"这么点儿就知道视死如归,人们听了无不伤心。

诬陷孔融致死的那位路粹,也没得好死,后来被曹操关进集中营,杀了。

孔融的故事就先到这儿,他在国学史上的真正身份不是他是孔子的多少代孙子,而是他是建安文学中建安七子中的第一子,稍等我们再说。

先说眼下袁绍派人去请郑玄,郑玄被死拉硬拽请了来。袁绍见郑玄到来,很是高兴,大会宾客,郑玄最后到场,袁绍请玄上坐。袁绍的宾客都是一些豪俊,能言会说,见郑玄是个老儒,心想还放不倒他,在与郑玄谈论时,争着出一些诡异的问题(竞相设异),天文地理,诸子百家,阴阳谶纬,古今中外,一起抛出,来砸郑玄。郑玄不慌不忙,以方辩对,逐一拆招,论说起来语言融贯百家,无所不通。这些人这才大吃一惊,这哪里是个只会口吐五经语言的人,分明是个 500 年才一出的通人。

座中所有人都无不叹服,应劭激动得自报家门,说:"我是原泰山太守应中远,北面称弟子行吗?"

郑玄笑说:"仲尼之门,不称官阀。"

应劭听了面有愧色。在学术大师面前,官名显得多么俗气。

应劭是个职官学家,曾整理过汉官礼仪故事,这次听郑玄讲得一激动,把干的老本行官呀职呀什么的脱口秀了出来,被郑玄笑着说了两句,一下子觉得自己多么俗不可耐,立刻改口承认失误。

袁绍十分高兴。郑玄不久又被皇帝征为大司农。在那个年代,官职跟研究领域无关,儒学大师当农业部长很正常,比如前面那位古文经大师郑众,也是官拜大司农,害得后人没法区分郑玄、郑众,总不能把俩人都当农业科学家袁隆平,全叫郑司农吧。

于是称郑众为"先郑",郑玄为"后郑"。

郑玄对做官不感兴趣,从小时候在乡里当小吏,到最后以学问轰动天下,官拜大司农。在世人眼里,郑玄已通过学习获得了应有的一切荣耀。然而郑玄实实在在只是个想做点学问的人,他以病为由,向皇帝请求还家。没想到这一还家,倒了霉。那位袁绍在与曹操官渡之战时,在和曹操拉锯之余,仍不忘派人去拉郑玄来给自己壮脸。没想到这次郑玄是真有病了,一个老人,经不起这么长途折腾了,没等拉到目的地,郑玄就死了。

你说这个袁绍,官渡之战时连自己谋士的话都不听,偏还要想着拉学术大师郑玄来给自己脸上贴金,结果把人家给折腾死了。这也应是袁绍在官渡之战中的一个败笔,在此我们也给袁绍记上了。

郑玄死时年74岁,弄到这个份儿上,让人都不好意思说人家是享年74岁。

郑玄一生遍注群经,囊括大典,网罗百家,是两汉经学的集大成者。他立足于古文,兼涉今文,各取所长,互相补充,把二者统一了起来。虽然这种统一有些勉强,解说经书时中间又夹杂着谶纬,有点粗糙,但郑玄毕竟终结了两百多年的今古文之争。

随着党禁的解除,郑玄的影响如日中天,学生弟子仰慕郑玄,如仰日月,两汉400余年,没有比郑玄更伟大的经学家了。仿佛为了纪念这位经学伟人似的,郑玄身后,又有了一门"玄学"。

不过要注意,这个玄学可与郑玄无关,反而是从以郑玄为代表的的经学反动中而来的。

这就是魏晋玄学,怎么回事呢?

请看下回。

{ 第二十五回 🔥

何晏王弼首畅玄风
嵇康阮籍领秀竹林

这要先从曹氏父子慷慨多气的建安文学谈起。

为什么说这时的文学慷慨多气呢,用句学术理论语来说,就是这时文学由自在变成了自为,从一支自在的力量变成了一个自为的行动。

一句话,文学家们自觉拿起了笔杆子来传情达意,文学开始觉醒了。

曹操在汉末群雄逐鹿的比赛中脱颖而出。为了打败对手,他采取了灵活的用工制度,那就是唯才是举,不管你过去的经历是陈平盗嫂,还是公孙弘牧猪,生活作风、家庭出身一概不问,只要有能力,都可来他这儿报名,他是择优录取。不但不看文凭,人品也不看,只看水平。因此曹操手下是文臣济济、武将楚楚。

曹操很喜欢诗歌,他的诗也写得非常好,他的两个儿子曹丕、曹植也都吸收继承了老爸的基因,诗文都极佳。曹操本人"昼携壮士破坚阵,夜接词人赋华屋",打仗写诗两不误,是当时诗坛的盟主,建安文学社的名誉主席。他的两个儿子担任理事长。

大理事长曹丕说文学社成员中最有才华的有七个人:孔融、陈琳、王粲、徐幹(gàn)、阮瑀(yǔ)、应玚(yáng)、刘桢。

孔融是其中最好的,不过似乎不常到曹家诗社走动。

当时是东汉末帝汉献帝建安年间,以上七人就是文学史上所说的"建安七子"。

顺便扯一下,当时艺术界喜欢谈七,有很多"七",如文章体裁有七体,作家群有七子,赋作有《七发》,目录有《七略》,后来士人中又有"竹林七贤"。那时说七,就和我们现在乐意说七的兄弟六和八一样,都是吉利数。

甚至皇帝的祖庙也叫"七庙",供奉七代祖宗。

理事长曹丕还是文学社的理论家,他写了本《典论》,其中有《论文》一篇,作为他的文学宣言,他说:"文章是经国之大业,不朽之盛事,年寿有时而尽,荣乐止于其身,不如文章之无穷。"

这些话在当时有点像闪电掠过夜空,假如曹丕说"经学是经国之大业",这还符合当时人们的心理。

在人们心目中,经学那才是经国大业。比如司马迁就感叹说:"舞文弄史跟算卦唱戏的差不多,都是主上所戏弄、流俗所看不起的活儿。"

到了扬雄,见老乡司马相如靠写赋成功,被皇帝所赏识,也模仿着写了几篇赋,也取得了成功,受到了皇帝赏识,但最终却叹道:"写作辞赋是雕虫小技,也不是大男人干的活儿(童子雕虫篆刻,壮夫不为)。"于是为了追求不朽,模仿写经书去了。

曹丕的宣言可说是对人们文学观念的颠覆。当时文学虽然立了起来,但怯生生得似乎还不敢跟经学长老去对视,曹丕又给他打气鼓劲说:"文以气为主。"并拿他最喜欢的孔融的文章说事,说:"孔融体气高妙。"他没有提他爸爸曹操差点被孔融的文章气着这些事。

曹丕很喜欢孔融的文章,孔融死后,他到处悬赏募购孔融所作的文章,成了孔融文集的第一个责任编辑。

东汉末年的社会大动乱，刘汉王朝的衰亡，使慷慨多气的诗文从经学的覆盖下冒了出来，呼了口气，并且从此一发而不可收。

文学觉醒，也就是人们有意识地钻研文学、利用文学的时代到来了。

曹操死后，曹丕代汉，建立了魏国。在和汉献帝交接班那天的典礼上，曹丕感叹道："尧舜禹禅让这些事，我今天算知道了。"

什么狗屁禅让，要是没实力，谁让谁啊！听那些儒生胡扯。

曹丕的魏国施行"九品中正制"选拔官吏，把要选拔的士子们根据家世门第、道德才能，分为上上、上中、上下、中上、中中、中下、下上、下中、下下九个品级，由当地州郡的中正官品评。而中正官又是由现任官员出任，最后结果只会是官官相护，一个官僚体系的世家大族网逐步形成。

在此之前，汉代选拔官员施行的是察举和征辟。九品中正制由于能大鸣起鼓地明里操作，受到门阀士族的欢迎，开始了"上品无寒门，下品无士族"的时代，社会等级划分明显，一般老百姓想追求进步做个官就别想了。

曹丕有了世家大族的支持，代汉成功，400多年的汉朝猝然倒垮，再也没有了中兴之人。

曹丕登上禅让台的那句著名台词"尧舜禹之事，吾知之矣"，用亲身实践把儒家美化的三代禅让图戳了个窟窿。

人们对儒家也产生了信任危机。

社会的激烈变革，人们的思想意识也发生了重大变化。儒家的经书成了死板的教典，这时，隐藏幕后很久的一本书《老子》开始登台亮相，一种新的思潮——玄风开始刮起。

我们就从魏国的玄风中心——何晏家里说起吧。

何晏是东汉末年何进大将军的孙子。何进无谋，引董卓入朝诛杀宦官，没料自己倒先被宦官杀死,家破人亡。他的儿媳妇,也就是何晏的母亲尹氏,被曹操纳为夫人。

曹操好像很喜欢干这个,比如袁绍的儿媳妇甄氏,被他赐给了曹丕,当了自己的儿媳妇。

何进老首长的儿媳妇尹氏,被他拿来,当了自己的媳妇。

最出名的是张绣叔叔张济的媳妇,被他拿来玩时,让张绣放火暴打了一顿……

后来据说又想要周瑜的媳妇,过江去取时,被周瑜又放火暴打了一顿……

怪不得曹操临死时,嘱咐媳妇们分香卖履,说以后小心仔细过日子吧,大家都挺不容易的。

好了,还说何晏小孩子吧。他从小跟着他娘在曹丞相府中长大,后来曹操被封为魏王,何晏也进了一级,住进了王宫,后来又娶了魏室公主,何晏的生活看上去都很美。

何晏看上去也很美,面如傅粉,姿仪飘飘,只是女人气多了点,没走几步就要看看自己的影像(行步顾影),十分自恋,放到现在也是个爱好自拍的哥们。这也就算了,何晏还有一个爱好,那就是爱打扮,爱穿好衣服,无所顾惮,衣服颜色质料照着太子的标准(服饰拟于太子)。

太子是谁,当然是魏王曹操与卞夫人生的大儿子曹丕了。曹丕不高兴了,心里暗骂,好你个臭小子,你娘把你带来我家,不就是个拖油瓶的吗,如今来了啥活儿也不干,地都不给拖一把,你还真不拿自己当外人。

曹丕是个有思想、有追求、有心计的人,看不上何晏这一套,叫何晏为"假子"。

何晏在曹丕和曹丕儿子魏明帝时代都不受用。

直到曹芳即位,大将军曹爽辅政,何晏才跟着爽了一把。

何晏有才名，喜欢《老子》，当吏部尚书时，这位人事部长家里时时谈客满座。

何晏家是魏晋清谈的第一站，何晏宾客所谈的都是一些玄理。老子当年说"玄之又玄，众妙之门"，众宾客在何部长家里是高谈阔论，玄而又玄，谈得兴致盎然，何部长家也成了众妙之门。

一天门人报说王弼来见，何晏立即请进。王弼当时最多 20 岁，年龄还达不到现今大四的学生，可他的水平已经达到了大师的水平。

何晏知道王弼爱说玄，就把从前谈过的玄理摘了几条，说："此理我认为已到极点，你还能再驳难吗？"王弼一看便反驳了起来，条理分明，胜语间出，一座人都自叹不如，竟不能张口回驳王弼。王弼见没有了对手，没有问题，自己找起了问题，干脆自难自答，自为客主数番，并且自己给自己提的都是众人想不到的难义，这下子一座皆服。

何晏后来又去拜访王弼，见王弼正在注解《老子》，何晏正好刚做了部《老子注》，一见了王弼的注解，不觉神伏说："像这样的人，才可以和他谈论天人之际呀！"于是把自己的《老子注》改名《道德论》，表示不敢和王弼争。

那么小小年纪一个王弼如何让这么多人心甘情愿拜服脚下呢？

这也没什么奇怪的，因为王弼把准了时代的脉搏，运用了当时最先进的解经工具，在解经时切入了本末体用，也就是说他用本末体用的手术刀来解经。

而何晏的解经工具当时还是不够先进，明显显得滞重，不如王弼的空灵。

本末体用是什么，就是把你手头的材料切割开来，看看哪头是本，末在哪里；哪段是体，它的作用是什么。

魏晋玄学之初王弼、何晏等人手头材料最现成的是"有"和"无"，这是老子谈过的，于是他们就拿着"有无"和"本末体用"套开了，由于他们"以无为本"，所以被人称为"贵无"派。这里边玩得最溜的是王弼。

有人问王弼说："老子一个劲儿地说'无'是万物所依靠的，而孔子圣人却不肯谈论'无'，这是为何呢？"

王弼说："孔子认为他们儒家不缺无(无是本体)，所以言必及有。老庄认为他们道家家里不缺有，所以常说无。"

王弼这话很乖，他并没有得罪孔子，却给儒家塞进了无。也没有贬低老庄，还给道家插进了有，证明了他的谈玄说无是自然而然的。这在当时吸引了众多粉丝，一些粉丝把他这句话转贴了出去，流传开来，直到今天。

"有无"二字是玄学的重要话题，若有若无那才是玄境。老子在他的书中，开宗明义第一章就是谈有说无，说："无是天地的开始，有是万物的母亲，无是用来观妙的，有是用来观窍的，这两个都是玄。"

可见谈玄首先不能离开有无。有无是打开玄境的正反两面镜子。如果给玄学盖个纪念馆，它的正门上挂的一副对联可借用贾宝玉游太虚幻境时看到的那副"假作真时真亦假，无为有处有还无"，让你在参观时也会啧啧叹息两句。

进入正门，你会看到里边有许多殿堂，有"本末"堂、"体用"殿、"一多"室、"动静"房、"言意"阁、"名理"亭，"性情"屋，最后是"名教与自然"纪念碑。

喜欢思辨的朋友可在此多停留一会儿。

本末在王弼的玄学话语中是主张以无为本，社会生活中应该遵循"崇本息末"的大方向。

体用在王弼的玄学话语中是主张以无为体，以无为用，体用如一(注意王弼不是以有为用，他认为"有"要想有利，必须以无为用)。

一多在王弼的玄学话语中是主张以一统众，因为他是贵无的，多了没用，只能以"一"为体了(万物无形，其归一也)。

动静在玄学家看来静就是无，是本，动只是静的一种表现形式，是末。凡动都起于静，万物虽动，最后还得归于静。静能制动，静是体，动自然是用了，不动连饭都吃不到嘴里。可见动用是来为静体服务的。

言意之辨是探讨所说的话和话中意思的关系问题。《周易》、庄子主张"言不尽意”，王弼大力倡导“得意忘言”，此中有真意，欲辩已忘言，把握住言意之辨才是高人呀，别整天叨叨起来没完。

名理中的名是名称，理是内涵，看一个事物不能只说它的名分，还要分析分析它内在的道理，辨名析理是魏晋玄学的拿手功课，玄学的名理亭中经常高朋满座，麈(zhǔ)尾乱飞(麈尾是玄学家清谈时手里拿的一种类似拂尘的道具，隐喻要像大鹿摇尾巴指挥鹿群一样领袖群伦)。

性情的关系是情生于性，王弼主张“性其情”，对情来说，性是本，是体，性静情动(这个应该好理解，搞对象都是我们的情欲在蠢蠢欲动)。

最后的“名教和自然”纪念碑，这是嵇康同志流血的地方，我们以后再讲。

这里我们还是先到纪念馆两侧，看看这里的玄学人物画廊。

画廊前边最显眼的就是何晏、王弼。

王弼是建安七子王粲的侄孙。王粲在汉末动乱时跑到荆州刘表那里避难，可刘表并没有重用他，他写了篇著名的《登楼赋》抒发心中的郁闷。王粲登楼后来成了一段典故，在文学史上非常有名。

自从王粲登楼后，唐朝又有姓王的两位名人登楼，登的是让人家喻户晓，一个是王之涣的登鹳雀楼，他给鹳雀楼贴的标签是“欲穷千里目，更上一层楼”。另一个是王勃的登滕王阁，他给滕王阁贴的标签是“落霞与孤鹜齐飞，秋水共长天一色”。都挺不错。

王粲给荆州城楼贴的标签听起来有点沮丧，是“虽信美而非吾土兮，曾何足于少留”，意思是又不是俺家，再好有什么用。曹操的军队打到荆州时，王粲竭力主张投降(虽信美而非吾土兮)，受到曹操的大力表扬。

王粲归属了曹操，成了曹家文学社的一名重要成员，在建安七子中文采出众。

王粲死后，在追悼会上，曹丕对同来吊丧的客人发了个倡议说：“王粲好学驴鸣,我们各作一声驴叫来送送他。"于是大家都一个个像驴一样叫了一声,作为告别。

这事到现在都让人整不明白,曹丕是不是在恶搞。他当时还不是皇帝,但也不是个恶少。他这么做,往好听点想,只能说是思想解放的先声。

跟着这么随和的领导,想不潇洒都难。

何晏注老子不如王弼,拱手相让。不过何部长凭借着人力资源优势,主持编著了本《论语集解》,把前人注解《论语》的观点集合起来,择善而从,加以己说,首创了注释中的集解体,只是有时用道家观点解儒家,有点儿穿帮。

这在汉代那可是大逆不道的事,师法、家法非常严厉。可到了曹魏时,那可就不一样了。从曹丕让人学驴叫送王粲时起,就启示了后来的正始之音。人们都喜欢这种穿越、这种戏说。汉代经学实在是太死板,太琐碎了,发展到后来,解一句经要用几万字来说清。看惯了汉代经学样板戏,一碰上曹魏玄学大片,没有不上瘾的。

正始之音中的"正始"是魏废帝曹芳用过的年号,共九年(240—249 年),这是曹魏走下坡路的开始,何晏、王弼就在这个时代登上玄谈舞台。

名士风流,开始唱主角。

名士王弼还干了一件国学史上的大事,那就是注《周易》。

他注《周易》的办法是别人没有干过的,那就是"黜象生义",抛开《易》中的卦画象数,只阐释其中的义理。

比如《周易·说卦》中说:"乾卦为天,为马。坤卦为地,为牛。"把乾取像为天、马,坤取像为地、牛。

到了王弼这儿,他说:"义苟在健,何必马乎?类苟在顺,何必牛乎?"

意思是只要说清义理就行了,管你什么牛头马面,驴鬼蛇神,统统打倒。

汉代以来解《易》，用阴阳五行思想说《易》，弄出了什么"卦气"、"爻辰"（用六爻与十二辰相配合）、纳甲（用八卦与十干、五行、五方相配合）、"消息"等等等等，真是个阴阳五行数字大联盟。

　　王弼把这些丝网全都扯开，只说书中隐藏的道理（义理）。从此，《周易》的说解中出现义理一派，和过去的"象数"派截然分开。

　　义理易出现之后，义理易与象数易从此又开始互相揪着头发争斗。

　　司马懿发动高平陵政变，诛曹爽，何晏也跟着倒霉，被夷灭三族。

　　当年秋天，王弼也病亡，时年 24 岁。这位年轻的哲学大师像流星一样陨灭了。

　　何、王之死是正始之音的结束，玄学的第一小提琴手没了，它的第二场演奏在竹林中又已拉开了帷幕。

　　演奏者就是玄学人物画廊中何晏、王弼后边的竹林七贤。

　　他们的出场顺序是：山涛、嵇康、阮籍、向秀、王戎、阮咸、刘伶。

　　山涛是七人中的老大哥，为人很有器量，介然不群，别人骂两句也就当没听见，不跟这些人一样。

　　嵇康是个标准的帅哥，身材据说是长得龙章凤姿，没治了，是那个时代的男神，在 20 岁时娶了曹操孙子的女儿为妻，是曹魏宗室的女婿。

　　阮籍也是个帅哥，长得很排场（容貌瑰杰），他父亲就是建安七子之一的阮瑀，曾当过曹操丞相府里的高级办事官。

　　三人一见立刻成了好朋友，把臂入林，建立了基层不群组织——竹林会。

　　阮籍还介绍侄子阮咸加入，阮咸是个声乐家，也是个任达不羁的人。

　　山涛又介绍向秀加入。向秀和他的名字一样，是个很内秀的人，他是竹林正始之音时期的歌唱家，大畅玄风的殿军人物。

七人中年龄最小的是王戎，是个小公子哥，当时才 14 岁。这王戎是个早熟的儿童，非常聪明，长得神彩秀彻，两个眼睛明亮，被人形容为"就像山岩下的闪电"，能两眼直盯着太阳看完了也不头晕目眩。六七岁时在宣武场看野兽戏，猛兽在栅栏中吼声震地，凶猛欲出，众人纷纷后退奔走，这王戎独立不动，神色自若，让魏明帝看了都大奇，打听这是谁家孩子，这么有胆。

如果你说这是王戎岁数小，无知者无畏，那么王戎不吃大道边李子的事迹就是他非常聪慧的例证了。在一群小孩争抢着去吃道边李子的时候，他独不去争抢，别人说你快去呀，不去别人就吃完了，他说："树在道边而多子，必是苦李子。"

在大伙儿疯癫哄嚷着都去捡便宜的时候，剩下不动，默默做事的人才是智者。

王戎十四五岁时和阮籍成了好朋友。阮籍比王戎大 20 岁，可两人一见如故，就这样，王戎被阮叔叔带进了竹林。

最后加盟的是刘伶。刘伶长得个子不高，容貌很丑，是竹林中的一只小小鸟，为人放情肆志，在他那双小小鸟的眼睛里，有一种决世雄飞的欲望（常以细宇宙齐万物为心）。

别看我不起眼，我看不上眼的东西还很多。

刘伶见了阮籍、嵇康，立马看上眼了，欣然神醉，成了二人的粉丝，和阮、嵇二人携手入林，同台演出，由票友变成了演员，走上了成星之路。

阮籍、嵇康是竹林北斗七星中的魁星。

阮籍还有个绝活，那就是能把眼睛弄成青白两种底片，见了俗人，用白眼；见了嵇康这些人，用青眼相待。一般人除了红眼、白眼外，是弄不成青眼的（青光眼不算），这个本领连"横眉怒对千夫指"的鲁迅都自叹学不来。

阮籍也做出了许多背礼任情的事。他嫂子回娘家，阮籍跑去和嫂子相别，有人告诉他："男女授受不亲。"告诫他男女早在孟子时代就提倡不能通礼，私自赠受东西，互相来往。他说："礼岂为我辈设？"把那人给顶了回去。听说人家有个女儿还没出嫁就死了，他觉得很伤心，和人家不认识，也跑去像哭未婚妻似的，大哭了一场。又写文章说那些礼法君子不过是"上欲图三公，下不失九州牧"，就好像裤子中的虱子，逃于深缝，藏于烂絮，却自认为是好房子，一辈子不肯出裤裆。

这自然惹起人的憎恨。

阮籍等人的任情随性给沉闷的社会现实挖了一个通风口，也给自己引火上身，惹起了一些人的憎恨。

这里边最惹人的是嵇康。嵇康精通音乐，善写文章，又是个大才子，可他最喜欢干的活儿是打铁，他打铁的伙计是向秀。向秀可说是嵇康的铁杆，也最喜欢和嵇康大匠一块锻铁，两人打起铁来异常兴奋，旁若无人。

这天两人正打得火热，一队人马来到，为首一人锦衣绣服，下马走来，身后宾从如云。那人站在旁边，静静地看着二人。嵇康、向秀一看是钟会这位司马家的新贵，照旧打铁，没答理钟会。钟会独自一人带队当了半天观众，好是没趣，拔腿刚要走，忽听嵇康问道："何所闻而来？何所见而去？"钟会说："闻所闻而来，见所见而去。"跨马离去。

在这一刻，钟会的眼泪都快流出来了，他心中想的恐怕就是这几个字："我要报仇，我要报仇。"

钟会是个很有心机的人。他父亲钟繇（yáo）官太尉，封定陵侯，被魏文帝曹丕称为"一代之伟人"。皇帝心中的伟人跟我们今天理解的伟人肯定不是一个意思，不过也可想见钟繇在皇帝心中的位置。钟繇还是个书法史上的革新人物，对楷、行书的形成和流传有很大贡献，是"书圣"王羲之的先驱。

在玄学大潮中，钟会也卷入其中，还和王弼成了好朋友。王弼是玄学领军人物，钟会谈玄的角色只能算个跑龙套的。

钟会也不甘心只当个跑龙套的,他还曾写成一本《四本论》,论才与性的关系,写完后想让嵇康指点指点,到了嵇康家门口又不敢进,撂下书跑了。

才性关系是当时人关注的话题。九品中正制选拔人才,对决定才的性很看重,什么性决定什么才,是大家热烈讨论的话题。比如三国时魏国刘劭的《人物志》就说能钻研数理、色平而畅的"通微"之才是"智"性的表现,气清而朗、有文理的人是"礼"性的表现,有臂力的"筋劲"之才是"勇"性的表现,对才性关系作了具体说明。

钟会对才性关系也做了深入研究,但他对政治权位的兴趣,远胜于学术。他很快因有谋略而被司马师看中,成了司马幕府中的鹰犬,进入了中情局。

嵇康并不知道自己的危险正在一步步逼近,又著文宣传"越名教而任自然",与司马氏当时的虚伪名教宣传顶了起来。

名教是儒家的产品,说的是名分礼教。

清静自然,则是老庄的行话。

任自然可以,越名教就让司马氏受不了了。

人家还想借用名教打掩护,做些指鹿为马的事呢。

竹林会并没维持多长时间,就各人干各人的事去了。山涛大哥率先走出了竹林,在仕途上越来越顺,并推荐嵇康出来做官。

嵇康给他写了一封信,在信中阐明了自己不愿做官的严正立场,对山涛说:"老子、庄周是我的老师,而我又常常非汤武而薄周孔,不是做官的料。你可不要自己喜欢吃臭腐,也让别人跟着吃死老鼠。"

嵇康看来确实是庄子的私淑弟子,庄子当年就曾拿死老鼠讽刺过老朋友惠子,如今他又把山涛来比猫头鹰。山涛看了这封书信什么表情史无明文,肯定是哭笑不得,他了解这位老友。

然而,谁能想到,嵇康的言论却被一个人抓住了把柄,此人就是钟会,他已跟踪嵇康好久了。

　　他对司马昭说:"嵇康是条卧龙,不可用。说话言论放荡,非毁圣人,做帝王的不应容纳这种人。"

　　其实薄周公、孔子,帝王还能容。非商汤周武,那才是司马昭不能容忍的。司马昭当时正在加紧做侵夺曹氏政权的革命工作,而商汤、周武王都是老革命家,《易》经上说"汤武革命,应天顺人",商汤、周武王的老革命家身份是得到公认了的,如今嵇康这位意见领袖说出反对革命的言论,正有志投身这项事业的司马昭哪能容得了这个。

　　司马昭动了杀心。

　　那是一个下午,嵇康在刑场上顾视日影,向人要来琴,弹了一曲《广陵散》后,从容就义。

　　嵇康之死是竹林之游彻底散伙的标记。

{ 第二十六回

晒玄言向秀演绎庄子
反王肃曹髦问难太学

　　阮籍后来越发任性，时时独自一人驾车乱走，率意而行，走到路穷无道时，恸哭而返。又曾登上广武山，看刘邦、项羽争战处，长叹道："时无英雄，使竖子成名。"也不知他骂谁是竖子。又登武牢山，望京城而叹，总之是很伤感很伤感，54岁时死去。

　　刘伶离开竹林后，更加抓狂，原来还土木形骸，这回干脆形骸也不要了，常乘一独轮小推车，携一壶酒，使人拿锸跟着，说："死便埋我。"后来朝廷征召他对策，想让他到朝中做官，同时被召的人答题时都是说孔子，一个个得中高第大官。他对策时却大谈老子，被斥为无用而回。

　　竹林中向秀是个很秀气、很有意思的人物，在生活中我们时不时会遇到这些人，他们不逞头，做事也不靠前，但有时做出来的事让人稀奇不已。就说向秀吧，竹林七人中他显得最没个性，嵇康打铁不理会钟会时他就在旁边，敲敲打打、煽风点火总有他的份儿，可钟会最后也没害他，说他的坏话，可能看着他老实。

　　向秀是七人中对玄学贡献最大的一位，他作的《庄子》注在玄学界刮起了一股旋风，引起了一阵轰动。

那还是他跟嵇康打铁时的事,两人一边干活,一边说话,向秀说:"我打算给《庄子》作注。"嵇康说:"这本书本来就已很好了,那还用得着去作注,正是妨人作乐罢了,还不如咱们趁热多打二斤铁。"

向秀也没多说,把书快注完时,拿来让嵇康看,说:"你看我的注解妨人作乐吗?"

嵇康一看,不禁叫好。

向秀用当时流行的玄学思想去演绎《庄子》,给庄子这位不爱打扮的干瘪老头做了件流行玄色衣裳,使庄子一下子跟上了时代潮流。这时人们才惊奇发现,原来《庄子》中埋藏着这么深的玄学金矿。

向秀的《庄子注》让人们眼前一亮。过去人们只注意老子,在老子中开掘,却忽略了庄子的含金量。

《庄子》自成书以来已几百年,一直销路不佳。名家、阴阳家、纵横家都一个个畅销一时,庄子却一直像他说的在泥地上曳尾,没人问津。最后法家登台,把各家都清洗扫除了一遍,庄子连曳尾的地也没了。

汉初黄老大兴,按说老子和庄子沾着师徒关系,总该有机会了吧,可是庄子还是没机会冒头。

汉武帝独尊儒术,庄子更是进了冷库。

曹魏时玄学兴起,打头阵的是老子和《周易》,庄子还是没人气。

但这是暂时的。

竹林中的一群愤青发现了庄子这位老前辈愤青,哇塞,庄老师庄老师地叫了开来。更没想到的是,向秀这个平时蔫儿吧唧的学生给庄老师送来了一件大礼——"庄师玄传",一下子捧红了庄子。《庄子》荣登各大书店卖场畅销书榜首,和《老子》《周易》一起鼎足为三,成了三玄之一,共同托起了玄学的炉灶。

嵇康之死使向秀失去了一位铁友,失去了一个铁中铮铮的知音,使他注《庄子》书的兴趣大减,他到死也没注完(差两章)。

为了生活,他入朝为官。司马昭见了他,还挑逗道:"听说你想当隐士,怎么隐到这儿来了。"向秀说:"巢父、许由这些拿着自己这根儿针当棒槌的人(狷介之士)有什么好的,他们不了解尧帝的心(不达尧心),有什么好羡慕的。"司马昭听了大乐。

向秀没说什么"大隐隐于朝"的话,却从此在朝中隐了起来,过起了混饭吃的生活。在一个冬日的黄昏,向秀经过嵇康居住的老屋,夕阳西下,映着寒冰,凄冷异常,树木萧瑟,邻家吹笛声在空中传来,想起当年竹林游宴时的热闹,向秀再也抑制不住,悲从中来,作了篇《思旧赋》,说:

瞻旷野之萧条兮,息余驾乎城隅。践二子之遗迹兮,历穷巷之空庐。

想好了几句,实在念说不下去,泪水开始在眼眶中打转,只好上马而回。

竹林佳话如此收场。

早在嵇康血染市朝前两年,曹魏一个年轻皇帝也喋血街头,这就是后来被贬退回"高贵乡公"称号的曹髦(máo)。

曹髦3岁时被封为高贵乡公,15岁被挑中,继废帝曹芳之后当了皇帝。

登基那天罢朝后,司马师在家偷偷问钟会怎么看这位新皇帝。钟会说:"才同陈思,武类太祖。"陈思是陈思王曹植,太祖是曹操。

这等于给司马师敲响了警钟,说曹髦是个不好对付的家伙。

司马师自然明白,嘴上却酸溜溜地说:"真如卿所说,那是社稷之福啊。"

曹芳被废是由于不听话,想把司马师除掉,没想到又找了一个不听话的。

在那个年代,被钟会这个克格勃猛夸可不是件好事,嵇康就是被钟会夸为"卧龙",最终让钟会上演了一场倚天屠龙记。

曹髦果然是个有志青年,他十分仰慕夏朝的少康。少康在一穷二白的情况下,凭着努力奋斗,最后把失去的帝王大业恢复,使夏朝中兴。曹髦内心里也十分想做个中兴之主,他当前面临的最紧迫的问题,是使魏国脱离司马氏的掌控。

他首先从意识形态领域抓起,认为当时儒学面临着两条路线的斗争,一是以郑学为代表,一是以王学为代表的两条路线上的斗争。

郑学是郑玄之学,早已人所共知。这王学是王肃之学,是新兴起的。如果说郑学是靠自己的文化软实力慢慢上升起来的白马,那么王学则是靠政治硬实力迅速腾起的黑马。

这王肃出身名门。他的父亲王朗就是在《三国演义》中被诸葛亮阵前骂成"皓首匹夫,苍髯老贼"而气死的那位。不过真实版的王朗是寿终于家的。王肃还是司马昭的丈人,女儿嫁给了司马昭,后来的晋武帝司马炎就是他女儿所生。

王肃喜欢贾逵、马融之学,而不喜欢郑玄之学,还专与郑玄对着干。

王肃与郑玄一样也遍注群经,不过王肃是在父亲王朗经传的基础上,再加上门客们帮忙弄成的,自不能与郑玄独自遍注群经相比。郑玄注经难免有失,再加上融会今古文,连谶纬也时时引用,有点驳杂,有许多失误处,这让王肃自然感到有驳正的必要。

不过王肃随着权力地位的上升巩固,已不满足于只是纠正郑玄,他想取而代之,推翻郑学,建立王学。凡是郑玄所坚持的,他就反对;凡是郑玄所反对的,他就坚持。这引起了郑玄弟子孙炎的不满。

孙炎被人称为"东州大儒",对王肃讥短死去的老师十分气愤,立即回击。可惜孙炎尽管学问不小,但地位不高,没法和王肃相比。不久,王肃的外孙子司马炎取代魏建晋,孙炎因和司马炎重名,要避司马炎的尊讳,原名都没人喊了。

孙炎的在细雨中的呼喊就这样消失了。

朝中那些儒士谁不知王肃的学术背景,纷纷望风而趋,改郑归王。

这在年轻的皇帝曹髦看来,学术上的走向反映了政治上的走向,他要先从上层建筑抓起,刹住这股学风。于是重用郑玄的孙子郑小同,让他在身边担任侍中。

郑小同是郑玄遗学的合法继承人,任用郑小同具有象征意义。

曹髦又在王肃死的那年四月,驾临太学,与太学博士官们讲论儒学异同。

太学在当时是国家的中央党校,在这里讲话具有风向标作用。

曹髦当时才17岁,他问的问题让这些太学的宿儒们都难以回答,不由不佩服小皇帝的才学。

如问完《周易》后,命讲《尚书》。曹髦问:"《尚书》开头就讲'粤若稽古,帝尧钦明',郑玄把'稽古'解释为'同天',说是帝尧等同于天。王肃却说'稽古'为'顺考古道',是'尧顺考古道而行'。二人谁说的是?"

《尚书》博士庾峻对说:"先儒所说的这些乖异,臣资能不足,难以评定。然而《尚书·洪范》上有'三人占卜,听从二人之言'这话,贾逵、马融和王肃都说是'顺考古道',以《洪范》所说来言,王肃是多数,所以还是王肃的义为长。"

曹髦一看庾峻滑头取巧,是典型的右倾机会主义,紧追问道:"孔子说'唯天为大,唯尧则之',尧之所以大美,就在于则天(效法天)。顺考古道,是不能显现尧大的。王肃不说尧则天这些大美,而只说尧顺考古道这些细事,这难道是《尚书》作者的意思吗?"

庾峻见领导追紧了,只好赶紧装逼,下拜道:"臣奉遵师说,只是按老师教的来说,未能明了大义,还请皇上圣思裁决。"

接着又谈到四岳群臣荐举鲧(gǔn)来治水这段,曹髦问:"尧既然是圣帝明君,王肃却说'尧不能明白鲧才能如何,因此先试用鲧来治水',如此说来,尧连鲧这个混球都玩不转,弄不明白,怎能称得上是明君。这就是所谓王肃解的经,他是在否认尧为明君吗?"

庾峻已看出皇帝是来找茬的,自己两头都不敢得罪,只好说:"这都是先贤所疑,不是臣这样寡见浅闻的人所能弄明的。"

曹髦又问了他两个问题,庾峻都是说"非臣愚见所能弄明",曹髦见这个"右倾机会主义"分子已认输,也就不再追问,又去和别的博士讲论了几个问题才走。

但批判的武器不能代替武器的批判,司马昭仍不断在槽子里尥(liào)蹶子,步步紧逼。曹髦见自己威权日去,年轻气盛,犯了"左倾冒险主义"错误,带领身边的几百仆人就去讨伐司马昭。司马昭派军队迎战,曹髦手下人都不敢动,只有皇帝一人冲上前去拿剑乱砍。

用匹夫之勇去对决一群超级流氓,只能勾起对方欺负弱小、耍流氓的本性。

曹髦被人家一枪刺死,年仅 20 岁。

郑玄孙子郑小同死得也挺窝囊,一天到司马昭府上办事,谈了一会儿后,司马昭去厕所,回来后问:"你见我桌子上的密信了吗?"

听听,桌子上的密信,有这么密的吗?

小同像个小孩子似的摇头说:"没有。"

司马昭没有放过天真的小同学,仍旧装疑,密下毒酒,小同回家后暴亡。

肃清了国内,司马昭把眼光瞄准了国外,派钟会带兵伐蜀。

蜀国的灭亡并没给钟会带来好运,他因起异心而被乱军杀死。

司马昭不久病死,他的儿子司马炎代魏而建晋。

现在他面前还有一座大山,那就是吴国。

吴国的天险长江是魏国人心中永远的伤痕,曹操当年几十万大军和无数楼船就没跨过这道坎,在此灰飞烟灭。这让这些曹魏的子孙们想起来就怕。

在要不要灭吴这事上,朝中展开了激烈争论,这就是以张华为代表的鹰派和以贾充为代表的鸽派。这时一人在前线频频上书请求伐吴,他使力量的天平发生了倾斜。

此人乃是当时的荆州前线司令,镇南大将军、荆州都督杜预。

　　在张华的鼓动下,司马炎这才下定决心,命杜预南渡长江,益州刺史王濬(jùn)西出成都,大举伐吴。

　　没想到伐吴战事很是顺利,长江天险很快突破,吴国守军不堪一击。晋军势如破竹,战况潇洒,用唐朝诗人刘禹锡的一首怀古诗就可描述:

　　　　王濬楼船下益州,金陵王气黯然收。

　　　　千寻铁锁沉江底,一片降幡出石头。

　　　　人世几回伤心事,山形依旧枕寒流。

　　　　从今四海为家日,故垒萧萧芦荻秋。

　　三国故事到此结束。

第二十七回

杜武库宅心集解左传
武库裴发力攻击清谈

当时有个叫陈寿的写了部《三国志》,给这段动荡的历史写了份总结报告,用的也是司马迁开创的纪传体。

陈寿这部《三国志》后来被列入了前四史,成了继《史记》《汉书》之后的第三史。

陈寿的这部报告因是写给胜利者看的,他的一些说法引起了后世不小的争论。比如陈寿以曹魏为正统,这意味着说晋是承正统而来,有拍司马屁之嫌。这就让后世在到底曹魏是正统,还是刘备的蜀汉为正统的问题上纠缠不清。

这么说吧,反正陈寿是蜀国反正过来的,也没拿自己当正统。

还有人说陈寿史德欠缺,曾向人要米吃,要不然就不给那个人的父亲立传。又说陈寿父亲为马谡的参军(参谋长),马谡失街亭而被诸葛亮杀,陈寿父亲也被牵连下狱。陈寿写诸葛亮传时,趁机报私仇,就在诸葛亮传的结尾说:"亮连年打仗(动众),未能成功。打仗应变这些将帅的才能,亮并不具备(应变将略,非其所长)。"这个评语显然有损于人们心中的诸葛孔明伟人的形象,又惹起不少争议。

诸葛亮有没有将才,陈寿本人索贿没索贿,陈寿也没机会去和别人辩解,《三国志》是在他死后,才由皇帝派人到他家抄写回来的。

我们不知道他写书索贿没索贿，只知道他没拿一个字的稿费。

在司马迁时代，司马迁到了狱中，假如想向人借点儿钱减轻刑罚，说我正在写史书，现在被关进了狱中，快借我点钱救急，要不然我就要受腐刑！

谁给呀！

所以司马迁才落了个被宫的下场。

如果到陈寿这儿真的索贿了，有人给送钱，那只能说明私人修史地位的上升。

打下吴国后，杜预威名声誉达到顶峰，可杜预从不自夸过去的成绩，公务闲暇时，就把心思一心扑在著书上，他给后世留下了一部注解《春秋》的名著，这就是《春秋左氏经传集解》。

《左传》自从刘歆、贾逵大力表扬之后，命运并不佳，到了杜预这里算是遇上了真正的贵人。杜预娶的是司马昭的妹妹，成了晋武帝司马炎的姑父，《左传》到此是攀上了皇亲国戚。

三国时，大将中都有人研读《左传》。蜀国关羽酷爱《左传》，吴国孙权劝吕蒙也要赶快读读《左传》《国语》这些书，以赶超关羽。魏国的杜预将军，更是走到哪里都带着《左传》，并说别人有钱癖，自己有《左传》癖。

这些三国的将军们从《左传》中学习研究战争，受益匪浅。

杜预完全是个文人，身不能跨马，射不能穿札（小铁片），不像关羽那样能抡转大刀，也不像吕蒙那样能冲锋陷阵，可他谋略过人，被人称为"杜武库"，是个真正的儒将。

杜预高于关羽、吕蒙处还在于，他功成后，不像《三国演义》上吕蒙那样逮住个关羽就得了失心疯，而是不骄不躁，全心致力于注解《左传》，他的注解超过了郑玄、服虔的注，全本流传下来。

在注《左传》时，他还排挤《公羊》《穀梁》二传，说他们说的是诡辩之言，并且还拿出了铁证,那是在晋武帝太康元年,出土了一堆古书,上面写的一些事跟《左传》很相符,而和《公羊》《穀梁》上所说的不同。

《公羊》《穀梁》这两家干着急,没办法,一时半会儿又找不出另一堆出土文物作证,只好自认倒霉。《公羊》在魏晋时风头已过,《穀梁》也大幅减产,这堆古书的出土更是把两家搞得很狼狈。

这堆竹简古书的出土是这么回事。在汲郡(今河南汲县)有个叫不准的人在盗墓时发了利市,盗到了战国魏王的墓。不准可能是没什么文化,也不准备写什么盗墓笔记,为了照明,他把这些竹简古书当柴烧,结果这批竹简损毁严重。尽管如此,官府来收拾时,还是收得数十车竹书。

这批竹简书所记与现有的历史记载有许多不同处,对历史真相有解密作用。杜预就是拿这些出土书与《左传》相对照,得出以上结论的。

汲冢古书的出土惊动了晋帝国高层,晋武帝派荀勖(xù)等人去专门整理。

荀勖任中央秘书监时就整理过政府藏书,他把政府藏书分成了甲乙丙丁四部,把刘歆的《七略》分七部改成了分四部。

荀勖没给这四部起名字,他的甲部实际是经书,乙部是子书,丙部是史书,丁部是诗赋文集书。

这是一个革命性的变革,是后世"经史子集"四库书的初祖。

史书的独立地位上升是这一时期最吸引人眼球的事件。

汲冢书的出土是中国历史上一次大规模的书籍出土事件,自此之后,这么大规模的书市鬼吹灯一直没出现过,直到1000多年后的敦煌。

三国时《左传》开始发红,他还有一个孪生兄弟,名叫《国语》,这时也颇受人垂青。在孙权给吕蒙开的"中学生必读书目"上,《国语》就赫然在列。

据说左丘明写完《左传》,又把春秋时各国的历史搜集起来,弄了本联合国书,这本联合国书就是《国语》。

《左传》《国语》可说是真正的难兄难弟。秦始皇烧书时,兄弟俩不知藏到哪个旮旯(gālá)里避难,到汉朝时才冒出,并得到了当时一些知名人士的赏识,如贾谊、司马迁等。

《国语》没有《左传》那样的大起大落的传奇经历,一直过着平平淡淡才是真的生活。但他的地位却在历年攀升。到东汉时,《国语》已被称为《春秋外传》,和被称为《春秋内传》的《左传》相对应。

在那个年代,能和经书局常委《春秋》攀上亲戚那可了不得。从这方面来说,《国语》可说是个福将。你看《左传》靠自己打拼了几十年,摔了多少次跟头,才和《春秋》靠上。

书籍和人一样,一旦有了名气,注记者就会纷纷而来。《国语》流传至今的是三国时吴国韦昭的注。

韦昭是吴国的太史令,相当于汉朝司马迁的角色,奉旨撰吴国史书,吴帝孙皓让他给自己的父亲孙和作纪。

在司马迁开创的纪传体里,纪只是给皇帝或和皇帝一样的人作的,比如项羽和刘邦老婆吕后,虽没当过皇帝,但是曾经拥有和皇帝一样的权力来操控天下,司马迁也按实际情形给二人作了纪。

过去的历史就是按这些帝王的生死来做纪年。

而其他人只能写入世家、列传,跟纪不是一个档次。

韦昭认为孙和没当过皇帝,不能入纪吃空饷,于是把他写入了列传。

孙皓捧爹是为了自捧,捧爹不成,自捧这事也就弄砸了,很是恼火,找了个借口把韦昭杀了。

那年头写个史容易吗!

早在春秋战国时就有史官秉笔直书而遭连杀的记录,这只是杀史官的开始,后面还有更惨的。

孙皓的残暴最终招来了杜预的大军。

吴国灭亡后，有一人作了篇《辩亡论》，对孙皓残暴导致的亡国很是愤慨，这就是吴国的名臣之后陆机。

陆机爷爷就是在彝(yí)陵之战中火烧刘备连营700里的陆逊，吴国灭亡时，陆机才20岁，他和弟弟陆云回到老家，闭门勤学十年之久。

陆机文章写得很好，并且还是个出色的文学理论家，他写了一篇《文赋》，这是中国历史上第一篇正式的文学创作理论。

在这篇《文赋》中，陆机提出了"诗缘情而绮靡，赋体物而浏亮"的理论观点，说诗有了真情才能写好（绮靡），叫响了诗歌的抒情功能。

有了这种理论指导的实践，他的诗也写得不错。

晋武帝太康末年，陆机和弟弟陆云北上到首都洛阳，这是兄弟俩的第一次出门远行，对故国的思念和对功名的向往，使陆机心中很是纠结。路上免不了写诗抒怀，其中一句是"行行遂已远，野途旷无人"，让人看了感到冷森害怕。

进入河南偃师时，离首都已经不远了，心情自然放松了些。

这天傍晚，天气阴沉，陆机兄弟二人望见道路两边有一些民宅，就前去投宿。

接待他们的是一年轻男子，长得唇红齿白，面如美玉，和兄弟二人谈了起来。话题转到老子，那少年滔滔不绝，玄言妙语，奇致迭出，陆机兄弟二人十分佩服。可又想到自己面壁十年，磨了把学问宝剑，霜刃还未曾试，就折到了洛阳城外一少年手里，自不甘心。于是陆机就拿出平生才学，施展开来，题纬古今，综检名实，议论风发，志意轩昂，山南海北地聊了起来。那少年显然对此不乐意谈，他更喜欢谈那种思辨的东西，脸色也露出不高兴，言词缓了一些。兄弟二人也不看对方脸色，只是乘兴大谈，也不睡觉了，直到天色将晓，这才上马赶路。

走不多远，见一旅店，兄弟二人上前要水喝，店里一老妇人说："你们从何而来？一夜在哪儿睡的？从此往东数十里根本无村落，只有山阳王家墓地。"这山阳王家墓就是王粲、王弼的家族墓地。陆机兄弟大吃一惊，回头看来路，只见阴霾凝云,树木遮天,野地里多是坟垄,这才知夜里碰见的那个少年就是王弼,他已死去几十年了。

原来昨晚和他在聊斋侃了一夜,闹了场二陆大战僵尸。

王弼是天下有名的玄学大师,陆机兄弟是天下知名的大才子,王弼大师约谈新来的才子这段故事,后来载入了史册。

陆机的纪游诗没写到这段会晤,他只说这次旅行的心情是:"顿辔依嵩岩,侧听悲风响。清露坠肃辉,明月一何朗。抚枕不能寐,振衣独长想。"

他想的更多的是,自己即将进入政治、经济、文化的中心——首都洛阳,此番北漂,是鹰击长空,还是鱼翔浅底,都还是未知数。在那个既陌生又耳熟的地方,等待他的不知是什么样的命运。那里是学术的中心,玄谈老庄的大本营。

这是他在吴国时没有听过的。

顺便说一句,在诸葛亮务实风格领导下的蜀国也没有玄学。三国时,只有魏国刮玄风。

王弼大师约见他的这个传说至少向陆机暗示,他已快进入玄区。

陆机兄弟进入洛阳,先去造访张华。张华因力主伐吴而立下大功,被封为侯,是朝中的重臣。

张华从小是个苦孩子,当过放羊娃,卖过苦力,但他学习勤苦,并且有一样过人的本领,那就是强记默识,过目不忘,很快受到人器重。张华进入领导高层后,又喜欢发现提拔人才。陆机去见张华,算是找对人了。

张华一见陆机,非常高兴,如旧相识一般,问:"陆云在哪里,怎么没来?"陆机说:"云有好笑的毛病,未敢来见。"张华叫快请。一会儿陆云来到,见张华用一块儿布当绳缠着胡须,放声大笑,不能自已,想停也停不住。

人世难逢开口笑,三人在陆云的笑声中相见甚欢。张华高兴地常对人说:"伐吴最大的收获,是得此二俊。"

陆机从此在京城立住了脚,成了达官贵人拉拢的对象。

此时的玄学大腕也正云集京城,这里让他们给我们来个联袂演出。

还从老熟人王戎说起吧。

王戎在竹林时期还是个毛头小伙子,此时已是京城大佬,官拜司徒。竹林老大哥山涛已死。几十年的宦雨腥风,冲淡了他的记忆,使他对过去的那段谈玄历史有了隔膜感,当老友阮咸的儿子阮瞻前来见他时,王戎问道:"孔子贵名教,老庄明自然,他们所谈的同异到底在哪里呢?"

这是困扰王戎几十年的问题,当年的阮籍、嵇康常把名教与自然挂在嘴边,并提出了"越名教而任自然",没想到嵇康名教没越过去,在这上边栽了跟头,死于名教屠刀之下。如今竹林七人死的死,老的老,阮瞻到来了,王戎想听听这位"八零后"的新见解,他期待着阮瞻能像他的父辈那样给他滔滔清谈一翻。

谁知王戎的期待落空了,这位"八零后"望着他,只说了三个字"将无同"。

意思是什么,我也不好直译,读者可参看几百年后秦桧回答韩世忠质问他岳飞有什么罪时的那三个字"莫须有"。

和阮瞻的高深回答比起来,秦桧的回答只能算是拾人牙慧。

王戎当时听了,咨叹了半天,他不得不佩服阮籍这位侄孙的回答,他想的可能更多的是,这孩子政治上已经成熟了。于是立即宣布,将阮瞻招聘(辟)为司徒府掾(yuàn),将阮瞻一下子提拔成了司徒府里的高级干部。

这件事立刻传遍京城,人们都说阮瞻是"三语掾",羡慕得不得了。

阮瞻还有个优点,那就是脾气很好,好到你学都学不来。他擅长弹琴,是个著名音乐师,人们来请他弹琴,不管对方是叫花子还是八岁小孩儿,阮瞻是有求必应。

换一个人早嫌麻烦了,我是谁都伺候的吗?你看现在的明星们,有几个不是生怕不被别人供着。

太尉王衍十分欣赏阮瞻的好脾气,认为这种神气冲和是道家玄学的最高境界。

王衍字夷甫,是玄谈的领袖人物,他是王戎的堂弟。

王衍年轻时好谈论纵横术,雅慕苏秦、张仪、鬼谷子、孙武这些人物。可他光是嘴上功夫,朝廷任命他为辽东太守,给他机会实践的时候,他又抽抽了,说什么也不去。以后也不谈兵法、纵横这些事了,改行谈玄。由于口才好,能压众,又成了玄谈领袖,到哪儿当官也是终日清谈,加上长得美貌、聪明,妙善玄言,谈起老庄来倾动当世,声名很大。

王衍的玄谈单口相声,轰动朝野,谁听了都兴奋,把王衍比作"一世龙门"。

和王衍一起联袂领袖群谈的是乐广。

如果你没听说过乐广,那你一定听说过"杯弓蛇影"这个成语,这个成语故事就发生在乐广家里,那个弓就是乐广在墙上挂的,在酒杯中幻影作蛇,把客人吓坏了,破解蛇影迷案的就是乐广本人。除此以外,乐广还侦破过把老宅中的狐狸当妖怪的迷信大案要案。

乐广的唯物主义识鉴跟他的出身也不能说无关系。他父亲早死,穷无所依,完全靠自己打拼。在玄学清谈的时代大潮中,乐广也成了个弄潮儿,因善于谈论,分析起来,很合人心,受到了清谈族们的激赏,被从基层一直接力提拔到中央高层。

由于来自基层,乐广对达官贵人中的偏激行为多有匡正。像王衍弟弟王澄提倡裸奔,乐广听说后笑道:"名教中自有乐地,何必这样呢?"对于来自清谈外的不同声音,乐广也能笑而接受。

如王戎女婿裴頠(wěi)对于玄学清谈说无就十分反感,认为这是不干正事,清谈误国。他写了篇《崇有论》,奋起反击这股虚无之风。他说:

"万物必先有,才能存在。那些以无为贵,以有为贱的都是不干实事的人。

立言处事都挂靠着虚无，自以为玄妙，这样下去，脸也不要了，更有甚者，搞赤身裸体的行为艺术，连怎么做人也忘了。

老子当初说'有生于无'，以虚为主，这只是一家之言，事情哪里真是这样。老庄说无，他们意思还是全在有。

要济有最终还是要靠有，既没有神仙，也没有救世主（非静拱之所能捷），虚无哪里有益于已有的芸芸众生呢？"

此论一出，王衍等人攻难交至，在言语上对裴頠群殴。

要知道裴頠也不是好惹的。他的父亲裴秀是晋武帝的佐命功臣，官至三公之一的司空。尽管人家当的官叫司空，裴秀并没有像一些官员为自己和家属安排幽灵岗位那样虚报空额，吃空卖空。他认为自己的司空一职，属于地官，自己该做些有关土地规划的工作，于是精心绘制了一幅《禹贡地域图》，相当于现在的一部《中国分省地图》。在书序里，裴秀谈了他制图的六个标准，即著名的"制图六体"：分率、准望、道里、高下、方邪、迂直。

分率就是调比例，准望是定方位，道里是量距离，高下即测高低，方邪是看起伏，迂直就是做换算。

这"制图六体"很是科学，成了后世制地图的基本法则。

裴秀之前，地图和绘画差不多，只有个大概远近，那里有什么道里高下。自从有了裴秀的分率准望地图，现代意义上的精确制图才初具雏形。

裴頠少年时为人很有远识，被人评为"武库"。后来娶了竹林名士王戎的女儿，郎才女貌，让人羡煞。不过王戎的女婿并不好当，结婚时借了王戎数万块钱，久而未还，可能以为丈人是竹林名士，玄谈领袖，以无为本，还不还都一样。没想到王戎虽口谈虚无之玄，对现实的钱上可不肯虚无。后来裴頠和妻子回岳父家时，王戎脸色很难看。裴頠夫妻赶紧回去取了钱来，连本带利还给丈人，王戎这才高兴起来。

　　裴頠崇有跟父亲裴秀崇拜实学有关，跟丈人也不能说毫无关系，想想看，如果你没有，连丈人都看不起来。

　　裴頠的"崇有"论受到了王衍等人的攻击。乐广和裴頠辩论过，不过辩不过裴頠，最后笑而不言。

　　乐广是从穷困中走过来的，内心对"有"更加渴望。而王衍就不同了，从小就是贵公子，发誓要跟裴頠死磕下去，论争到底是无生有，还是有生无。

　　裴頠对这种鸡生蛋、还是蛋生鸡的辩论没兴趣，他的观点是："无是不能生产的，生产下来的全是自生的，既是自生那肯定是有，没有去哪儿生？我们常说心事心事，心不是事，是心生了事。不可以为事是有，就说心是无。又比如人们说匠器，匠人不是器，是匠人制造了器。然而不可以有了器，就说匠人没存在过，是无。"

　　在这场"有无"大战中，有一人无参加，可他创作了一本书，给这场大战做了收尾，由于名气大，可说是这场大战的一个翘尾行情。

{ 第二十八回

玄言弟郭象搞自生独化
清谈哥王衍弄临终忏悔

此人名叫郭象,字子玄,听他的名字就是玄学中人,绝对是个清谈高手。太尉王衍就常对人说:"听郭象说话,就像悬河泻水,注而不竭。"

说话如悬河泻水,参观一下壶口瀑布就知道威力有多大了。

郭象这本书的名称叫《庄子注》,这本书名字大家早听说过了,竹林名士向秀同学也注过。不幸的是,向秀没有注完就死了。虽说没注完,向秀已注的部分早已轰动玄界。

向秀死后,他的书稿由儿子保管,可是向秀儿子并没能维护父亲书稿的知识产权,向秀的注义被传了出去。

郭象的《庄子注》成书后,有人说郭象是个学术抄男,剽窃了向秀的注义,其实他只注了向秀没完成的那两三篇。

这个官司早已没法打了,因为向秀的书后来失传了,人证物证都没了,纵使有人要告状,或有检察机关公诉,被告却出不了庭,早死了。

从郭象的注来看,他是很有自己思想的一位人士。他把鸡生蛋、蛋生鸡的无谓争论推开,创立了"自生"说,展开了生产自救。他说:"无就是无,不能生有。有未生之前,又不能生。那么一开始是谁生的呢。那就是:自生。"

与"自生"相连的是"独化",事物既然是"自生",没有外在因素,那就依据本性自身发展变化,独化于玄冥之境。

从郭象的"自生"说,充分说明了只有生产才有生产力。

郭象被当时人称为"王弼第二",他在玄学造诣上直追王弼,可他的玄学思想却与王弼正相反,王弼说"无生有",郭象强烈反对,认为不仅无不能生有,有也没法生,事物完全是依据内在本性自生。

从这点上看,郭象并不像一个玄学思想上的抄男,而更像一个超男,超出了王弼这个男一号。

阮籍、嵇康提出"越名教而任自然",向秀作为阮、嵇的朋友,也没提出异议。到了郭象,他明确提出"名教即自然",把名教与自然给摆平了,把一个严肃的政治话题冷处理了,名教听起来不再那么血腥。他说事物依据本性自生独化,也达到了玄学的最高境界。

西晋是一个短命的朝代,这从它开国那天起似乎就不妙。晋武帝登基那天,心血来潮,想抽签看看晋帝国能有多少世,结果抽了个"一"。晋武帝看了极不高兴,群臣也大惊失色,不知该怎么办。

这时裴頠的堂弟裴楷和声细语地上前从容进言,他说:"臣听说天得一以清,地得一以宁,王侯得一就会天下正。"

我们玄学以为,一比多一点儿都不次,可以以一统众。

武帝听了立刻高兴起来,群臣都欢呼万岁,一场盛大欢宴 party(派对)正式开始。

裴楷说的那句话出自老子,晋朝在玄言的欢呼声中启幕,然而它的走向正诠解了那个签。

这还要从荀勖这个人说起。

荀勖是中国书目四部分类建立中的中坚人物,他把刘歆《七略》书目中分七部的分法改成了分四部,又把汲冢中出土的古书整理了一番,然而晋朝的乱才刚因他开始。

荀勖为巩固自己的政治地位,在武帝面前进言,把贾充的女儿贾南风许给了太子。这太子又傻又痴,武帝也不放心,打算废掉,派荀勖去看看,回来后做个精神疾病分析报告,鉴定一下伤残等级。荀勖回来后出具假证明,在武帝面前大夸太子有德,太子因此才不被废。

让人一直弄不明白,知子莫如父,还用别人去看?

武帝又听说贾充女儿不贤惠,打算退婚,媒人荀勖又本着宁拆七座庙、不毁一家亲的精神,曲言谏请,这才保全了这一婚姻。

事实证明,这是一桩毁了司马家庙的婚姻。贾充女儿后来一妇作难,而七庙毁,急得晋武帝差点从坟里跳出来。

荀勖死后五个月,晋武帝司马炎也死了,太子继位。不到一年,贾充女儿贾南风就与太后父亲杨骏争权,杀了杨骏,引起了"八王之乱"。

八个王为权位相互厮杀,长达八年之久。在"八王之乱"中,张华、裴頠同时遇害,张华被灭三族,朝野无不悲痛。裴頠死时年仅34岁。

陆机、陆云兄弟也在"八王之乱"中被冤杀。陆机死前叹道:"故乡华亭的白鹤鸣叫(鹤唳),再也听不到了。"

陆机死的那天昏霾昼合,大风折木,平地下了一尺多深雪,人们都说这天气是陆机冤情所致。

陆机死时年仅43岁,当年北上玄都时的不安如今变成了现实,玄都成了陆机的幽都。

在"八王之乱"中,玄学人士命运都发生了巨大变化。

乐广忧愤而死。

王戎有一次说话得罪了齐王,危急关头装作药性发作,入厕时故意掉到厕所里,才免于死祸。

王戎被人评为谲诈多端。在残酷的政治斗争中,他早已不是那位跟在阮籍屁股后头跑的竹林小青年,而是一位善于保全自己的官场老手。

他变得非常吝啬,成了当时传为笑谈的守财奴。他官拜司徒,位总鼎司,却常常骑着匹小马,穿着便衣,从便门出去溜达,路上的人谁也想不到他是位列三公之一的大司徒,还以为他是个流浪的老三毛呢。

又只知道聚敛钱,常常手拿着牙筹,昼夜算计。

女儿嫁给裴頠,舍不得出嫁妆,还要了许多彩礼,收支上要绝对保持盈余。

借给女儿几万块钱,又逼着赶紧还。

侄子结婚,他只送单衣一件,连个叫花子上的礼都不如。

儿子从小肥胖,王戎只让他吃糠,连全麦面都吃不上。

家里有棵好梨树,每年卖梨时,怕别人掌握核心技术,拿了他的梨核去种,就把核都钻个眼,让他们都死了心眼,谁也别想种。

这是史书上记载的王戎的贪吝劣迹,班班可考。

王戎是不是故意装作贪财样子,以求政治避祸,没人说得清。

也是,让人说得清看得透,人家王戎就白谈这么多年玄了。

他和腐败官员贪财也明显不同。他是昼夜算计着聚钱,不是像别的贪官那样晚上躲到屋里上瘾数钱,他更多的是像巴尔扎克笔下的吝啬鬼葛朗台或者果戈理书中的土老财泼留希金。

而且,他和当时的奢侈浪费风气也是背道而驰的。当时的石崇、王恺斗富,堪称中国历史上的奇观。何曾是个舌尖上浪费的提倡者,日食万钱,还叹没处下筷子。而王戎在这股奢侈的风气中保持了朴素的守财奴本色,谁也猜不透这位玄学人士的背后玄机。

他最终在残酷的政治斗争中生存了下来。

另一位清谈领袖王衍更是令人叫绝,他保护自己的本领是装疯。年轻时杨骏想把女儿嫁给他,他装疯才逃脱了这桩婚姻。杨骏后来被贾南风杀死,诛三族,死了数千人。

如果王衍成了这门亲,必死无疑。

因为三族是父族、母族、妻族，出嫁的女儿是跑不了的。而后来的灭九族不过是把父族、母族、妻族三族中的七大姑八大姨这些人数扩大了扩大，基本还是这三族中人。

"八王之乱"中赵王司马伦篡位，当了皇帝。王衍过去瞧不上司马伦，如今人家成了皇帝，为了避祸，又装起了疯，拿刀乱杀乱砍，被鉴定为精神病才免于一死。等到司马伦被杀，他才恢复正常。

除了装疯，他又装傻。他的妻子郭氏是贾南风皇后的亲戚，仗着贾后的势力，终日靠给人办事敛钱。王衍担心郭氏迟早要惹出祸来，劝郭氏收敛。没想到郭氏像贪官给人办事收钱一样，干得上了瘾。家有贪妻，一大活宝。王衍没办法，只好装傻，口不言钱。这和他堂兄王戎终日谈钱形成鲜明对比。

郭氏想试试他到底说不说钱，趁他熟睡时，令婢女们拿钱串绕床，使他不得行动。王衍早晨醒来后见四周都是钱，并没笑逐颜开说"哇塞"，而是皱着眉头吩咐婢女："快把这阿堵物拿开。"

都说钱是人间的通行证，可在王衍这里成了阿堵物。如今在街上行走，你仔细听听擦肩而过的人群中无人不是在谈钱，三句话不离钱字。可王衍这位清谈大师终日清谈却谈不到钱，做到了真正的清谈，让我们这些终日为阿堵物忙碌的人只能感叹。

"八王之乱"中的郭象比较特别，以前他不愿当官，宅在家里著书，"八王之乱"中跟上了东海王司马越，曾经权倾一时，快意恩仇了一把，得罪了不少人，由此声誉下降。

学术抄男的帽子可能就是从这时扣上的。

"八王之乱"后是"五胡乱华"。

这是过去史家们的说法，实际是五个少数民族受不了晋室内乱而起事。

这五个民族是匈奴、羯（jié）、氐（dī）、鲜卑、羌（qiāng）。

羯人石勒的军队打到京师,晋派王衍率军抵抗。王衍年轻时学习的纵横兵法早已被清淡掉了,全军被石勒所破。

石勒见了王衍喊道:"王公,为何今日为我所擒呀?"王衍说:"祸起于贾后争权,八王内乱。"并且继装疯、装傻之后,王衍这次又开始了装嫩,他说自己少不豫事,责任实不在己。石勒对这位嫩模的话很生气,他说:"君名盖四海,身居重任,少壮登朝,至于白首,何得言少不豫事。破坏天下,正是君罪。我行天下多了,还没见过这么不要脸的。"命令人晚上把王衍住的屋墙推倒,直接填杀。

王衍死时,顾左右而言说:"呜呼?我辈虽不如古人,假如不老玩这些虚的东西,尽力以匡天下,犹可不至今日。"

这话被后人总结为"清淡误国"。

其实玄学摆脱了经学的僵化,是哲学上的一大进步,错的是这些玄学家应在哲学院搞研究,而不应搞行政去当官,去误天下苍生。比如王衍本应当个社科院院士,却当了太尉,去主管军事,偏偏又赶上动乱年份,露出了无能马脚,落了个性命不保,身败名裂。

后世的为政者虽不再清淡玄学,却常常空谈误国,推算起来,这些人都可说是这些玄学家们的变种。

西晋灭亡后,司马睿在南京称帝,晋室一线总算延续下来。

司马睿是在王氏家族的扶持下登上帝位的,登基那天,司马睿指着皇帝坐的御床,要求和王导共坐。王导坚决推辞了三四次,司马睿这才坐下。

这种强臣弱主的局面在东晋一直保存了下来,并且内斗不止。

屈指算来,共有四次大的内斗,这四次斗争贯穿了整个东晋王朝一百多年的历史。

在叙述这四次争斗的同时,可顺便讲讲当时坐在东晋这条船上的一些学人的命运。

第二十九回

郭璞神算上刑场
范宁反攻注穀梁

第一个搞内斗的是大将军王敦。

司马睿重用身边的人，王敦感到王氏家族大权旁落，以"诛君侧"的名义起兵。

王敦也是个清谈家，却很能隐忍，能不说的就不说，口不言"财色"二字。他娶的是晋武帝的女儿，是皇帝的乘龙快婿。武帝曾经召集人谈伎艺这些事，这些人讲起这个来非常兴奋，只有王敦听了直皱眉头。轮到他说时，他没有说"女儿悲，嫁了个男人是乌龟"之类的笑话，而是说自己只会敲鼓，说完就挽起袖子，当着皇帝丈人的面，在鼓上砸了起来。神气自得，旁若无人，举座都佩服武帝的这位女婿雄爽。

不过他最出名的演奏是晚年有了当皇帝的野心，在酒后一边吟唱着曹操的诗"老骥伏枥，志在千里。烈士暮年，壮心不已"，一边用如意棍敲打唾壶，敲得壶边尽缺。他的缺壶歌后来成了经典老歌。

到后来，王敦的壮心实在不能再已，想出兵京城，跟东晋皇帝说说事，看看到底谁是横刀四顾、江山无数的人，于是让记室参军郭璞给算一卦。

占卜是郭璞的拿手技术，这只是他的副业，他的主业是儒学。

郭璞好古文奇字，他给《尔雅》这部古代字典作了注，传于后世。他还是那个时代的杰出诗人，诗写得很灵逸，有仙气。他的诗体有个专用名词"游仙诗"。郭璞终究是个通儒家经学的人，儒家做的是入世的事业，他的游仙诗游得并不远，常常游着游着就跌回现实中来了。

郭璞尽管有此大才，却没得到重用，做的都是一些小官。他给皇帝和许多王公大人都算过卦，他们都把他当算卦大师使用，他也写文章自我解嘲说："我不能和前贤相比，就寂然玩这些龟策智骨吧。"

在古代算卦，烧灼龟甲兽骨看裂纹，从裂纹形状大小看吉凶祸福。

策是蓍（shī）草，是占卜时摆数用的。

龟策智骨就是这些算卦工具。

既然没人重视，郭璞从此更加不修仪表，嗜酒好色，常常过度，流连忘返。干宝和他一样，也好阴阳术数，就警告他说："这不是养生之道。"郭璞说："你不必担忧我，我所受用有限，不等酒色伤到我，我就死了。"

果然，这次王敦找上门来了，要他算算该不该出兵。

郭璞想借算卦劝他不要起兵造反，说："不该出兵。"

王敦果然疑心郭璞是阻碍自己起兵，问璞说："你算算我能活几何？"

郭璞答："明公若起兵，必祸不久。若不起兵，还能多活几年（寿不可测）。"

王敦大怒道："你寿多大？"

郭璞不慌不忙说："命尽今日中午。"

王敦怒不可遏，命令收璞。

郭璞临上刑场，问行刑的人要到何处。

行刑人说："南冈头。"

郭璞说："必在双柏树下。"

到了之后，果然在一棵高高的双柏树下。

郭璞又说："此树应有大鹊巢。"

众人找了半天，也不见大鹊巢。郭璞让他们再找一遍，果然于枝间得一大鹊巢，被密叶遮蔽着。

还没完。

郭璞又对其中一个行刑的人说："还认得我吧？"

那人摇头。

郭璞说："还记否当年在越城，我见你穿的衣服单薄，曾给你衣物，当时你不要，问我姓名。我说'只管拿着，后自当知'，今日知道了吧？"

那人顿时大惊，很是悲伤。

郭璞说："这是命，行刑吧。"

郭璞于是受刑，死时年 49 岁。

这位大师在生命最后一刻，也让人见证了奇迹，可说是世界上独一无二的刑场传奇。

郭璞的算命事迹后来被朋友干宝写进了《搜神记》。

这是一部为鬼神作传的史记，干宝也被人称为"鬼之史家"。

这可说是一部最早的描写鬼神的小说。

小说在此受鬼神启发，有了灵感，已渐具雏形，从庄子的小河边垂钓走了出来，即将进入文学之林。

不久就会有一本搜人小说出来和《搜神记》并列，它的大名叫《世说新语》。

后来王敦果然起兵攻进了南京城，大权独揽，专制朝廷，不过美丽一时，昙花一现。

不久，王敦兵败就退回武昌，病死。

第二个作乱的是苏峻、祖约。

祖约人们可能知道的很少,他哥哥可就有名了,就是半夜爬起来练剑,闻鸡起舞的那位北伐将军祖逖(tì)。

祖逖死后,祖约对朝廷心怀不满,和苏峻共同起兵。二人打进了京城,又被陶侃(kǎn)、郗(xī)鉴讨平。

陶侃、郗鉴也是听起来很陌生,可只要找关系一打听,就知道这两位了。

陶侃是大诗人陶渊明的曾祖父,郗鉴的关系更有名气了,他是书法家王羲之的岳父大人。

早在西晋武帝时,荀勖就建议立书法博士,这是经学博士之外立的一个专科博士。

中国书法到王羲之时已经成熟,王羲之也被后人尊为"书圣",成了孔子之后又一圣人。

王羲之曾经当过右军将军,他领衔的书法艺术给国学队伍又添一军。

第三个作内乱的是桓温。

和王敦一样,桓温娶的也是公主,可是这两个乘龙快婿都不安分。桓温对王敦这位驸马老前辈很欣赏,如果你问他谁是最可爱的人,桓温肯定说是王敦,因为桓温曾经经过王敦墓地,老远就喊:"可人!可人!"

桓温把持朝政时,有了夺帝位之心,有时躺在床上也不安分,对亲僚说:"这样的寂寞实在让我难以美丽(为尔寂寂),将为司马文王、景王所笑。"

司马文王、景王是司马昭、司马师二人,这都是篡位的主儿,众人听了不敢应声说话。

一会儿桓温又推枕而起,恨恨道:"既不能流芳百世,还不能遗臭万年吗?"

桓温可以说是道出了自古至今乱臣贼子、汉奸们的集体心声,他的这句清唱和王敦的缺壶独奏都非常有名。

不过桓温要想实现胸中抱负,他的麻烦人物也不少。朝廷为了防范他成为王敦第二,请来了殷浩来与他对抗。

殷浩是当时著名邮递员殷洪乔的儿子,以谈玄言著名。

他父亲殷洪乔是史上最早的邮政速递工作者。殷洪乔到南昌当太守,京城人士托他赴任时给南昌的亲友捎信,共100多封。他刚出南京就把这些信全投到了江水中,让它们走了水路,并说:"沉者自沉,浮者自浮,殷洪乔不当致书邮。"

洪乔速递在那个玄风年代被传为美谈。

殷浩是那个时代的玄谈领袖,非常善于谈玄。朝廷屡次征他做官,他是坚决不去,在墓地里盖了间房子,隐居了十年之久。当时人都把他比作管仲、诸葛亮,说:"深源不起,当如苍生何?"

深源是殷浩的字,这句话的意思好像老百姓离了他就掉进万丈深渊似的。

最后经朝廷再三恳求,他才出来。

桓温听说朝廷引殷浩来与自己对抗,对人说:"小时候我和殷浩共骑竹马,我不要的东西,殷浩就又拾回来,他不是我对手。"常轻视殷浩,殷浩也不怕他。

后来殷浩率军北伐失败,桓温趁机写奏书,要求重重处罚殷浩。殷浩终于被他拉下了台,废为平民。

殷浩被废后,口无怨言,平神委命,又干起了他的老本行——清谈。终日谈咏不辍,看不出有什么流放的悲伤。他外甥韩伯来看他,跟他住了一年。韩伯回都时,殷浩送到水边,这时他才流露出了真情,他一边哭,一边嘴里读念着别人的诗:"富贵他人合,贫贱亲戚离。"

韩伯听了也没办法,劝了舅舅两句,洒泪而别。

殷浩很喜欢他这个外甥,韩伯也是清谈家,曾被皇帝召为谈客。先是王弼注《周易》未完就死了,韩伯又接着注完,实现了和王弼玄学思想的无缝对接。

两人的注今天已合并到一块,成了十三经注疏的一员。

送走外甥韩伯，殷浩越发变得神经质，有时终日在空中拿手比划，被人称为"书空"，后来人们按他的比划寻去，原来他写的是"咄咄怪事"四字。

桓温看在小时候二人一起玩骑竹马的情分上，想推荐这位发小作尚书令，就给殷浩写了封信，说明了自己的意思。殷浩高兴坏了，用激动的心情写了封回书。把信封好后，殷浩又担心写得有什么错失，打开又重看了一遍，再装进去，又担心有错句子，又打开看一遍，再装进去，如此反复数十次，最后竟鬼使神差忘了把信装进去，给桓温送了封空函。

桓温收到后极不高兴，心想你给我送个空信封，打白条呀，谁欠谁的呢！什么意思呀？于是和殷浩彻底断绝了关系。

殷浩等了半天，也没等到桓温让他复出做官的消息，最终死于贬所。

当时就有人批评士大夫清谈是"高谈庄老，说空终日"。

东晋的又一清谈大家最终以书空作结。

扳倒了殷浩后，内外大权全部归了桓温。桓温继续他的北伐，以巩固在朝中的权力。途中和僚属登楼远眺中原，桓温抚今追昔，对玄风进行了深刻批判，慨然道："遂使神州陆沉，百年丘墟，王衍等人应负重大事故责任。"

对于领导发言，僚属一般都报以热烈掌声，况且这又是一个重大事故现场总结会，眼前大好河山已沦于敌手，正是同仇敌忾向领导捂住胸口表达忠愤的时候。谁知旁边传来一个不和谐的声音，说："运有兴废，何必都是这些玄学人士的罪过。"

众人循声看去，乃是记室（相当于现在的秘书）袁宏。桓温见手下人敢反驳自己，作色对僚属说："我听说刘表有头千斤大牛，却不能负重致远。曹操入荆州，杀了这头牛以享军士。"意在用牛比喻袁宏，众人听了脸都吓得失色。谁知袁宏牛人却意气自若，牛气烘烘，毫无惧色。

袁宏这话也不能说不对，学风并不是十三级台风，对一个国家的垮塌不应负主要责任,倒是那些不谈学术的统治者的不当行为才引发了国家社会的动荡。

说起袁宏的来历,人家可说是一位真牛人。他从小孤贫(原谅我只能这么说,因为孤儿在古代并不是现在我们所说的父母双亡。在古代,父亲死了叫孤,老而无子叫独。说某人孤,只能说明他父亲死了,他母亲未必去世。袁宏母亲在世没在世我没考察,所以在此不能说袁宏从小是个孤儿之类的苦情话,只能用了原文孤贫二字),靠给人运租为生。谢尚将军当时镇守牛渚(zhǔ),秋夜乘月,率领手下人微服泛江。秋风清,秋月明,江水无涛声。正在欣赏,这时听见有人在舱中讽咏诗句,声音朗朗,文采出众(**声既清会,辞又藻拔**)。谢尚将军被迷住了,驻足听了很久,派人去问是何人,才知是袁宏在高咏自己写的咏史作品。

一个运东西的农民工,却如此高才雅致,谢尚将军顿时被倾倒了,立即迎袁宏登上自己的船,二人一直谈到天亮,完后谢尚诚恳邀请袁宏到自己府中任职。

袁宏从此声誉鹊起。

袁宏在牛渚靠自己的才学征服了谢大将军。他的牛渚奇遇让唐诗人李白羡慕不已,他写了首《夜泊牛渚怀古》,慨叹这样的好事不多,全诗如下:

> 牛渚西江夜,青天无片云。
>
> 登舟望秋月,空忆谢将军。
>
> 余亦能高咏,斯人不可闻。
>
> 明朝挂帆席,枫叶落纷纷。

袁宏后来被大司马桓温所聘,性格强正亮直,平时在和桓温辩论时,常不屈于桓温。

如今桓温一看,好啊你袁宏,仗着有才学,一点儿也不给我留面子,别人恨不得巴结我,打牌时故意给我输钱呢,你倒好,对上峰不依不让的,当众给我难看,我今天就叫你领教领教什么是权威。

桓温于是开始了恐吓。

桓温这次又想错了。袁宏面对桓温的杀牛恫吓，毫不惊慌。人家就是从牛渚走出来的牛人，还怕你煮牛不成。

桓温也没办法去真把袁宏杀了犒劳军士，只好压着，不给袁宏升官。直到桓温死后，袁宏才出任太守。

先是东汉末年，汉献帝让侍臣荀悦整理西汉历史，作《汉纪》。袁宏后来又作了本《后汉纪》，把东汉历史补上。

二人的著作和司马迁、班固的纪传体不同，是按历史年代顺序叙述，名为"编年体"。

荀悦、袁宏写的这两本书是编年体史书《春秋》之后的两大名著。

几百年后，宋朝的司马光接过荀悦、袁宏的传递棒，写了本《资治通鉴》，把编年体发展到了极致。

让桓温抓脑袋的下属还有个孙盛。

孙盛善言玄学名理，与殷浩齐名。孙盛归到桓温部下后，桓温不久就感到找了块硬骨头。

孙盛因立军功到长沙当太守。这位长沙市长小时候穷，这次有了权，就开始干些投机倒把的事，积累些钱财。上面来人到长沙检查工作，发现了这事，但因孙盛名气太大了，就没往下继续调查。哪知孙盛给桓温写信，说上边派的这些纪检干部来我长沙检查工作，进无凤凰来仪的美姿，退无鹰鹯（zhān）搏击的用处，徘徊湘川，都成了群怪鸟。

按词的语气推测孙盛是说这是群只知咋咋呼呼、吃吃喝喝、不作为的怪鸟。

孙盛的信写得语气不恭（辞旨放荡），一派冷嘲热讽的样。桓温看了后，又派人到长沙狠狠彻查，重重严办，查出孙市长许多经济问题，史称"脏私狼藉"，最后把孙盛用囚车送到了省里。

人们都说孙盛这位自检干部完了，然而此案的处理结果是：留职查看（舍而不罪）。

孙盛后来又到中央部门任职，一直活到了72岁。

孙盛的经济问题现在已很难说清，估计他并没有什么腐败问题，只是干了些搞活经济的事。他把上边派来的那些不干事的检察官员漫画为怪鸟，揭发他们不检查自己，让人看了发笑，不得不佩服那个年代玄谈大家们的风致。

当然了，这样的怪鸟还是越少越好。

还有让桓温更头疼的。

孙盛写了部当代史，名叫《晋阳秋》，没想到这本书对当时的事毫不隐讳，并不皮里阳秋，在关键时候给领导围块儿布遮挡遮挡。桓温见写到自己的地方批评得十分尖锐，很是恼火，这比袁宏当众顶撞自己还难堪。当众顶撞也就让周围的几个人看见，自己不跟他计较，倒显得自己当领导的大度，而写到书里就不同了，没法当面现场还原表演，显示自己大度，就只能留给后人指点脊梁骨了。这绝不行！

但不行又怎么办呢，桓温也知道这位老部下刺头，没法给他灌输为上级讳这些道理，就把孙盛的儿子们叫来出气，说："快回去把你父亲的书版毁了，要是发行开来，小心你家门户。"孙盛儿子们回去后就放声大哭，一个劲儿地给孙盛磕头哀号，请看在全家100多口的性命上，把书毁了。

孙盛本想来个自由写作，没想到儿子们挺不起腰来，让自己的笔杆子听枪杆子指挥，把孙盛惹得大怒，于是就破口大骂这群龟儿子们，一点儿骨头没有。老头子坚决不答应，龟儿子们也没办法，只好先学习一下乌龟，得缩头时且缩头，就瞒着老头子，底下偷偷改写，总算渡过了危机。

孙盛是个人在曹营心在汉的人，他谈的玄理更多是为儒学帮腔，不过在儒学上他远远没有下面这位纯粹，这位干脆是在跟玄学讨账。

此人就是范宁。

桓温在作逆的道上越走越远，最终干起了废立皇帝的事。然而他夺取帝位还有许多障碍。有王坦之、谢安这二人忠心辅政，桓温急切下不了手，死翘了。

桓温一死，让王、谢二人松了口气，也让范宁有了出头之日。

桓温和范宁父亲有怨，范宁也被压制多年，桓温死后，范宁被授馀杭县令。范宁在馀杭县大兴儒学，培养儒生，刮起一股务实之风，这是自东晋开国以来，最为敦实儒教的一位行政长官。

范宁又著文对王弼、何晏进行反攻倒算，认为造成今日浮虚相扇、儒雅日替局面的正是这俩小子，二人用玄言波荡后生，造成了礼坏乐崩、中原倾覆的严重后果，二人罪同桀纣。

"昔夫子斩少正于鲁，太公戮华士于齐，岂非旷世而同诛乎！"

范宁在书中咬牙切齿大喊。

少正就是少正卯，是鲁国的一个著名学者官员，思想跟孔子不同。据说孔子当上鲁国的大司寇刚七天就把他斩杀了。孔子的后世门生们每逢说谁该死的时候，就拿祖师爷斩少正卯做例子，证明某人思想行为异端，该死。

华士是齐国的一个名士，对天子、诸侯不愿搭理，不要他们的俸禄，只愿靠自己劳动种地自食其力过日子，太公姜子牙到齐国当国君，几次请他出来做官他都不出来，姜子牙就把他杀了。后来儒生都把华士作为不合作不配合现政权就该死的典型。

范宁的"旷世同诛"大概意思就是说，虽然何晏、王弼二人已经死了，也应该像孔子斩少正卯、姜子牙杀华士一样，把王、何二人缺席审判，明正典刑。

旷世同诛一词够狠的吧，把儒学衰落、国家灭亡怨到王弼、何晏二人身上，不从儒学学术本身、统治者行为内部找原因，显然太武断了。

别忘了什么时代都有屈死鬼。

范夫子气出完了，也没法找王、何去要账款，与其痛恨欠款的古人，不如敛巴敛巴手头的现金，能有多少是多少吧，就开始埋头干正事，为复兴儒学大业尽一己之力。他在儒学选题上选了个冷门,为《春秋穀梁传》作集解。

《穀梁》在东汉末年以后早已沉寂。曹丕称帝,为《穀梁》置了博士,可到了东晋元帝,说《穀梁》肤浅,不足以为它立博士,自此被冷落下来。

范宁捧起了倒霉蛋儿《穀梁》,他的注后来也成了十三经注疏的家庭成员。

第四个作乱的是桓温的儿子桓玄。

桓温死时,桓玄才七岁。20多岁时,桓玄当上了义兴太守。他登高望着茫茫太湖,长叹道:"父为九州伯,儿为五湖长。"认为虽然都是九五之尊,但和老爹比起来,自己的统治区域太小,心理阴影面积反差太大,不成比例,羞对前人,挂印而去。后来镇守荆州,有了兵权,就带兵打到了京师,自己当了皇帝。

魏晋清谈玄言这时终于有了结果,出了个桓玄皇帝。

反讽的是,桓玄不谈玄。

桓玄皇帝只称号半年就挂了,讨平桓玄的是刘裕等人。

刘裕为司马家东征西讨,和当年的曹操帮扶刘姓汉室一样忙乎。人们也把他比作晋朝的曹操。不过他比曹操敞亮得多,没把禅让的把戏留给儿子去做。他在60岁时,也想弄个禅让玩玩,派人劝晋帝挪摊。晋恭帝很识相,立刻同意,对左右说:"桓玄篡位时,天命已改,幸亏让刘公当城管,才又多给我续了20年(重为刘公所延,将20载),这个摊位本来就是刘公管的(今日之事,本所甘心)。"

这样,东晋王朝撤摊,刘宋门市开张。

南北朝时的南朝宋齐梁陈连锁第一家门店开始营业。

在说南北朝之前,必须交代一下,此时一支重要力量已经兴起,它在南北朝时获得了难得的黄金机遇发展期,它的壮大与扩张,直接影响了儒学的走向。

这支新兴力量就是佛教。

{ 第三十回 🐉

佛道横扫南北朝
崔浩获罪阳光道

自从汉明帝派人从西方带回佛教这一稀有物种后,他就在中华大地扎下了根。开始他并不惹人注目,因是外来户,当地居民都以好奇的眼光看着他。

佛教刚到中国时,汉帝国大地上正盛行儒学,儒学中的今文经学、古文经学、谶纬三家正争吵不休。佛教听了儒家的讲说毫无插嘴之处,两者说的相差十万八千里。佛教讲出世,儒家讲积极入世干事业,就这一点儿两家也说不到一块儿。

汉帝国解体后,曹魏大地上又刮起了玄风,《老子》《周易》开讲,佛家听了有了点意思,谈有说无,和自己的空虚寂灭能挨着点儿边。后来又讲《庄子》,佛家听了更是有趣,精神上有了相同之处,又往跟前凑了凑。

可到西晋时,佛教的香火还是死烟灭灶的,一片空寂。僧人被称为"乞胡",没有什么地位。随着玄风的提级,这些乞胡也跑来凑乌龙,和谈易、庄的玄学名士开始一块儿八卦。

不过这时的乞胡还和听阿Q演讲的王胡差不多,伸着脖子听的时候多,还难免被这些玄言名士们"咔嚓"一声,电光石火般缩脑袋。

到了东晋,佛教终于打开了市场空间,僧人士人交往不断,僧人在中国的官场上有了一席之地。比如东晋刚建国，王导丞相在宴会上，用弹莲花指逗得外国和尚眉开眼笑。

僧人们又积极钻研儒家和玄学业务知识，比如支道林和尚钻研《庄子·逍遥篇》，写的义理直逼向秀、郭象，自成一家，获得了东晋士大夫们的喝彩，用他的玄言第二外语征服了诸多名士。

相对于南方僧人的精致，北方此时还处在佛教发展的初创阶段。由于没有玄风可借，僧人们还要靠玩变魔术等杂技吸引当权者的眼球，以获得自上而下的推广。

当东晋在南方建国时，驱赶他的"五胡"等族在北方也相继建立政权，共有十六个国家，这都是一些军人政府，走马政权。僧人们就在这些夹缝中求生存，谋求发展他们的弘法大业。

先是有天竺来的僧人佛图澄，用钵中变出青莲花的高科技和对石勒的后赵国要有大丧的玛雅预言惊动了石勒和他的儿子，受到尊崇，成了赵国的"大和尚"。百姓争相奉佛，营造寺庙，相竞出家，出现了中国式的一窝蜂。佛图澄趁机扩大了佛教规模，把寺院盖到了石赵马蹄所到的地方。

名僧中又有前秦的道安。道安在前秦苻坚部队要攻打他所在的襄阳城时，为了转移佛教有生力量，保护佛教组织，命弟子们化整为零，往各地传教。他的得意弟子慧远一直走到庐山，在那里定居下来，与东晋的士人和佛教组织建立了广泛联系，实现了南北的交际。

北方僧人中后秦的名僧鸠摩罗什更是令人叫绝。

古希腊神话中为了一个女人能发动一场战争，这鸠摩罗什也挺帅气，堪比特洛伊战争中的美女海伦，他是前秦、后秦两个国家先后发动两次战争才从西域淘宝回来的僧人，这位大师归来后在译经、讲经、大建寺庙佛塔的繁忙宗教活动之外，还要后秦皇帝给他送来几十个女人，解决他的后勤保障问题，不让法种绝后。

他的弟子们眼馋，也纷纷找女人，要效仿着造小和尚，壮大僧侣队伍。鸠摩罗什一看要乱套，寺院这不成了育婴院，僧房不都改造成产房了吗？就把他们叫来训话，说师傅行的你们未必能行，女人这些山下的漂亮老虎是随便能招惹的吗！那是因为师傅我有真功夫，能降住她们。于是给他们当面展示绝活儿，把几十根针拈起来一根根吃进了肚子里，把徒弟们看得目瞪口呆，心都跟着碎了，这才把内心的欲火压制住。

要想学得会，跟着师娘睡，我们僧人有这么俗吗。

这个吃针故事尽管载在正史里，由于技术难度大，你尽可不信。但鸠摩罗什和后秦皇帝给他送来的女人们生孩子在当时是尽人皆知的，虽然带点无可奈何性，但毕竟跟佛家教义有背，于是在每次讲课前鸠摩罗什就对这事先自我解嘲一番，照顾一下徒弟们的感受，说："譬如臭泥中莲花，你们要只采莲花，勿取臭泥。"

采莲南塘秋，莲花过人头；低头弄莲子，莲子清如水。大师的话让弟子有点儿找不着北。

鸠摩罗什到达长安的消息传开，引起了佛教界极大轰动。南朝名僧慧远发来贺信，祝贺他经过万里跋涉，顺利到达东土大秦。鸠摩罗什也回信高度赞扬了慧远的佛学造诣和弘法业绩，希望他在东晋这片热土当好护法菩萨。

当时南北虽然正在对峙，佛教界却已打成了一片，长安、庐山开始声气相通。

当时的佛教宗派有本无宗、即色宗、心无宗、识含宗、幻化宗、缘会宗六家，其中本无宗这家又分出本无宗和本无异宗两宗，这就是佛教史上著名的"六家七宗"，显示佛教开始欣欣向荣起来。

在后秦国主姚兴的大力支持下，鸠摩罗什开始设立大规模译场翻译佛经，参与鸠摩罗什译经的弟子有800人，跟随他学习的多达3000多人。鸠摩罗什翻译的佛经脱离了魏晋玄学的羁绊，开始走独立化发展的道路，我国佛学也从此由小乘教义向大乘教义转变。这里我们说说他的两位比较杰出的弟子：僧肇（zhào）和竺道生。这两位优秀生肯定不在观摩鸠摩罗什老师吞针的花队里。

僧肇是把玄学和佛学结合起来评判的复合型人才。佛教此时的六家七宗谈的更多的是"空有",这里的"空"也可理解为"无"。六家七宗深受魏晋玄学影响,僧肇专门撰文对六家七宗中的本无、即色、心无这三家进行了批评,对他们谈的有无并不满意,认为他们对有无的真假内涵并不清楚,他们不知道有非真有,无非真无,对有无的阐释都有缺憾,都不如他老师鸠摩罗什翻译的"非有非无"中观论说正确。

僧肇认为,这才是佛家说无道有的正确观点:不真空。(形象不即无,非真非实有。然则不真空义,显于兹矣)

僧肇的论文曾被鸠摩罗什赞为"解空第一",这位佛学理论家只活了31岁就去世了。真正给佛教带来广泛群众基础的是他的同学竺道生。

竺道生幼年就出家学习佛学,15岁登座开讲,让一些宿望老僧、当世名士都自叹不如(莫敢酬抗)。他到长安跟随鸠摩罗什学习,和僧肇同学惺惺相惜,互相赞赏。离开罗什后,又独精研思,孤明先发,对有无问题大胆推测,提出了个震惊了当时佛教界的说法:人人皆有佛性,无论什么人都可顿悟成佛。

这一提可了不得了,相当于把孙悟空变的石头撂倒了五庄观的油锅里,顿时油花四溅,炸了锅了。他的快速成佛法遭到各家各宗的群起围攻。竺道生全无惧色,和我们早期的造反领袖陈胜呼喊"王侯将相宁有种乎"一样大呼:"佛陀菩萨宁有佛种乎?"并提出"一阐提人皆得成佛(全民都能成佛)"的口号,把佛的高不可攀身价现场就地处理,批发给了普罗大众。他这么一闹腾,气得其他僧人差点儿吐血。

这简直是挑战那些高级僧侣的地位,扰乱佛教秩序!

如果人人都是佛,那我们这些高级职称的和尚又是什么?

努力了半辈子,这不都白评职称了吗!?

竺道生提倡全民共享成佛,他的话被斥为异端邪说,如果佛教也设宗教裁判所的话,竺道生肯定要被火烤熟的。

他受到开除僧籍处分，被迫逃亡，先是到了苏州的虎丘，后又奔到庐山。

这时的南方是刘裕开创的宋朝天下，东晋已灭亡了。

就在竺道生望山投止、居无定所的时候，一道敕令传来，结束了竺道生的流亡生活。

不过这不是皇帝的特赦令，也不是佛祖从灵山上扔下来的解禁符，而是因为有个僧人在翻译佛经时，找到了那些极欲、大贪、信不具的一阐提(梵语，断绝善根者)家伙们也有佛性，也能成佛的指示。

竺道生一夜间又成了崇拜对象，以至于后来佛经人士编造出道生同志跑到虎丘仍坚持真理，对着石头讲道，顽石听了也点头的故事。

竺道生成了佛教界的领跑人物，他的快速成佛法吸引了成千上万的中国老百姓。快速成佛成了中国老百姓餐桌上的话题，妖怪还想吃唐僧肉呢，谁不想享用成佛成仙的滋味。犯了错吃不上唐僧肉的妖怪也有机会，还可被菩萨领走修仙，放下屠刀，就地成佛，皆大欢喜，多么美妙的事。佛教由此得到了进一步普及，队伍迅速扩大。

佛教队伍的扩大，也导致了无序和混乱。

早在东晋时，桓玄就提出要沙汰沙门，对僧侣们进行裁剪，这个想法随着他的倒台不了了之。

然而亮剑的人还是来了。

第一个是北魏太武帝。

就从他说起吧。

就在刘裕建宋后不久，北方也被北魏统一。

北魏是鲜卑族，建国在北方边远地区，和西域各国没有外交使节来往，没有听说过佛教，或者就是听说了也不相信佛。魏太祖拓跋珪平中山，经略燕赵，所经之处见佛寺众多,见得多了,也不禁肃然起敬,下令军士不得伤害沙门,魏国从此才开始有意招延僧众,建寺修塔。

到了他的孙子拓跋焘,也就是魏太武帝,也是遵守祖父、父亲的宗教信仰自由政策,对佛教十分支持,常引高德沙门,共同谈论一些话题。

直到有一天,一个道人的到来,打乱了这些佛教人士的平静生活。

儒教、佛教之外的第三支力量——道教,上场了。

这个道人名叫寇谦之,自言是东汉刘秀手下名将寇恂的十三世孙。

这个宗谱是不是套牌已无从查询。

寇谦之自称从小就修炼张鲁的道术,服食饵药许多年,却没有效。后来入嵩山修道,一天忽然遇到一个大神,珍禽异兽前呼后拥,仙人玉女左右侍卫,乘云驾龙而来。这位大神自称是太上老君,对正在修道的寇谦之说:

"辛亥那年,嵩山上的集仙宫主向天庭汇报,说自天师张陵去世后,地上就没有了可传授的人选,只有现在嵩山新来的道士寇谦之可处于师位。所以今天特来看你,授你天师之位,赐你《新科之诫》。你今后应宣传我的《新科》,把道教市场好好整顿一下,除去三张时的伪法,把租米钱税、男女合气术这些陈规陋习和翻印税票的制假行为全部去掉。我们道家讲究大道清虚,怎能有这些事。"

说完,太上老君率众仙乘云飘去。

老子当年独身一人出关,下落不明,是不是半道上被人劫了都不知道,此番经寇谦之讲述有仙人玉女侍卫,我们也就放心了。

其实,他在后世弟子心中早已成仙,由于出场顺序晚,我们这里才提到,按理早应该祝贺了!

送走太上老君后,寇谦之传达上级指示精神,说老君的这次讲话是道教界的一次革命,从此要按《新科》上的规章办事,黜去一切陋规。

这里有必要把道教的成长简历叙述一下。

老君所称的张陵天师是东汉人,他在四川的鹄(hú)鸣山中学道。

传说张陵学道时的毕业论文是《老子想尔注》,这是第一部用神学改造《老子》的著作。《老子想尔注》可说是道教家的"老子想当然注",它早已不是老子的思想。

张陵学道后又开始传道,百姓想学道的要出五斗米做学费。他的道就叫"五斗米道"。张陵靠出售道教知识收租,当起了文化地主。

张陵死后,他的儿子张衡、孙子张鲁继续传道。

以上就是太上老君所说的"三张"。

除了这三张之外,又有"三张",就是张角、张宝、张梁三兄弟。

这三张传的是道教的另一支:太平道。是通过给病人看病吸引大众,先教病人叩头思过,然后喝下符水,病好的就说此人信道,治不了的就说此人不信道,就不用进太平道了,直接进太平间。

又设鬼吏,向天神传递病人的病历,一式三份。一份放在山上,说是通天。一份埋在地下,可能是让阎王爷也了解一下病情,做好接收准备。一份沉于水中,估计是怕龙王爷吃醋,也让他一起读读。这就叫"三官手书",信的人很多。

张角兄弟把这些信众组织起来,全部按军事化管理,借此发动了黄巾起义。

黄巾起义直接摇动了东汉王朝的根基,张角兄弟三人虽然失败被杀,但道教组织由于具有广泛的群众基础,也让统治者们第一次感到头疼、害怕。

这三张失败了,另一三张的张鲁率领他的道众占据了汉中,竟雄踞汉中30年,建立了中国第一个政教合一的割据政权。

只是张鲁的五斗米道没有基督教的远志,局促一隅,没有发动什么十字军东征之类的,占领更广大的地盘,最后被曹操所灭。

在六张热闹过后,时间到了魏晋,道教也平静下来,和统治者达成了谅解备忘录,同时正在为以后的发展做些理论上、干部上的准备。

这时出现了一本混搭书,名叫《周易参同契》,这是一本道家理论书,它把《周易》和黄老、炼丹混为一体,作者据说是魏伯阳。

魏伯阳以后,最著名的道家干部是东晋的葛洪。

葛洪的儒学造诣十分精深,又特别喜好神仙导养,炼丹是他家的祖传手艺。葛洪儒道兼修,是道教史上第一位博学鸿儒。他还有个将军的身份,带兵打过仗,因功赐爵关内侯,后来辞掉一切职务,到广州罗浮山炼丹修道去了。

他的名著《抱朴子》是本道术精湛的书籍,写炼丹修仙,把魏晋的玄引入来谈道,理论上很有张力,比耍戏法的那六张强多了。

《抱朴子》之后,又有东晋张湛的《列子注》。

列子是道家的又一巨子,由于出版年代不明、内容混杂,他的书《列子》一书常被人证伪。张湛给《列子》作注,似乎费力不讨好,相当于给伪书干活。张湛的《列子注》提出了"至虚"的口号,明显吸收了佛教因素,也反映了他的幻灭思想。

以上是道教最近 300 年的修炼史。

魏太武帝听了寇谦之的道统来历,也难辨真假,暂且把他安置下来。朝中大臣对寇谦之的话也是将信将疑,只有一个叫崔浩的"惊异其言",反应强烈。他亲自上门拜寇谦之为师,受其法术,又上疏太武帝,极力赞扬寇谦之这位不速之客,说这是太武帝应天受命,所以仙人不召而至。

太武帝听了恍然大悟,原来这正是给自己宣传造势的机会。于是召开新闻发布会,宣布从此要崇奉天师,显扬新法,使道业大行。

太武帝的谋主崔浩不是简单人物,他从侍候太武帝的爷爷拓跋珪起,已是三朝元老。当年老主北魏太祖拓跋珪晚年吃错药发疯,动不动就杀人,吓得手下人纷纷逃走,只有崔浩一个人在身边伺候,毫不惊惶躲避。拓跋珪一会儿糊涂一会儿清醒,清醒后见到崔浩不离不弃,站在旁边,十分感动,命人赐崔浩稀粥喝。

为什么拓跋珪只给崔浩稀粥喝呢,我也说不明白,大概皇恩浩荡,赐喝稀粥很不错了。再说当时一个疯子,他能让你喝上稀粥就很不错了,他还顾不了自己。

崔浩的忠诚由此可见。

崔浩长得清瘦美白(纤妍洁白),如美妇人,长于谋划,常自比张良。又明识天文,善观星变。太武帝甚是宠爱,常引浩出入卧内,共商军国大计。

崔浩尤不信佛,常在太武帝前非毁佛,说佛本虚诞,是世上的费害。太武帝颇信崔浩,对佛渐渐有了看法,偏佛教中人也不争气,在佛寺中搜出了大量兵器和违法酿酒器具,以及官僚大家寄藏的财物。更要命的是,又检查出寺里的僧人建造屈室,和有钱人家的女人私行淫乱。太武帝听了忿恨不已。

崔浩在旁又发表了他对佛家危害的看法,这无异于火上浇油,太武帝终于激怒了,下诏把大小沙门全部坑杀,焚毁一切佛像。这篇诏书写得义正词严,他严正指出,佛家来到中国,是出于巨大的历史误会,都是后汉荒君汉明帝,做了一个荒唐的梦,梦中梦见佛像,才把他从外国请来。这正是有此荒唐之人,才做此荒唐之梦,最后行此荒唐之事。多少年来一代代,无数的暗君乱主全被欺骗,弄得中华人间,鬼道大盛。而如今,幸亏有了魏太武帝这样的非常之人,然后才能行非常之事,去掉这荒唐伪物。

在诏书最后,太武帝对佛教中的沙门下达了总攻击令,命令把僧人捉住后全部埋掉,把佛书、佛像全部烧毁。

这是中国历史上自秦始皇焚书坑儒后,第一次焚书坑佛,确实有点野蛮。

好在捕杀令下达之前,好佛的太子已把消息泄露出去,沙门们听说要活埋自己,一个个吓得纷纷逃匿,所以最后灭佛的沙坑挖得并不大,僧人并没有像恒河沙数那样被大规模填杀,所毁的大多是宫塔一类佛家土木工程。

尽管如此,这仍是佛教移居中国以来遭到的一次沉重打击。以前曹操孙子魏明帝时,曾想拆毁皇宫西边的佛塔,寺里的外国沙门听说后,用金盘盛水,放到魏明帝殿前,然后把佛舍利(佛骨)投进水去,顿时五色光起。魏明帝被这个化学反应吓得再不敢拆塔,以为佛家有什么灵异,还在周围给寺庙多盖了一百多间房子做补偿。

魏明帝闹的是佛教史上一次土木危机，但被外国僧人利用先进的科技文化知识，小施手段，让明帝见证了佛教奇迹灵异的发生，平安度过危机，并成功获得了额外补偿。

这次太武帝灭佛，佛家奇迹并没有发生。

崔浩向太武帝建议毁佛，把一人急得够呛，这就是道家天师寇谦之。寇谦之最清楚自己是怎么来的，嵩山上遇太上老君，虽然让人很感动，但那只是一个美丽的传说。佛教没什么过错就被坑，唇亡齿寒，他苦言相劝崔浩不要毁佛，没想到崔浩昏了头，对于灭佛这件史无前例的大工程，太投入了，一个字也听不进去，寇谦之急得发咒语说："卿要是这样下去，恐怕要早早受死（促年受戮），灭门户的。"

崔浩被寇谦之的话不幸言中。太武帝得崔浩等人的辅佐，粗定北方，高兴之余，交给了崔浩一项光荣的任务，命他负责撰修本朝历史。书修成后有人拍马屁，劝崔浩把书刻到石碑上，陈列在郊外以显示修史者是直笔书史，以备留传千载。

崔浩听了那些谄媚者的话，就把史事刻在了石头上，陈列于大路两旁，让往来行人看。这些行人读到魏朝前史，都指指点点，说三道四，这等于把皇家柜中的骷髅公开，泄了家丑。太武帝听说后勃然大怒，命令按验审查崔浩。又召崔浩到跟前，使人诘问崔浩。崔浩竟惶惑不能对答。太武帝责问崔浩时，崔浩又声嘶股战，不敢说话，不知以往的英风浩气都哪里去了。

崔浩这种表现是要命的，当面对怒气冲冲的强大者时，软弱害怕只会招来杀身之祸。兔子在鹰爪下的颤抖只能面临被捕杀的命运。太武帝盛怒之下，命诛崔浩，把清河崔氏不分远近，还有崔浩的姻亲，包括范阳卢氏、太原郭氏、河东柳氏，全都灭族。崔浩手下秘书和办事员100多人全部处死。

这是太武帝一次歇斯底里的血腥发作。

崔浩被捕后,囚置在木囚笼中,送往城南。路上,卫士数十人都朝崔浩小便,呼声嗷嗷。自古宰司大臣被杀,都没有像崔浩这样侮辱得这样惨的。人们都说这是崔浩毁佛的报应。

说到底,这还是皇恩凉薄,崔浩伺候了拓跋家三代主子,老主还让喝稀粥,到孙子这儿却只能落个喝尿了。

崔浩辅佐太武帝经营天下,廓清北方,有盖世之谋,却无震主之威,并没有因功高伸手触及皇帝的核心利益,却因修史后曝光于路而被灭族,让人有鸟尽弓藏的感慨,也可见修史最大的不易是说直话难。

现在我们的说史者随意扭曲人物,其实只是欺负死人。

后来的修史者感叹崔浩的遭遇道:"何斯人而遭斯酷,悲哉!"

太武帝后来北伐,这才感到失去一个好帮手,后悔不已,说:"崔司徒死得可惜。"

崔浩死后不到两年,太武帝也死。他的孙子继位,就是魏高宗。

魏高宗尊崇佛教,他上台后把佛禁放开,让佛法又大行于世。考虑到佛家土木身子在灭佛运动中毁损严重,抗击打能力不强,高宗又干了件让后人咋舌的事,他在京城西武州塞开山凿石,修建洞窟,把佛进行了石质包装。

这个石窟就是大同云冈石窟。

后来魏高祖拓跋宏仰慕中原文化,从平城(大同)迁都洛阳,北魏又开凿了洛阳龙门石窟,算是弥补了先辈打砸佛像的遗憾,给足了佛家面子工程,也给我们留下了丰富的物质文化遗产。

北魏后来发生了内讧,分裂为东、西魏,东、西魏又变身为北齐、北周。

北周武帝宇文邕志在一统,攻北齐,平突厥,战功卓著。

　　周武帝有个个人爱好,他虽贵为皇帝,却不喜欢浮华奢侈浪费之风。如果时光倒流,周武帝取代晋武帝,那位日食万钱的何曾还真无处下箸,早让他开始了光盘行动。周武帝个人生活极其简单,身穿布袍,夜盖布被,没有金玉珠宝这些装饰。见宫殿华绮,都下令撤毁,改为土阶数尺,上面的雕文刻镂,锦绣包装,一概禁断。

　　又见佛教浮华,对佛家动辄百万、千万的装修十分反感,命召集群官和沙门、道士,辩论三教先后。周武帝亲自升座,定了儒教为先,道教次之,佛教最后,对当时奢侈惯了的佛家日常消耗实行三级限价机制。

　　佛教的盛装碰上了这么一位素颜皇帝,只好自认倒霉。这还不止,武帝第二年,干脆把佛、道二教经像全部毁坏,让沙门、道士还俗。被迫还俗者多达200多万,兴盛百余年的佛教,在此又一次受到重大打击。

　　自北魏太武帝、周武帝打压佛教后,佛教的霉头还远没有触完,还有一位武帝会继续对佛教的打压加码。

国学大事记(一)

公元前 551 年,孔子出生(公元前 479 年去世)。

约公元前 468 年,墨子出生(约公元前 376 年去世)。

约公元前 372 年,孟子出生(约公元前 289 年去世)。

约公元前 313 年,荀子出生(约公元前 238 年去世)。

公元前 280 年,韩非子出生(公元前 233 年去世)。

公元前 241 年,吕不韦撰《吕氏春秋》。

公元前 221 年,秦始皇统一中国。

公元前 213 年,李斯建议烧书,下禁书令。

公元前 212 年,秦始皇坑杀儒生方士。

公元前 202 年,刘邦打败项羽,即皇帝位,为汉高祖。

公元前 200 年,贾谊出生。叔孙通制定朝仪。

公元前 154 年,吴楚七国之乱,晁错被杀。

公元前 141 年,汉景帝死,刘彻即位,为汉武帝。

公元前 140 年,汉武帝建年号"建元",以后王朝皆以年号纪元。

公元前 124 年,汉武帝元朔五年,公孙弘为丞相,为经学博士置弟子员。

公元前 121 年,汉武帝元狩元年,《淮南子》作者刘安谋反事觉,自杀。

公元前 98 年,司马迁下狱,受宫刑。

公元前 91 年,汉武帝征和二年,巫蛊祸起。

公元前 74 年,霍光废刘贺,立刘病已,是为汉宣帝。

公元前 51 年,汉宣帝甘露三年,石渠阁会议召开,论五经同异。

公元前 6 年,汉哀帝建平元年,刘歆建议立古文经于学官。

8 年,王莽篡汉,定国号为"新"。

25 年,刘秀称帝,是为光武帝,定都洛阳,史称"东汉"。

27 年,《论衡》作者王充出生。

28 年,光武四年,召开云台会议。

30 年,古文经大师贾逵出生(101 年去世)。

32 年,《汉书》作者班固出生(92 年去世)。

58 年,光武帝子刘庄即位,为汉明帝。

78 年,古文经大师马融出生(166 年去世)。

78 年,浑天仪制造者张衡出生(139 年去世)。

79 年,汉章帝建初四年,召开白虎观会议。

100 年,汉和帝永元十二年,许慎作《说文解字》。

127 年,古文经大师郑玄出生(200 年去世)。

141 年,汉顺帝永和六年,张陵学道鹄鸣山中。

158 年,汉桓帝延熹元年,赵岐作《孟子章句》。

205 年,建安十年,荀悦作《汉纪》。

220 年,曹丕建魏,立九品官人之法。

240 年,魏齐王正始元年,何晏、王弼提倡玄学。

249 年,正始十年,司马懿杀何晏,王弼病死。

256 年,魏帝曹髦幸太学。

265 年,司马炎称帝,建国号"晋"。

279 年,晋武帝咸宁元年,汲郡古墓得竹简书。

284 年,《春秋左传集解》作者杜预去世。

317 年,司马睿建东晋。

324 年,东晋明帝太宁二年,王敦杀郭璞。

381 年,慧远定居庐山,成为净土宗始祖。

386 年,晋孝武帝太元十一年,拓跋珪建北魏。

401 年,后秦国主姚兴迎鸠摩罗什入长安,开始大规模翻译佛经。

407 年,竺道生宣扬"一阐提人亦有佛性",震惊佛教界。

420 年,刘裕代晋建宋,南朝开始。

446 年,北魏太武帝毁佛。

489 年,萧齐永明七年,范缜与萧子良辩论佛教因果。

534 年,北魏分裂为东魏、西魏。

550 年,东魏亡,北齐建立。

556 年,西魏亡,北周建立。

572 年,北周武帝禁佛道二教。

577 年,北周统一北方,北齐亡。